HET AANZIEN

40 JAAR VREDE?

Samenstelling: Peter Roorda

Uitgeverij Het Spectrum Utrecht/Antwerpen

67-0103.01 D 1985/0265/135
ISBN 90 274 9961 6

CIP

Samenstelling en tekst
Peter Roorda

Beeldresearch
Joost Dankert en Jaap Verheul

Documentatiebijdragen
Yoke Fuykschot en Marten Roorda

Vormgeving
Jan Roest gvn

INHOUD

VOORWOORD

Vrede met een vraagteken. Inderdaad. Veertig jaren waarin het leed overheerste passeren de revue. Voor iemand die ten tijde van de bevrijding optimistisch de toekomst inkeek een dramatische opsomming. Om moedeloos van te worden? Nee, naast herinneringen aan schokkende gebeurtenissen zijn er steeds tekens van menselijke geestkracht om te overleven. Daarvan getuigt vooral het hoofdstuk 'Werken aan de vrede'.
Dat werken kan op diverse manieren gebeuren. Op diplomatiek niveau, in internationaal overleg. Evenwel ook anders. Het is opmerkelijk en hoopgevend dat vooral de laatste 25 jaar zovelen aan de basis van de samenleving, de 'gewone burgers', langs verschillende wegen actief werken aan een betere wereld.
Het is niet toevallig dat in de jaren '60 – door Peter Roorda aangeduid als de jaren van verandering – ook een beweging als Amnesty International opkwam en aansloeg. Een onpartijdige, niet-ideologische, strijd voor de naleving van mensenrechten is in wezen een streven naar vrede. Aan deze organisatie werd in 1977 de Nobelprijs voor de Vrede toegekend en zoals de lezer(es) uit de gepresenteerde lijst van winnaars van deze prijs mag blijken is de relatie tussen mensenrechten en vrede meerdere malen gelegd.
In dit boek komt dat verband ook in de tekst tot uiting. Schendingen van de mensenrechten als marteling, willekeurige arrestaties, 'verdwijningen', politieke moorden door overheden en terroristische daden lopen als een spoor van geweld door het verhaal. Hardhandige beknotting van de vrijheid van meningsuiting, onderdrukking van etnische minderheden, absolute armoede en honger; slaat u maar een willekeurige bladzijde op.
Vrede met een vraagteken. Ook uit een oogpunt van waakzaamheid. Een toestand van 'orde en rust', terwijl tegelijk de meest fundamentele rechten van de burgers worden geschonden, is een schijn-vrede. Als het gevolg ook nog is dat er vluchtelingenstromen ontstaan, wordt de vrede direct bedreigd.
Het siert de samensteller van dit boekwerk dat hij enerzijds een genuanceerd overzicht weet te geven, anderzijds duidelijk en consequent laat blijken waar hij zelf staat: aan de kant van de geweldloosheid en de burgerrechten.
Hoe meer lezers en lezeressen zich hierin kunnen vinden en hoe meer mensen in het algemeen daarvoor kiezen, hoe groter de kans dat er nog eens een boek kan verschijnen waarin het woord vrede niet telkens van een vraagteken hoeft te worden voorzien.

Dam Backer
voorzitter Amnesty International
afdeling Nederland

Guido Ryckmans
voorzitter Amnesty International
afdeling België

In 1945 werd het vrede. We zouden nu dus 40 jaar vrede moeten hebben. Over die 40 jaar gaat dit boek – maar u hoeft slechts vluchtig in de tekst te kijken, om te zien wat de meest voorkomende onderwerpen zijn: moord en doodslag. Helemaal geen 40 jaar vrede dus. Sinds 1945 heeft de wereld nog geen halve dag echte vrede beleefd. Honderden oorlogen zijn gevoerd, miljoenen doden zijn gevallen. En de verwachting voor morgen luidt: nog meer donkere wolken. Met een kans op onweer.
Toch heb ik hier geen al te somber boek van willen maken. Ik heb niet alleen de feiten gegeven, ik heb ook geprobeerd achtergronden duidelijk te maken. Bovendien gaat dit boek niet alleen over oorlog, het gaat ook over het streven naar vrede.
Even over de indeling van dit boek. Het geraamte wordt gevormd door hoofdstukken die in periodes van 5 jaar in chronologische volgorde de feiten geven. Daarbij heb ik zoveel mogelijk alles wat ook maar enigszins met het evenwicht oorlog/vrede te maken heeft, weergegeven.
Deze hoofdstukken worden afgewisseld met 'achtergrond-hoofdstukken', die gaan over onder andere polarisatie tussen Oost en West, racisme, de rol van religie, de Derde Wereld enzovoort. Stuk voor stuk onderwerpen die op zijn minst zijdelings met al-dan-niet-vrede te maken hebben.
Daarna is er een hoofdstuk met cijfermateriaal.
Vervolgens treft u een hoofdstuk aan met de recente geschiedenis van het eigen land. Vanzelfsprekend is de benadering aldaar kleinschaliger; het gaat er wel om zaken die vrede-bedreigend kunnen zijn, maar er is meer directe achtergrond- en sfeerbeschrijving. Tenslotte bevat dit boek een literatuuropgave en register.
De vele foto's en andere illustraties geven, los van de tekst, een bijzonder indringend beeld van hoe de wereld er de afgelopen 40 jaar heeft uitgezien.
Ik geloof niet dat dit boek een geschiedenisboek genoemd mag worden. Het is eerder een journalistiek verslag. Natuurlijk heb ik geprobeerd objectief te blijven; de Sovjet-Unie niet zwarter af te schilderen dan eerlijk is, de Verenigde Staten niet liever te maken dan ze zijn. Maar één ding zal uit de tekst duidelijk zijn: geweld wordt nergens goedgepraat. Dat is een stellingname, en in zoverre is dit boek dus niet objectief. Door de tekst heengeweven zit mijn protest, dat het protest van velen is, van miljoenen mensen die de wereld ook liever anders hadden gezien, maar menen geen invloed te hebben op wat er gebeurt. Geen invloed? Wie zwijgt, stemt toe. Maar er zijn steeds meer mensen die wel hun mond opendoen, omdat ze geloven dat uiteindelijk toch zal gebeuren wat de meerderheid wil. Dan moet die meerderheid niet langer zwijgen.
Albert Einstein zei: 'De wereld is te gevaarlijk om op te leven; niet omdat er kwaadwillende mensen zijn, maar omdat er mensen zijn die blijven zitten en het maar laten gebeuren.'
Vandaar dit boek. Vandaar de toon van dit boek.

Peter Roorda

40 JAAR VREDE?

INTERNATIONAAL

1945-1950

VREDE?

1945 Toen het jaar 1945 begon, was de wereld één groot slagveld. Grote delen van Europa waren nog altijd door de Duitsers bezet. Miljoenen mensen leden onder de hongerwinter. De geallieerde legers herstelden zich moeizaam van het Ardennenoffensief, de laatste, hevige stuiptrekking van het Derde Rijk. En aan de andere kant van de wereld waren het de Japanners die huishielden op de Stille Oceaan en in Zuidoost-Azië.

Begin 1945 was de oorlog verschrikkelijker dan ooit en de mensen hunkerden naar vrede. Dat gold niet in de laatste plaats voor de vele duizenden die in concentratiekampen zaten – voor velen van hen kwam de vrede te laat.

Toen 1945 een paar maanden oud was, was de situatie drastisch veranderd. Op 4 mei tekende Duitsland de volledige capitulatie. De hoofdstad Berlijn was, totaal verwoest, in handen van de Russen en zijn leider, Adolf Hitler, had al op 30 april zelfmoord gepleegd. Voor Europa was de oorlog voorbij – maar de ellende nog lang niet. Toen de Amerikanen de gruwelen van de concentratiekampen ontdekten, was het voor veel van de uitgeteerde mensen te laat: zij haalden de bevrijding, maar overleden later toch nog aan de gevolgen van het kampleven.

Ontelbaar veel mensen gingen op pad. Terug naar huis. Of juist ver weg van huis naar een krijgsgevangenkamp. Velen ontdekten dat hun huis er niet meer was, dat hun familie was verdwenen. De voedselstroom kwam langzaam op gang, maar de honger bleef. En in de platgebombardeerde steden van Europa staken epidemieën de kop op, werd geplunderd en bloeide de zwarte markt. Maar de bevrijding werd wél gevierd. Overal waar de geallieerden binnentrokken, werden zij groots onthaald, gingen de vlaggen uit, werd op straat gedanst. Het was vrede – en dat was het enige waar iedereen al die jaren naar had toegeleefd.

'Nooit meer oorlog', was de kreet. De wereld van ná 1945 zou er anders gaan uitzien. Daar werd ook werkelijk aan gewerkt. Maar tegelijkertijd werd de kiem gelegd voor nieuwe onveiligheid.

In februari al waren in het Russische Jalta drie mannen bij elkaar gekomen om te bespreken hoe Europa er straks zou moeten uitzien. Die drie waren de Amerikaanse president Franklin Roosevelt, de Britse premier Winston Churchill en de Russische leider Jozef Stalin. Er werd overeengekomen dat Duitsland in bezettingszones zou worden verdeeld. De geallieerden meenden dat die verdeling slechts tijdelijk zou zijn, maar Stalin had daar andere gedachten over, zoals later zou blijken. Stalin was niet goed in beloften nakomen. Zo werd er ook afgesproken dat in het door de Russen bezette Polen vrije verkiezingen zouden worden gehouden, maar al korte tijd later werd duidelijk dat dat niet doorging.

Een van die drie mannen, pre-

Nobelprijs voor de Vrede 1945

Cordell Hull, Amerikaans democratisch politicus en jurist. Hij leverde een belangrijke bijdrage aan de oprichting van de VN. Hij was van 1933-1944 minister van Buitenlandse Zaken en streefde o.a. naar verlaging van tariefmuren om de wereldhandel te stimuleren.

Nobelprijs voor de Vrede 1946

Emily Greene Balch, Amerikaans sociologe. Zij was medeoprichtster en internationaal voorzitster van de Women's International League for Peace and Freedom. Zij publiceerde gezaghebbende studies over o.a. Slavische immigranten in de VS. Zij deelde de prijs met John Mott.

< De drie oorlogsleiders bijeen tijdens de conferentie van Jalta, februari 1945. Zittend van links naar rechts: sir Winston Churchill, Franklin Delano Roosevelt en Jozef Stalin.

∧ Op 9 augustus werd de Japanse stad Nagasaki door een atoombom volledig verwoest. Drie dagen eerder had Hirosjima hetzelfde lot ondergaan. De gevolgen van de explosies schokten de hele wereld.

Nobelprijs voor de Vrede 1946

John Raleigh Mott, Amerikaans jurist en organisator. Hij was vijftig jaar lang de stuwende kracht achter veel internationale zendings- en oecumenische activiteiten. Tevens medeoprichter van de World Student Christian Federation en de Wereldraad van Kerken. Hij deelde de prijs met Emily Greene Balch.

Nobelprijs voor de Vrede 1947

The American Friends Service Committee, een organisatie van Quakers die zich bezighield met hulpprogramma's in door oorlog verwoeste gebieden in Europa en het zoeken van dienstplicht vervangend werk voor haar leden en andere gewetensbezwaarden.

sident Roosevelt, zou de overgave van Duitsland niet meer meemaken. Hij overleed op 12 april 1945. Een schok ging door de wereld, want Roosevelt was bijzonder populair geweest. Hij werd opgevolgd door Harry Truman. Voordat de 'Grote Drie', nu met Truman, opnieuw bij elkaar zouden komen, vond een andere belangrijke gebeurtenis plaats. Op 25 april werd in San Francisco de Verenigde Naties (VN) opgericht. Het doel van de organisatie was allereerst het bewaken van vrede en veiligheid in de wereld. Vijftig landen waren vertegenwoordigd toen op 26 juni de ondertekening van het Handvest plaatsvond. Inmiddels zijn vrijwel alle landen ter wereld lid van de Verenigde Naties. Het valt in elk geval niet te ontkennen dat er op grote schaal serieus werd gewerkt aan een wereld van vrede.
Maar op hetzelfde moment werd er koortsachtig gewerkt aan een nieuwe vinding, die de grootste bedreiging van de vrede zou worden: de atoombom. In juli werd de bom voor het eerst getest, in Nieuw-Mexico. Hij werkte. Het in het uiterste geheim opererende verantwoordelijke team, onder leiding van Robert Oppenheimer, was opgetogen. De bezwaren kwamen pas later. Uiteraard waren de bouwers

> Een Duitse militair verorbert een karig maaltje midden in het totaal verwoeste Berlijn (boven), terwijl elders een vrouwelijke Russische soldaat de hand schudt van een Amerikaanse officier (onder).

Nobelprijs voor de Vrede 1949

John Boyd Orr, Brits voedseldeskundige, die grote verdienste had als o.a. voorzitter van de National Peace Council en de World Union of Peace Organizations, en als directeur-generaal van de FAO. Tijdens de Tweede Wereldoorlog was hij verantwoordelijk voor de voedseldistributie in Groot-Brittannië.

Nobelprijs voor de Vrede 1950

Ralph Johnson Bunche, Amerikaans diplomaat en hoogleraar. Als bemiddelaar voor de VN slaagde hij er in 1948-1949 in Israël en de afzonderlijke Arabische staten tot wapenstilstandsonderhandelingen te brengen.

van de bom zich er goed van bewust wat voor afschuwelijk wapen zij maakten, maar zij zagen het in de eerste plaats als een wapen dat vrede kon brengen.
Op het moment van de geslaagde proefexplosie waren de Grote Drie weer bijeen. Nu in Potsdam, vlak bij Berlijn. Het was juli en de oorlog was al twee maanden achter de rug. Samen hadden de geallieerden de Duitsers verslagen, maar het zag ernaar uit dat er een breuk ging ontstaan nu de oorlog gewonnen was. Tijdens de conferentie van Potsdam stelde Stalin zich dwars op. Zo eiste hij van Duitsland een zo gigantische schadevergoeding, dat het land na betaling nooit meer op eigen benen zou kunnen staan, en dat ging de anderen te ver. De tegenstellingen werden zo scherp, dat het maar een haartje scheelde of de Amerikanen zouden kwaad zijn weggelopen. In Potsdam begon de samenwerking duidelijke scheurtjes te vertonen, en het zou niet lang meer duren vóór het tot een onoverkomelijke breuk kwam.
Ook elders in de wereld werden kiemen gelegd voor wat later ernstige conflicten zouden worden. De afgrijselijke afslachting van joden tijdens de Tweede Wereldoorlog had de roep om een eigen Joodse staat luider gemaakt. Die staat zou moeten komen in Palestina. Naburige volken zagen die ontwikkeling met schrik aan. En op 22 maart werd de Arabische Liga opgericht door Egypte, Transjordanië, Syrië, Libanon, Irak,

∧ De plechtige opening van de conferentie van San Francisco op 25 april 1945. Tijdens de conferentie werd het Handvest van de Verenigde Naties unaniem aanvaard door de vijftig oprichtingslanden.

< Op allerlei manieren probeerden de Verenigde Naties hun streven naar wereldvrede uit te dragen. Op het hier afgebeelde affiche wordt aan alle mensen gevraagd begrip voor elkaar op te brengen.

Saoedi-Arabië en Jemen. Het belangrijkste vraagstuk voor de Liga was de eventuele oprichting van een eigen staat voor de joden.
Nog altijd was Japan niet verslagen, en de Amerikaanse president Truman stond voor een ernstig dilemma. Zou Japan op de conventionele manier moeten worden verslagen, dan zou dat een langdurige zaak worden, die heel veel Amerikaanse mensenlevens zou kosten. Er werd op gerekend dat de Japanners tot de laatste man zouden doorvechten. Het alternatief was de atoombom te gebruiken. Wat de precieze uitwerking van de bom was, wist men niet goed, maar men verwachtte wel dat in ieder geval het psychologische effect groot zou zijn. Wellicht zou Japan de strijd opgeven als het zou merken tot welk enorm geweld de VS in staat waren.
Truman koos voor de atoombom. Vrees voor een kernoorlog was er uiteraard niet; het was wel zeker dat geen enkel ander land over kernwapens beschikte. De VS hadden een voorsprong, en zouden daar gebruik van maken. Die eerste bom woog 4 ton, was 3 m lang en had een middellijn van 70 cm. Cynisch werd hij 'little boy' (kleine jongen) genoemd.
Op 6 augustus ging de bom per vliegtuig richting Japan. En boven de stad Hirosjima werd hij uitgeworpen. Om kwart over negen explodeerde de bom op 600 meter boven het centrum van de stad. De uitwerking was verschrikkelijk. Liefst 80% van alle gebouwen werd totaal weggevaagd en de rest werd zwaar beschadigd. Men heeft niet kunnen achterhalen hoeveel mensen er omkwamen. Van talloze mensen bleef niets anders over dan as. Er wordt geschat dat er ongeveer 80 000 doden waren en minstens evenveel gewonden. Zeer ernstig gewonden, wel te verstaan. Hirosjima had gemerkt dat het nieuwe wapen werkte.
Maar nog altijd gaven de Japanners zich niet over. Daarom werd op 9 augustus een tweede stad bestookt met een atoombom: Nagasaki. Ook die stad werd vrijwel van de aardbodem weggevaagd. Toen was het voor de Japanners genoeg. Op 14 augustus besloten ze zich over te geven, en op 15 augustus sprak keizer Hirohito via de radio zijn volk toe: de strijd was afgelopen. En daarmee was de Tweede Wereldoorlog afgelopen. Maar toen de Japanners zich uit de door hen bezette gebieden hadden terug-

Naoorlogse beelden:
< Berlijnse vrouwen proberen enige orde te scheppen in de chaos in hun stad.
^ Truman begeleidt Lauren Bacall op de piano.

getrokken, werd voor de zoveelste keer in dat jaar de kiem gelegd voor oorlog. Al in augustus werd Noord-Korea bezet door de Russen, waar de Amerikanen op reageerden door in september Zuid-Korea te bezetten. Frankrijk bezette, met hulp van Groot-Brittannië, zijn oude kolonie Vietnam. Maar Vietnam was niet meer het land van vóór de oorlog; de guerrillabeweging Victminh, ooit door de VS gesteund tegen Japan, verklaarde Vietnam onafhankelijk. Hetzelfde gebeurde in Nederlands-Indië: op 17 augustus werd daar door Soekarno de republiek Indonesia uitgeroepen, met als gevolg een gewapend conflict met Nederland.

< Een overzicht van de beklaagdenbank in Neurenberg waar de Duitse oorlogsmisdadigers werden gestraft. Onder de namen staan de straffen vermeld, variërend van 15 jaar gevangenis tot dood door de strop. Von Papen, Fritzsche en Schacht werden vrijgesproken.

Ook de Mongoolse Volksrepubliek werd onafhankelijk; dat feit werd weliswaar erkend door zowel China als de Sovjet-Unie, maar beide landen trachtten invloed te verwerven in de nieuwe staat, die daardoor een ernstig punt van geschil werd.
Zo ontstonden in de wereld al meteen weer nieuwe brandhaarden.
In de laatste maanden van 1945 werden processen gevoerd tegen Japanse en Duitse oorlogsmisdadigers. In Neurenberg werden talloze nazi's ter dood veroordeeld. Anderen kregen langdurige gevangenisstraffen, zoals Albert Speer en Rudolf Hess.
Het jaar 1945 liep ten einde. En het was nu al duidelijk dat er van langdurige vrede, waar zo op was gehoopt, voorlopig geen sprake zou zijn.

< Op 16 juli 1945 bezocht Winston Churchill Berlijn. Met zijn dochter en Anthony Eden bekeek hij o.a. het Rijksdaggebouw en het gebouw van de kanselarij.

^ *Joegoslavische meisjes dragen portretten van Stalin en Tito tijdens de 1 mei-optocht in de hoofdstad Belgrado. Tito sloeg de optocht gade in het centrum van de stad, voor het eerst gekleed in zijn uniform van maarschalk.*

1946 Ook in Oost-Europa rommelde het. Daar waren verschillende landen in de invloedssfeer van de Sovjet-Unie terechtgekomen. Na verkiezingen in november 1945 werd in januari 1946 de federatieve Volksrepubliek Joegoslavië uitgeroepen; meer 'volksrepublieken' zouden volgen. Op 11 januari 1946 werd de Volksrepubliek Albanië uitgeroepen. Een tegenvaller voor de Sovjet-Unie was, dat de nieuwe republiek de zijde van China koos. De ontwikkeling in Bulgarije verliep voorspoediger voor de Russen. In dat land werd de monarchie afgeschaft en de nieuw opgerichte Volksrepubliek Bulgarije werd een van de trouwste bondgenoten van de Sovjet-Unie.

In Vietnam leek de situatie rustiger te worden. De Vietminh, onder leiding van Ho Tsji-minh, ging akkoord met de terugkeer van de Fransen nu Vietnam een min of meer vrije staat werd, zij het nog wel binnen de Union Française. Frankrijk ging er op zijn beurt mee akkoord dat de regio rond Saigon autonoom werd. Maar een echte oplossing was het niet: al gauw zou Vietnam in een jarenlange oorlog terecht komen.
In 1946 gingen de VS voort met kernproeven. Een reeks van zulke proeven vond plaats in de Stille Oceaan. Het komt achteraf wat vreemd over dat diezelfde VS in die tijd voorstelden alle kernwapens te ver-

< *Mahatma Gandhi nuttigt een sobere maaltijd. De Indiase staatsman predikte de geweldloosheid en leidde een sober bestaan. Nadat India in 1945 onafhankelijk was geworden probeerde hij tevergeefs de religieuze tegenstellingen te overwinnen. Op 30 januari werd hij vermoord.*

< De proclamatie van Israëls onafhankelijkheid (14 mei 1948), betekende de afsluiting van een lange periode waarin de Joden op zoek waren naar een eigen land. Dat was niet zonder geweld gepaard gegaan. Engelse militairen moesten in 1948 de Joden en Arabieren uit elkaar proberen te houden (geheel onder). Ter nagedachtenis van de in de strijd omgekomen Israëli werd bij Jeruzalem een bos aangelegd, waarvoor de eerste bomen op 18 februari 1949 geplant werden (onder).

partner Oostenrijk gold hetzelfde. Die twee landen werden in vier bezettingszones verdeeld, en de beide hoofdsteden werden eveneens opgedeeld, Berlijn in vier en Wenen in vijf (één algemene) sectoren.
Op 30 september 1947 werd de Kominform opgericht, het Communistisch Informatiebureau. Wellicht was de Kominform een Russische reactie op het Amerikaanse Marshallplan. Het doel was de samenwerking tussen vernietigen. Kennelijk bestond de angst voor concurrentie op dat gebied. Die vrees groeide, toen de Sovjet-Unie weigerde op dit voorstel in te gaan. De eerste tekenen van de kernwapenwedloop werden zichtbaar.

1947 De Koude Oorlog kwam dichterbij, terwijl de wereld nog lang niet was hersteld van de Tweede Wereldoorlog. Talloze steden lagen in puin, vluchtelingenstromen trokken door de landen en er was een schrikbarend tekort aan vrijwel alles. De Amerikanen zagen in dat met name West-Europa geholpen moest worden. Daar hadden ze zelf ook baat bij, want de Sovjet-Unie was bezig de ene staat na de andere in zijn machtssfeer te trekken, en een sterk West-Europa was ook in het belang van de VS. In 1947 werd door de VS het Marshallplan (naar George Marshall, minister van Buitenlandse Zaken) gelanceerd. Dat hield in dat er ongeveer 12 miljard dollar beschikbaar werd gesteld voor financiële hulp aan de Europese landen. Ook aan de Oosteuropese, maar die weigerden. Dankzij de Marshallhulp krabbelde West-Europa langzaam weer overeind. Met Duitsland was het iets anders gesteld. Niet alleen werd het land verboden er een leger op na te houden, het werd ook nog altijd bezet gehouden door de Verenigde Staten, de Sovjet-Unie, Frankrijk en Groot-Brittannië. En voor Duitslands ex-oorlogs-

plezier. En zo werd langzamerhand de theorie dat de wereld verdeeld zou worden in twee kampen bewaardheid. Europa was in feite al verdeeld.
In Azië kwam dezelfde ontwikkeling op gang. In het najaar van 1948 trokken de Russen zich terug uit Noord-Korea, zij het pas nadat Noord-Korea een Democratische Volksrepubliek was geworden. De VS, die zich nog altijd in Zuid-Korea ophielden, zagen die gebeurtenissen met lede ogen aan. Tevens zagen ze erop toe dat Zuid-Korea op een door hen gewenste manier republiek werd. De verdeling van Zuidoost-Azië was in volle gang. Het was ondertussen tot een ware oorlog gekomen tussen India en Pakistan. Het conflict draaide om Kasjmir, tot dan toe een koninkrijk. De koning, een hindoe, wilde zich aansluiten bij de eveneens hindoeistische Indische Unie, maar het volk van Kasjmir, dat hoofdzakelijk islamitisch was, verzette zich daartegen. De zwartste bladzijde in de oorlog was de moord op de vredelievende Mahatma Gandhi. Pas in 1949 kwam het tot een wapenstilstand tussen India en Pakistan, waarbij Kasjmir werd verdeeld. Maar het bleef onrustig en tot een werkelijke vrede kwam het voorlopig niet. De dag na Kerstmis 1948 sloeg Nederland opnieuw toe in Indonesië, met een tweede politionele actie. Ditmaal waren het de VS die Nederland tot de orde riepen. Met grote tegenzin moesten de Nederlanders hun kolonie prijsgeven: eind 1949 werd Indonesië onafhankelijk. Op Nieuw-Guinea na overigens, en dat zou later een nieuw conflict tot gevolg hebben.
In 1948 dook het fenomeen Apartheid op. In Zuid-Afrika werd een begin gemaakt met de politiek van gescheiden ontwikkeling van rassen – een idee dat overigens al veel langer leefde.

< De eerste voedselzending in het kader van de Marshall-hulp aan Europa werd begin februari 1949 ingescheept. Onder toeziend oog van enkele commissieleden wordt suiker op het schip getakeld.

1949 In één klap werd de wereld een stuk onveiliger. Het was de klap van de eerste Russische kernproef die de Amerikanen met een schok deed beseffen dat ze hun voorsprong kwijt waren. Een aantal jaren lang hadden ze zich oppermachtig gevoeld, in de wetenschap dat zij de enigen waren met kernwapens. De psychologische gevolgen waren niet gering. In de VS ontstond een ware angstpsychose. Met in de komende jaren excessen als de communistenjacht en processen tegen vermeende spionnen. Ook in 1949 werd de Noordatlantische Verdragsorganisatie (NAVO) opgericht. Daarbij waren vanaf het eerst moment aangesloten de Verenigde Staten, Canada, Groot-

> Chinese communisten drijven de Amerikanen Truman en Dulles uit hun land. Volgens Mao waren de VS de handlangers van het regime van Tsjang Kai-sjek.

∧ *Een enthousiaste menigte in het Griekse plaatsje Lambia verwelkomt de militairen die een vrachtwagen met voedsel en andere levensmiddelen hebben gebracht. Ook in Griekenland zorgden nationalistische guerrilla's voor onrust.*

Brittannië, Frankrijk, België, Nederland, Luxemburg, Italië, Portugal, IJsland, Noorwegen en Denemarken. Met de oprichting van de NAVO werd de militaire eenwording van West-Europa en de VS een feit. Sommige landen hadden het er moeilijk mee. De Scandinavische landen waren altijd neutraal geweest, evenals Nederland. Denemarken en Noorwegen sloten zich zeer aarzelend bij de NAVO aan, maar hun angst voor invloed van de Russen in Scandinavië gaf de doorslag. Zweden echter gaf niet toe en bleef neutraal. Een reden die daarbij meespeelde was de angst dat als Zweden zich ook bij de NAVO zou aansluiten, Finland wel eens in Sovjet-handen zou kunnen vallen.

< *Het embleem van de Chinese communistische partij, waarin het jaartal 1949 staat, het jaar van Mao's overwinning.*

In januari richtten de Russen een volwaardige tegenhanger van het Marshallplan op: de Comecon. Een door de Amerikanen al beproefde methode om landen economisch afhankelijk te maken. Het ging in 1949 goed met het 'Oostblok': in augustus werd Hongarije een volksdemocratie. En nadat op 23 mei, met goedkeurig van de Verenigde Staten, Frankrijk en Groot-Brittannië, uit de door hen bezette zones in Duitsland de Bondsrepubliek Duitsland (BRD) werd gevormd, reageerden de Russen op 7 oktober met de oprichting van de Duitse Democratische Republiek (DDR).

Het Vaticaan verbood in dat jaar trouwens rooms-katholieken lid te worden van een communistische partij.

In 1949 kwamen ook enkele conflicten tot een einde. Zo liep de burgeroorlog in Griekenland af. De regering kreeg de touwtjes weer in handen en kon het rampzalige vluchtelingenprobleem gaan aanpakken.

Het kwam tot een wapenstilstand tussen Israël en de omringende Arabische landen. En in China wist Mao Tsetoeng zijn tegenstander Tsjang Kai-sjek te verslaan. Op 1 oktober werd de Volksrepubliek China uitgeroepen, en Tsjang Kai-sjek zag zich gedwongen zich terug te trekken op het eiland Taiwan (Formosa), waar hij bleef volhouden dat hij het wettelijk gezag in China vertegenwoordigde.

< *Chinese soldaten van het vierde communistische legerkorps brengen de officiële partijgroet (1946). De man op blote voeten, rechts vooraan, is hun officier.*

1950 De Sovjet-Unie vond de ontwikkelingen in China niet onplezierig en in februari sloten de beide communistische landen een dertigjarig verdrag van vriendschap en wederzijdse bijstand. De wereld vierde het feit dat de Tweede Wereldoorlog vijf jaar terug was afgelopen. Maar wie in 1950 eens terugkeek naar de mooie dromen van 1945, moest toegeven dat er van blijvende vrede in de wereld weinig was terechtgekomen. Nu ook de Sovjet-Unie over kernwapens beschikte, ontstond de angst voor een nieuwe oorlog. Een nog veel verschrikkelijker oorlog, een oorlog die misschien de hele wereld zou kunnen vernietigen. In 1950 deed de Wereldvrederaad vanuit Stockholm een dringende oproep alle kernwapens in de wereld te vernietigen. Tevergeefs, zoals alle andere oproepen in die richting de komende tientallen jaren vergeefs zouden zijn. De angst voor een nieuw wereldconflict werd nog gevoed door de dreiging in Korea.
In juni viel het communistische Noord-Korea het door de Amerikanen gesteunde Zuid-Korea binnen. China koos daarbij openlijk de zijde van Noord-Korea. Grote stukken van Zuid-Korea werden bezet. Wat moesten de VS doen? Zich afzijdig houden? Ze besloten in te grijpen. Troepen van de VS én van de VN rukten op naar het noorden. Het werd een bloedige en langdurige oorlog, met grote verliezen aan beide zijden. Het zou tot 1953 duren voor er een wapenstilstand werd ondertekend.
China, de kersverse republiek, vocht niet alleen mee in Korea. Het land viel in 1950 ook Tibet binnen, dat zich onafhankelijk wilde verklaren. Tibet werd

> De vlag van de Verenigde Naties wordt getoond voor het in aanbouw zijnde hoofdgebouw van de organisatie in New York (5 oktober 1949, boven). Een jaar later protesteerden zo'n 30 000 mensen tegen de Russische macht over Oost-Europa (onder).

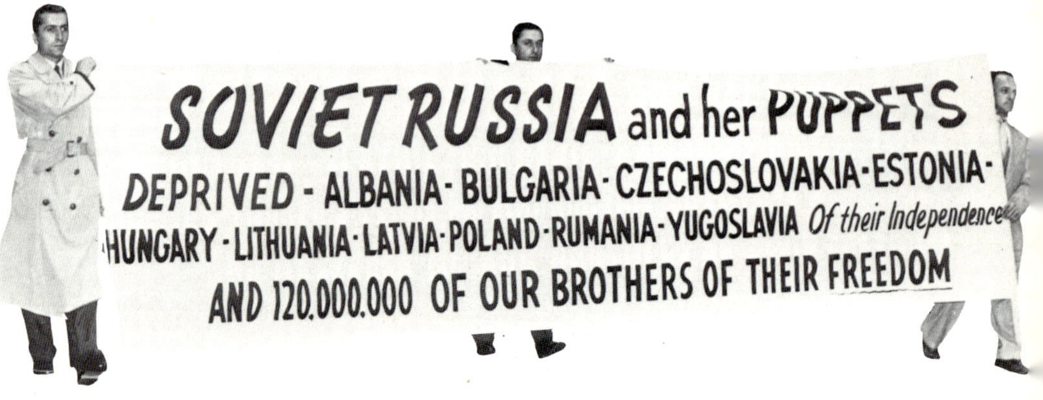

bezet, en in 1951 met behoud van een beetje onafhankelijkheid bij China ingelijfd.
In Zuid-Afrika werd een begin gemaakt met de gedwongen migratie van inheemsen uit blanke gebieden. Op 13 juni werd de Group Areas Act aangenomen, die de blanke minderheid het 'recht' gaf de zwarte meerderheid te verplichten zich te vestigen in aparte, meestal onvruchtbare, gebieden als Transkei en Twanaland.
Hoewel de Amerikanen de Russen geregeld beschuldigden van inmenging in andere landen, waren hun eigen handen ook verre van schoon. Heel sterk bleek dat in Midden-Amerika, door de Amerikanen hun 'achtertuin' genoemd. Meer dan eens hielpen de VS daar moordlustige potentaten aan het bewind als het hun zo uitkwam. In Nicaragua was dat bijvoorbeeld het geval. Daar oefende de familie Somoza middels Román y Reyes een terreurbewind uit. Ze hield de bevolking arm, dom en

> Enkele duizenden demonstranten, waaronder veel Russische ballingen, bidden voor vrede vóór een hotel in New York, waar een conferentie voor wereldvrede gehouden wordt (1949).

hongerig, met geen ander doel dan zichzelf te verrijken. En het waren de Amerikanen die hen daarbij steunden. Een situatie die ook in andere Middenamerikaanse landen bestond. In 1950 kwam de bevolking van Nicaragua in opstand tegen het bewind. Zonder resultaat, en de VS konden weer opgelucht ademhalen.
Heel anders werd er gedacht en gehandeld in andere delen van de wereld. Met name in Europa ontstond uitgebreide aandacht voor de rechten van de mens. Al in 1948 was de

> In juli 1949 protesteerden 20 000 Amerikanen in New York tegen een Britse aanval op een immigrantenschip dat op weg was naar Palestina.

Algemene Vergadering van de Verenigde Naties gekomen tot een Universele Verklaring voor de Rechten van de Mens; in 1950 werd een Europese conventie ter bescherming van de rechten van de mens en de fundamentele vrijheden ondertekend.
In schril contrast daarmee stond de heksenjacht die de Amerikaanse senator McCarthy, geholpen door de latere president Nixon, op communisten maakte. Zelfs generaal MacArthur werd op een gegeven moment verdacht van spionage voor de Russen.
En zo was de wereld van 1950 geen wereld van vrede geworden, maar een wereld van Koude Oorlog en angst voor een kernoorlog.

VREDE?

POLARISATIE TUSSEN OOST EN WEST

Vóór de Tweede Wereldoorlog zag de wereld er totaal anders uit dan vlak erna. Toen in 1939 de oorlog begon, was Groot-Brittannië nog een wereldmacht met talloze kolonies en kon het land zich meten met de VS. De Britten vonden zichzelf het middelpunt van de wereld – en misschien waren ze dat ook nog wel. Natuurlijk waren de VS steeds belangrijker geworden, maar de Amerikanen hadden weinig behoefte zich met andere landen te bemoeien. Het kostte Churchill de grootste moeite om de VS bij de oorlog te betrekken.

Voor en in de oorlog zag men wel dat China en de Sovjet-Unie machtige landen begonnen te worden, maar er waren belangrijker zaken. Overduidelijk zei Hitler dat hij de wereld wilde regeren. Het fascistische Europese blok van Duitsland, Oostenrijk, Italië, Spanje en enkele twijfelaars was op dat moment de grootste bedreiging voor Groot-Brittannië.

Een andere wereldmacht in opkomst was Japan – de dreiging daarvan werd in de VS zeer sterk gevoeld na de aanval op Pearl Harbour.

Frankrijk wilde ook graag een land van betekenis zijn, maar dat lukte niet erg. Toen in de Tweede Wereldoorlog Rus-

> Strijd op veel plaatsen in Azië: op de grens van India en het door China gecontroleerde Tibet (boven) en in Zuid-Vietnam waar Franse soldaten een jonge communist arresteren.

President John Kennedy tijdens een bezoek aan de Muur, 1963

'Sommigen zeggen dat het communisme de toekomst heeft. Laat ze naar Berlijn komen! (....) Alle vrije mensen, waar ze ook mogen leven, zijn burgers van Berlijn. En daarom, als een vrij man, zeg ik trots: ik ben een Berlijner!'

land, Amerika en Groot-Brittannië elkaar vonden in de strijd tegen Hitler en Japan, hing Frankrijk er toch een beetje bij.
In de Tweede Wereldoorlog werd de strijd tussen de grootmachten uitgevochten en Japan, Duitsland en consorten werden verslagen. Opeens zagen de machtsverhoudingen er geheel anders uit: in Midden-Europa stonden de Amerikanen en de Russen tegenover elkaar en Groot-Brittannië had zijn aanzien goeddeels verloren. Toen na de oorlog de Britten ook nog hun kolonies kwijtraakten, was het gedaan met de macht van Groot-Brittannië. Het moest in de VS definitief zijn meerdere erkennen.
Het fascisme was verslagen, maar nu doemde een nieuwe vijand op: het communisme. Hitler had al geprobeerd gebruik te maken van de angst van het Westen voor de Russen, maar het was hem niet gelukt om met de geallieerden een verbond te sluiten tegen de Russen.
Die angst voor de Russen bestond al langer. Zelfs al vóór de Russische revolutie in 1917. In West-Europa had men de Russen nooit echt vertrouwd. Maar de Russen waren net zo goed bang voor het Westen. De Russen hadden nooit de eer

> De luchtbrug tussen Berlijn, in bezet Oost-Duitsland, en het Westen voorkwam inlijving van de stad door de Sovjet-Unie.

eindelijk te overwinnen. Gevolg: de beruchte heksenjacht op communisten onder leiding van senator McCarthy. Het was het hoogtepunt van de Koude Oorlog.
Toen in 1961 John Kennedy president werd, begonnen de zaken er anders uit te zien. Kennedy streefden naar wereldvrede. Misschien was zijn politiek soms gevaarlijk, maar na de Cubacrisis had hij toch maar bereikt dat de Russen niet langer dachten aan de wereldrevolutie, omdat ze inzagen dat als de VS ten onder zou gaan, de Sovjet-Unie het ook niet zou overleven. Vreedzame coëxistentie werd het genoemd: angst voor elkaars kracht.
Maar Kennedy werd vermoord en zijn opvolger Lyndon Johnson volgde weer de harde lijn. Oorlog in Vietnam. Nieuwe macht voor de CIA, die Kennedy juist had ingeperkt. In Europa ontstonden als gevolg van Johnsons politiek brede anti-Amerikaanse stromingen. Maar ook de Sovjet-Unie had last van tegenstanders binnen de eigen invloedssfeer. Regelmatig kwam er een Oostblokland in opstand. En in eigen land hadden de Russen moeite met dissidenten, voortgekomen uit een jongere generatie van intellectuelen.
De Breznjev-doctrine ontstond: communistische broedervolken hadden het recht militair in te grijpen in een van de staten als daar contrarevolutie dreigde.
Ondanks alles ontstond er toch ontspanning tussen Oost en West. Maar het bleef een wankel evenwicht. Voor de Russen was het een klap toen de VS betrekkingen begon te onderhouden met China. En incidenten waren er nog steeds volop.
In de jaren tachtig verslechterde de situatie drastisch. Nadat de Russen in Polen en Afghanistan hun ware aard hadden laten zien, reageerde Reagan met onversneden koude-oorlogtaal. Over en weer werden de sabels gescherpt – dat wil zeggen: nieuwe kernraketten geplaatst. Gevolg: steeds sterker wordende vredesbewegingen. In Oost-Europa bestaan ze ook, maar worden ze door de staat gedirigeerd. Men kent er maar één vijand: het Westen, onder aanvoering van Amerika. In het Westen zelf steekt men gemakkelijker de hand in eigen boezem; daar nemen de vredesbewegingen niet zo maar stelling pro NAVO.
Uiteraard is er altijd over en weer gespioneerd en vaak leidde dat tot problemen. Spionnen werden ontmaskerd en er ontstonden politieke schandalen. De geheime diensten vormden vaak een staat binnen de staat. Zo is het vaak de CIA die acher staatsgrepen waar ook ter wereld zit. Diezelfde CIA financiert dictatoriale regeringen, zolang ze maar naar Amerika luisteren.
De KGB doet hetzelfde voor de Russen. Er worden valse geruchten gelanceerd om mensen in diskrediet te brengen, er zijn beschuldigingen dat de KGB westerse vredesbewegingen steunt, er wordt geïnfiltreerd, gemoord en met bommen gegooid. Zowel de CIA als de KGB zijn handig in het gebruik van propaganda en misleidende voorlichting. Volgens de CIA heeft de Sovjet-Unie tweemaal zoveel wapens als de VS; volgens de Russen liggen de

> Berlijn werd in 1945 opgedeeld in vier sectoren: een Britse, Franse, Amerikaanse en een Russische. De overgang tussen die sectoren was duidelijk aangegeven.

verhoudingen precies andersom. En beide landen veroordelen elkaars methoden, terwijl die in grote lijnen dezelfde zijn; ze deugen echter voor elkaar niet omdat ze, zeggen beide landen, van een onjuiste ideologie uitgaan.
Natuurlijk zijn er verschillen in handelwijze. Het Westen is wel degelijk vrijer dan het Oosten. Het Westen staat meer open voor kritiek dan het Oosten. Er is minder of geen censuur. Dissidenten bestaan in het Westen eigenlijk niet; in Rusland worden ze weggemoffeld of soms, om martelaarschap te voorkomen, naar het Westen gezonden. In het Westen kan men als gewone burger vrij gemakkelijk te weten komen wat er op de wereld gebeurt; in het Oosten is men wat informatie betreft afhankelijk van een volkomen door de communistische partij beheerste pers en televisie. Het is voor de Russische machthebbers dan ook heel gemakkelijk om de bevolking te indoctrineren. Toch doen er ook in het Westen allerlei sterke verhalen de ronde over het Oostblok. Het leven zou er een hel zijn, maar dat valt in werkelijkheid erg mee. Daar is ook welvaart, zij het iets minder. Daar wonen ook heel gewone gezinnetjes, die gelukkig zijn, hun bestaan hebben. Er is niet zoveel verschil. In het Westen zijn de mensen bang voor een kernoorlog; in het Oosten zijn ze dat ook.
De polarisatie tussen Oost en West is iets waar de gewone mensen geen vat op hebben. Het gebeurt gewoon. Een paar heel grote landen houden een groot aantal kleinere onder controle, onder meer of minder dwang. En die paar heel grote landen zelf worden weer onder controle gehouden door een betrekkelijk klein aantal mensen met echte macht. Soms zijn die gekozen, soms ook niet. Maar zelfs als ze ge-

< Een muur werd aangelegd om Oost- en West-Europa te scheiden. Het werd een symbool van onderdrukking en was de vrijwel letterlijke verwoording van het 'IJzeren Gordijn'.

kozen zijn, wil dat nog niet zeggen dat hun kiezers het voor het zeggen hebben.
Er zit beweging in de polarisatie. Ooit, heel lang geleden, toen er geen transport en geen communicatiemiddelen bestonden, wist de ene stam soms niet eens van het bestaan van een andere stam vijftig kilometer verderop. Werd er een oorlog gevoerd, dan was die heel kleinschalig. Legde de ene stam de andere zijn wil op, dan was dat een kleinschalige overheersing. Stammen werden landen. Het ene land sterker en meer ontwikkeld dan het andere. De overheersing werd grootschaliger. Er ontstonden grote rijken rond de Middellandse Zee, in Azië, in Zuid-Amerika. Ze stortten stuk voor stuk weer in. Het tijdperk van de kolonisatie begon. Een klein deel van de wereld overheerste de rest. Er ontstonden wereldmachten. Er ontstonden ook wereldoorlogen. Na de Tweede Wereldoorlog zag de wereld er overzichtelijker uit dan ooit. Polarisatie. Meer landen werden onafhankelijk en kozen voor het ene of het andere blok. Tot er nog maar twee grote blokken waren: het Russische en het Amerikaanse. Maar, zoals gezegd, er zit beweging in de polarisatie.

> In de Finse hoofdstad Helsinki vonden de SALT-besprekingen plaats tussen een Russische delegatie onder leiding van Semyonov en een Amerikaanse onder leiding van Smith. Deze opname werd gemaakt op 18 november 1969.

China, het land waar een kwart van de wereldbevolking woont, hoort bij geen van de twee genoemde machtsblokken. De Organisatie van Niet-gebonden Landen ontstond en begon een machtsblok op zich te vormen. Japan worstelde zich omhoog uit de as van de oorlog en werd een enorme economische macht die zich afzijdig hield van de bewapeningswedloop. Er ontstond de macht van de olielanden. Afrikaanse landen organiseerden zich. India kreeg zijn atoombom.
De VS en de Sovjet-Unie proberen alom tegenwoordig te zijn, maar niet altijd heeft dat succes. Voortdurend wordt er getracht de hegemonie van die twee te doorbreken.
Het ziet er naar uit dat er nieuwe, grote ontwikkelingen aan de gang zijn. Hoe het afloopt is onzeker. Aan de ene kant ontstaat er in Europa steeds meer het gevoel dat er een eind moet komen aan de druk van rechts en links, Amerika en Rusland. Europa moet weer een macht op zichzelf gaan vormen, zeggen velen. Europa moet weer één worden, is de leus. Maar een herenigd Duitsland? De Russen zijn er nog altijd bang voor.
Aan de andere kant begrijpen de Amerikanen steeds minder van Europa. De Amerikanen beginnen daarom de andere kant op te kijken: niet meer over de Atlantische, maar over de Stille Oceaan. Sinds eeuwen ligt het centrum van de wereld rond de Atlantische Oceaan, maar dat verandert. Het zwaartepunt van de VS verplaatst zich van de oostkust naar de westkust, van New York naar Los Angeles. De gedachte van de 'Pacific Rim' vat post: de economische macht van de wereld zetelend in de landen rond de Stille Oceaan. Daar, aan de overkant, ligt bijvoorbeeld Japan.
Mocht het zover komen dat de Amerikanen hun interesse voor Europa verliezen, dan kan dat belangrijke verschuivingen

< In 1978 ontmoetten de ministers van Buitenlandse Zaken van Amerika en de Sovjet-Unie, Vance (links) en Gromyko, elkaar in Génève in het kader van de SALT-II besprekingen.

veroorzaken. Volgens sommigen is het dan voorgoed gedaan met Europa's welvaart. Het is ook mogelijk dat de Russen meteen hun interesse voor Oost-Europa verliezen, landen waarvan de bevolking altijd lastig is gebleven. Verdwijnen de Amerikanen uit Europa, dan hebben de Russen misschien niet meer zo'n behoefte aan een veiligheidszone en kan Europa werkelijk één worden. Maar of de vrede in de wereld dan dichterbij zou kunnen komen, is nog de vraag. Want bijvoorbeeld: kán Europa wel één worden? Alle kans dat er dan opnieuw Europese oorlogen uitbreken als gevolg van een nieuwe strijd om de macht tussen de grote Europese staten. Bovendien: hoe zullen de Russen reageren op het ontstaan van een 'pacifische' wereldmacht, met de VS en Japan en misschien zelfs China als grootheden? Uiteindelijk ligt ook de Sovjet-Unie aan de Stille Oceaan.

In elk geval zal een wereldregering zeker voorlopig een utopie blijven. Je kunt je trouwens afvragen of een wereldregering toe te juichen is: stel dat het een dictatuur wordt, hoe kan die dan ooit nog worden verslagen? De wereld wankelt voort, balancerend op het scherp van de snede.

< Pepsi Cola opende in 1974 een fabriek in de Russische stad Novorossisk. Om dat te vieren bood directeur Donald Kendall een flesje Cola aan partijleider Brezjnjev aan die er duidelijk mee in zijn schik was.

1951-1955

VREDE?

1951 In Korea woedde de oorlog. Een strijdmacht van de VN, onder bevel van generaal MacArthur, had het zwaar te verduren tegen de communistische troepen van Noord-Korea. Die rukten in januari 1951 fors op naar het zuiden en veroverden zelfs de Zuidkoreaanse hoofdstad Seoel. Maar die werd in maart alweer heroverd. Vanaf mei speelde de strijd zich voornamelijk af rond de 38e breedtegraad. Toen was inmiddels generaal MacArthur door een boze president Truman teruggeroepen naar huis. De al te oorlogszuchtige Amerikaanse generaal had in het openbaar kritiek geuit op het beleid van zijn president en, wat erger was, voor luchtaanvallen op China gepleit. Want dat land hielp immers de Noordkoreanen. Als het aan MacArthur lag, mochten er tegen China zelfs atoomwapens worden ingezet. Dat was Truman te bar; MacArthur leek rechtstreeks op een derde wereldoorlog aan te sturen en hij werd dus teruggeroepen. In juli begonnen onderhandelingen over een wapenstilstand, maar de besprekingen verliepen moeizaam. Het enige dat er na vier maanden praten werd bereikt, was de vaststelling van een soort grens,

> Zware gevechten aan het front in Korea. Drie jaar lang werd er gevochten tussen de legers van het door Rusland beheerste Noord-Korea en het door de VS gesteunde zuiden. Na tussenkomst van een VN-strijdmacht kwam er een einde aan de strijd.

Nobelprijs voor de Vrede 1951

Léon Jouhaux, Frans vakbondsleider. Hij was in 1949 een van de oprichters van het Internationaal Verbond van Vrije Vakverenigingen. In 1919 was hij al medeoprichter van de Internationale Arbeidsorganisatie (ILO).

Nobelprijs voor de Vrede 1952

Albert Schweitzer, Frans theoloog en arts van Duitse afkomst. Hij stichtte het later beroemd geworden ziekenhuis in het oerwoud bij Lambarene (Gabon), waar hij m.n. lepra bestreed.

een demarcatielijn tussen het noorden en het zuiden van Korea. Maar van een bestand was nog lang geen sprake. De trieste oorlog zou nog twee jaren duren en er zouden nog tienduizenden mensen sneuvelen, onder wie veel Amerikanen.
Het communistische China had dus een atoomaanval aan zich voorbij zien gaan, maar vredelievender werd het land er niet van. Het hield ook nog steeds Tibet bezet. Op 23 mei werd Tibet officieel bij China ingelijfd, maar wel met behoud van een beetje zelfstandigheid. Een nogal onduidelijke situatie dus.
Een staat die wel weer helemaal onafhankelijk werd, was Japan. Na afloop van de Tweede Wereldoorlog was het land bezet door zijn overwinnaars, maar zes jaar later werd in San Francisco een verdrag getekend dat Japan weer soeverein maakte. Behalve door Japan werd het ook ondertekend door 48 van de 53 (!) landen waarmee Japan in oorlog was geweest. Het land van de Rijzende Zon kon weer aan zijn opbouw beginnen, al kon toen nog niemand vermoeden dat Japan enkele tientallen jaren later een van de rijkste en hoogstontwikkelde landen ter wereld zou zijn.

< De Indonesische president Soekarno houdt zijn openingstoespraak op de conferentie van Bandoeng. Hij sprak van 'de eerste intercontinentale conferentie van gekleurde volkeren in de wereldgeschiedenis'.

neel was verdwenen. Churchill bleek populairder dan ooit. Ook in 1951 werd in New York het gloednieuwe gebouw van de VN geopend. Een opvallend bouwwerk, 180 meter hoog en met grotendeels glazen gevels. De wereld had zijn vergaderzaal en zou dus harder dan ooit kunnen gaan werken aan de vrede.
Maar ondertussen waren de VS druk doende de eerste tactische kernwapens te ontwikkelen.

en Nagasaki waren er nu dus al vier landen die over kernbommen konden beschikken. Dat ging de verkeerde kant uit, en in de VN werd een ontwapeningscommissie opgericht, die echter weinig wist te bereiken.
In 1952 kreeg Amerika een nieuwe president: Dwight Eisenhower, de generaal die in 1944 en 1945 als opperbevelhebber van de westelijke geallieerde legers het westen van Europa had bevrijd. Eisenhower maakte meteen duidelijk hoe hij zijn buitenlands beleid zag: de macht van het communistische blok moest worden teruggedrongen en de VS moesten zorgen dat ze de grootste kernmacht zouden blijven. De taal van de Koude Oorlog.
In diezelfde VS vond in 1952 een proces plaats dat de hele wereld schokte. Het echtpaar Julius en Ethel Rosenberg werd beschuldigd van spionage. Zij zouden atoomgeheimen hebben doorgegeven aan de Russen, en de

∧ Voor het gebouw waar een NAVO-conferentie plaats vindt, lopen demonstranten voor de vrede heen en weer, terwijl de erewacht voor de afgevaardigden van de conferentie, die in 1951 in Ottawa werd gehouden, schijnbaar onverstoorbaar toeziet.

∨ In 1951 vertrokken vanuit Parijs vier Amerikanen voor een vredesfietstocht richting Moskou.

1952 Langzamerhand werd duidelijk dat de wereld zich in een kernwapenwedloop had gestort. Uit de Sovjet-Unie kwamen berichten dat daar atoomwapens werden ontwikkeld als 'militair'-politiek middel'. In de VS werd een nieuw type bom ontwikkeld: de waterstofbom ofwel H-bom. In 1953 vond de eerste proef ermee plaats. In hetzelfde jaar deed Groot-Brittannië zijn eerste proef met een atoombom en ook Frankrijk ontwikkelde een atoombom. Zeven jaar na Hirosjima

> 'Korea voor de Koreanen, Duitsland voor de Duitsers, Amerikanen ga naar huis.' Dat staat te lezen op een communistisch aanplakbiljet in Frankfurt, augustus 1950.

< In 1951 ondertekenden 49 landen het vredesverdrag met Japan. Hier zet de Amerikaanse minister Acheson zijn handtekening. De ondertekening vond plaats in San Francisco. Rusland en Tsjecho-Slowakije weigerden het verdrag te ondertekenen.

rechter ging zelfs zover dat hij de Koreaanse oorlog als direct gevolg van de spionagezaak zag. Maar de Rosenbergs bleven ontkennen. Niettemin werden zij veroordeeld tot de dood in de elektrische stoel. In 1953 werden ze terechtgesteld. De wereld protesteerde tegen dit zoveelste bewijs van anticommunistische hysterie in de VS. Nog verder verscherpten de tegenstellingen tussen Oost en West zich. Langs de grens met West-Duitsland legden de Oostduitsers een sperzone aan. Wie zich daarin zou wagen, zou onmiddellijk worden neergeschoten. Rond de stad Triëst speelden zich wilde taferelen af. Na de oorlog was Triëst, gelegen aan de Adriatische Zee, op de grens tussen Italië en Joegoslavië, tot Vrije Stad verklaard. De geallieerden hielden er toezicht. Maar er werd hevig geprotesteerd tegen de positie van de stad, en in 1952 werd het westen ervan definitief aan Italië toegewezen. Tot grote

< In februari 1952 tekenden Chinese vrouwen, werkzaam op een collectieve boerderij, een oproep tot wereldvrede.

woede van de Joegoslaven, die reageerden door het oosten van Triëst naar zich toe te trekken. De toestand werd er niet rustiger op.
Op 26 mei 1952 werd de bezetting van West-Duitsland opgeheven. Het land tekende een vredesverdrag met zijn voormalige bezetters, de VS, Groot-Brittannië en Frankrijk. Maar het land mocht zich nog niet bewapenen. Al kon het dus geen lid worden van de NAVO, het tekende daar wel een overeenkomst mee.

> *Dwight Eisenhower en zijn vrouw Mamie, nadat hij tot president gekozen was in 1952.*

Wél lid van de NAVO werden in 1952 Turkije en Griekenland. Op 6 februari 1952 overleed de Britse koning, George VI, die werd opgevolgd door zijn dochter Elizabeth.
1952 was ook het jaar van de Olympische Spelen. Die vonden plaats in Helsinki. Maar ook dit spektakel, met zijn achtergrond van vrede en verbroedering, kon de gemoederen in de wereld niet bedaren.
In Korea ging de oorlog onverminderd voort. De troepen van de VN kregen het zwaar te verduren. In talloze gezinnen werd gerouwd omdat een zoon of echtgenoot was gesneuveld. Dat waren niet alleen Amerikaanse gezinnen; ook landen als Nederland en België hadden militairen gestuurd naar Zuid-Korea. In juni brak er in de krijgsgevangenkampen in Zuid-Korea een opstand uit, die slechts met de grootste moeite kon worden onderdrukt. En de oorlog ging door. Maar de aandacht richtte zich op een nieuw strijdtoneel. In Kenia, toen nog een Britse kolonie, ontstond een revolutionaire beweging, de Mau-Mau. Deze begon een keiharde strijd tegen de gevestigde orde. De Britten verdachten Jomo Kenyatta, voorheen leider van de nationalistische beweging Kikuyu Central Association, van ondersteuning van de Mau-Mau; hoewel nooit duidelijk werd wat zijn rol was, werd hij toch tot zeven jaar dwangarbeid veroordeeld. Jaren later zou dezelfde Kenyatta overigens president van Kenia worden.
Twee belangrijke machtswisselingen vielen in 1952 op. In Egypte werd de opgeblazen, wellustige koning Faroek afgezet. Hij moest het land uitvluchten en generaal Naguib werd de nieuwe sterke man. Een andere wisseling van de macht vond plaat op Cuba. Generaal Batista deed daar een geslaagde staatsgreep en werd president. Eerder had

hij het land ook al bestuurd. Batista zou het moeilijk krijgen, want communistische guerrillastrijders onder leiding van Fidel Castro waren zich aan het voorbereiden op een volgende staatsgreep.
En in Zuid-Afrika werd vergeefs geprotesteerd tegen de Apartheid. Blanken kregen hun eigen bussen, treinen, scholen enz. De rest van de bevolking nam dat niet, maar de blanke minderheid wist de orde te handhaven en elk begin van een opstand in de kiem te smoren.

< De communistenjager Joe McCarthy in 1950.

> Protest tegen de komst van Gromyko naar de VS in 1951.

1953 Eind januari, begin februari werden de kusten van Nederland, België, Frankrijk en Groot-Brittannië getroffen door een hevige stormramp. Uit talloze landen kwam hulp.
Ruim een maand later overleed de Russische dictator Stalin. Zelfs in zijn eigen land werd maar kort gerouwd. Hoewel Stalin een belangrijke rol had gespeeld bij het verslaan van de Duitsers in de Tweede Wereldoorlog, was hij niet erg populair meer geweest; de zuiveringen die hij in eigen land had uitgevoerd hadden miljoenen mensen getroffen. De macht ging over in handen van Malenkov, Beria en Molotov. Maar dat duurde niet lang: Beria werd ter dood veroordeeld wegens spionage en Nikita Chroestsjov nam zijn plaats in. Ook Malenkov en Molotov zouden al vrij snel van het politieke toneel verdwijnen, zodat Chroestsjov alle macht in handen zou krijgen.
In de Oostbloklanden verliepen de zaken niet steeds naar de wens van de Sovjetleiders. In Polen bijvoorbeeld werd passief verzet gepleegd na een groot proces tegen geestelijken die de Volksrepubliek Polen niet wilden steunen.
Veel ernstiger werd de toestand in Oost-Duitsland. Op 16 juni liep een protestdemonstratie volledig uit de hand. De DDR kwam in opstand tegen de Russen. Die sloegen zeer hard terug. De opstand kreeg een bijzonder bloedig einde: er werden 267 demonstranten gedood, 92 werden er geëxecuteerd en er werden vijfduizend arrestaties verricht. Inmiddels hadden wel enkele duizenden Oostduitsers kans gezien naar het westen te ontsnappen. De opstand in de DDR was niet de eerste tegen de overheersing door de Sovjet-Unie, en het zou ook niet de laatste zijn.
Uiteraard werd er met afschuw gekeken naar de harde maatregelen van de Russen. Maar nog heviger was de schok toen bekend werd dat in Rusland de eerste proef met een waterstofbom had plaatsgevonden,

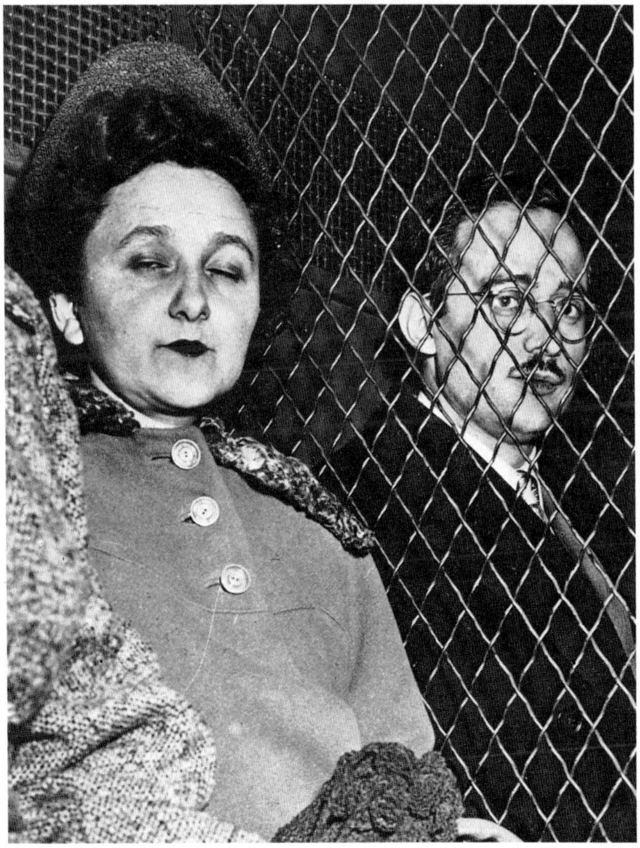

< In Kenia werden in 1965 zoveel Mau Mau-strijders gevangen genomen dat er een cellentekort ontstond en er speciale kampen moesten worden ingericht, onder meer in het Kikuyureservaat.

/\ Het echtpaar Rosenberg in de rechtszaal, vlak nadat het oordeel van de jury was uitgesproken: ze werden schuldig bevonden aan atoomspionage en veroordeeld tot de elektrische stoel.

∧ Drie dagen lang lag het gebalsemde lichaam van Stalin opgebaard.

∧ Zwijgend kijken inwoners van Moskou naar Stalins bijzetting in het Lenin-Mausoleum op 9 maart 1953. Zij droegen grote portretten van het overleden staatshoofd bij zich.

> In de door de Russen bezette zône van Berlijn brak in juni 1953 een opstand uit, die zich al snel uitbreidde over heel Oost-Duitsland. Maar tanks winnen het altijd van stenengooiende mensen.

slechts een jaar na de eerste Amerikaanse proef. De angst voor een kernoorlog nam toe. In december kwamen op Bermuda de Grote Drie bijeen. De leiders van de VS, Frankrijk en Groot-Brittanië. Géén Grote Vier: de Sovjet-Unie was afwezig. De bijeenkomst had dan ook weinig waarde. Korte tijd na 'Bermuda' hield president Eisenhower een toespraak voor de VN die meer opviel. Hij deed daarin een voorstel voor een 'atoombank', die moest dienen voor vreedzame toepassing van kernenergie.
Dat klonk vredelievend, maar intussen gingen de VS gewoon door met hun bewapening.
In september 1953 werd er een overeenkomst getekend tussen de VS en Spanje, die de Amerikanen het recht gaf militaire bases op te richten in Spanje.
In Zuidoost-Azië werd de chaos steeds groter. Weliswaar werd op 27 juli 1953 in Korea een wapenstilstand van kracht, maar het land bleef in twee stukken verdeeld. En de Koreaanse oorlog had, zo bleek, liefst twee miljoen mensenlevens gekost.
In Vietnam werd de Vietminh steeds sterker. De opstandelingen wisten door te dringen tot in Laos. De Fransen kregen het steeds moeilijker, en zij vroegen de VS om hulp. Die werd geweigerd; de Amerikanen hadden genoeg van oorlog in dat gebied en zouden zich er voorlopig buiten houden. Met para-acties boekten de Fransen tijdelijk wat succes, maar in december rukte de Vietminh toch weer op.
De Fransen kregen het helemaal benauwd toen Cambodja, waar zij ook de scepter zwaaiden, op een tweede Vietnam dreigde uit te draaien. Koning Norodom Sihanoek dreigde met een harde opstand, waarna Frankrijk beloofde over de toekomst van het land te zullen gaan praten. En in nóg een land had Frankrijk problemen. Dat was Laos, waar ook een beweging van opstandelingen, de Pathet Lao, actief was. Een staatsgreep van de Pathet Lao mislukte, maar Frankrijk was inmiddels zover in het nauw gedreven dat het erin toestemde dat Laos onafhankelijk zou worden, zij het binnen de zgn. Union Française.

^ Veel filmsterren, onder wie Humphrey Bogart, moesten bewijzen dat ze geen communistische sympathieën koesterden. Lukte dat niet, dan kwamen ze op een zwarte lijst.

In Perzië kwam sjah Mohammed Reza Pahlavi in de problemen. Premier Mossadeq had erg veel macht gekregen en de sjah probeerde deze in te dammen. Een economische crisis was aanleiding tot een openlijk conflict; de sjah en zijn vrouw Soraya moesten vluchten. Maar al meteen werd Mossadeq door het leger afgezet en kon de sjah terugkeren. Mossadeq werd eerst veroordeeld tot de doodstraf, maar die werd later omgezet in drie jaar eenzame opsluiting.
De Mau-Mau werd in Kenia in 1953 steeds meer gevreesd. Niets en niemand ontziend sloeg de beweging keer op keer toe. Een dieptepunt was de moord op meer dan tweehonderd vrouwen en kinderen in twee dorpen. Vanaf dat moment zat de angst voor de Mau-Mau er goed in.
Op het eiland Formosa (Taiwan) zat nog altijd Tsjang Kai-sjek met zijn legertje. De generaal hield vol dat hij en niemand anders China vertegenwoordigde. Maar op het vasteland van China had Mao de touwtjes vast in handen. Tsjang Kai-sjek kon niet veel meer doen dan speldeprikken uitdelen door middel van kleine landingen op de kust van het vasteland.

deerd, want Arbenz had het niet begrepen op de Amerikaanse United Fruit Company, die ongeveer het hele land in zijn macht had. De Amerikaanse inlichtingendienst CIA trainde daarom een leger van ballingen, dat Guatemala binnenviel. Weg was Arbenz. Een kolonel werd president, dat wil zeggen: hij danste naar de pijpen van de Amerikaanse United Fruit Company.
In Paraguay, waar in 1947 een burgeroorlog was begonnen door de militaire partij, pleegde in 1954 generaal Stroessner een staatsgreep. Hij dompelde daarmee zijn land in diepe ellende. De dictatuur die hij vestigde was verantwoordelijk voor terreur, moord, corruptie en een verschrikkelijke onderdrukking. De rooms-katholieke Kerk protesteerde daartegen, maar zonder enig resultaat. Stroessner bleef aan de macht, jarenlang.

∧ *In 1954 werden de 14 landen van de NAVO het erover eens dat West-Duitsland zich weer mocht gaan bewapenen. Op dat besluit werd een toast uitgebracht.*

1955 Ook in Argentinië heerste grote onenigheid tussen Staat en Kerk. President Juan Perón en zijn vrouw Evita (tot haar dood in 1952) waren zeer populair, maar daar moet bij worden gezegd dat er in hun land nauwelijks sprake was van persvrijheid, dat het slecht ging in de landbouw en dat het land op een gegeven moment financieel bijna over de kop ging. De rooms-katholieke Kerk protesteerde, en Perón reageerde hard. Hij maakte korte metten, door het rooms-katholicisme te verbieden en een staatsgodsdienst voor te schrijven. In 1955 was de maat vol en pleegde het leger een staatsgreep. Perón moest naar Spanje vluchten. Met Argentinië ging het snel weer beter, al bleef het er onrustig, omdat er meedogenloos werd gejaagd op perónisten.
En wat gebeurde er ondertussen op het gebied van kernwapens en kernenergie? In 1954 liep in de VS de Nautilus van stapel: de eerste door atoomkracht aangedreven onderzeeër. In de Sovjet-Unie werd de eerste kerncentrale in gebruik genomen. In 1955 experimenteerden de VS voor het eerst met een onderwaterkernwapen. En in hetzelfde jaar namen de Russen proeven met het uit een vliegtuig afwerpen van een waterstofbom.
Lang niet iedereen vond dat een gelukkige ontwikkeling. In augustus bijvoorbeeld waarschuwden achttien Nobelprijswinnaars tegen een mogelijke kernoorlog. Daar zou ongetwijfeld ook de beroemde geleerde Albert Einstein bij zijn geweest, als hij niet in maart van dat jaar was overleden. Einstein had al talloze malen gewaarschuwd tegen een ongeremde ontwikkeling op kernwapengebied.
Belangrijke gebeurtenis in 1955 was de oprichting van het Warschaupact. De Sovjet-Unie plus zeven Oosteuropese staten werden het eens over de doelstellingen van deze nieuwe defensie-organisatie, die als tegenhanger van de NAVO was bedoeld. Het opperbevel werd vanuit Moskou gevoerd. Bij de ondertekening van het Warschaupact was China als waarnemer aanwezig. China beloofde de landen van het Warschaupact altijd te helpen als zij zouden worden aangevallen door een imperialistisch land – een lid van de NAVO dus. In latere jaren zou het overigens heel wat minder vriendelijk toegaan tussen Rusland en China.
Op 5 mei was het zover dat West-Duitsland lid werd van de NAVO. Tien jaar na de Tweede Wereldoorlog hoorde het land weer bij de rest van West-Europa. De Sovjet-Unie echter was heel wat minder vergevingsgezind. Al die tien jaar had het duizenden Duitse

> *In Groot-Brittannië demonstreerden verontwaardigde vrouwen tegen de herbewapening op 28 september 1954. De demonstratie vond plaats in Scarborough.*

< Het echtpaar Juan en Evita Péron. Met name Evita was ongekend populair in Argentinië. Haar dood in 1951 maakte dan ook diepe indruk op de Argentijnen.

krijgsgevangenen vastgehouden. Van velen daarvan is nooit meer iets gehoord, maar in 1955 kwamen er toch enkele duizenden terug.
Ook Oostenrijk werd nog altijd geconfronteerd met zijn kwalijke rol in de Tweede Wereldoorlog. Pas in 1955 werden de bezetters van dat land het erover eens dat Oostenrijk onafhankelijk mocht worden. Aldus gebeurde. Oostenrijk sloot zich niet aan bij de NAVO, maar besloot tot een 'eeuwigdurende neutraliteit'.
In juli zagen de Grote Vier elkaar in Genève. Nu was Churchill daar niet meer bij: in april was hij afgetreden en opgevolgd door Anthony Eden. Hoewel het overleg weinig resultaat had, was de sfeer redelijk ontspannen. Ditmaal waren het de Russen die met opvallende voorstellen kwamen. Zij wilden een verbod op kernwapens, vermindering van conventionele wapens en internationaal toezicht op verschillende strategische punten. Het kwam er niet van, zoals later zou blijken.

< De gehate generaal Alfredo Stroessner, dictator van Paraguay, gefotografeerd in 1954.

Frankrijk zat nog altijd diep in de problemen in Noord-Afrika. Eind 1955 waren er in Algerije al 200 000 Franse militairen nodig om de zaak in bedwang te houden. En ook in Marokko en Tunesië, twee andere Franse gebieden, begon men in opstand te komen.
En zo was de wereld tien jaar na de Tweede Wereldoorlog eigenlijk nog geen stap verder. Er werden meer en meer wapens gemaakt. Amerika en Rusland stonden nog altijd lijnrecht tegenover elkaar. Tal van landen trachtten onder het juk van het kolonialisme vandaan te komen. In minstens net zoveel landen was honger, werden mensen om de kleur van hun huid of op politieke gronden onderdrukt.
Maar in die tien jaar waren grote groepen mensen strijdbaarder geworden. In de VS namen de negers het niet langer dat ze werden gediscrimineerd. In kolonies riep men om onafhankelijkheid. Er waren opstanden in het Oostblok. En zelfs in het vrije Westen was het niet meer zoals vroeger. Het tijdperk van de jeugd brak aan. Rock-and-roll veroverde de scholen en universiteiten. Bill Haley en Elvis Presley werden de nieuwe helden. De ouderen vonden het afschuwelijk, maar de jongeren lieten zich niet langer de wet voorschrijven. En zo werden langzamerhand de 'waarden' van de gevestigde maatschappij afgebroken. De jongeren zouden het beter doen, namen ze zich voor. Optimistisch gingen ze de toekomst tegemoet.

VREDE?

DEKOLONISATIE

Premier Patrice Loemoemba van Kongo,
tijdens de overdracht van de soevereiniteit, 1960

'Wij hebben verachting, beledigingen en slaag moeten ondergaan, 's ochtends, 's middags en 's avonds, omdat wij zwart zijn. Wie kan ooit vergeten dat een neger met "jij" werd aangesproken, niet omdat hij een vriend was, maar alleen omdat waardiger aanspreekvormen waren gereserveerd voor de blanken?'

Ooit veroverde Europa bijna de gehele wereld. Het waren met name de Westeuropese landen die aan zee liggen, die overal kolonies stichtten. Dat werd als een volkomen normale zaak beschouwd. Ontdekkingsreizigers bevoeren alle wereldzeeën – en in hun kielzog kwamen de exploitanten. Ze kwamen uit Groot-Brittannië, Frankrijk, Nederland, Spanje of Portugal. Ze landden op een vreemde kust en verklaarden zich tot nieuwe eigenaar. In de meeste gevallen werd de oorspronkelijke bevolking onderworpen, soms tot slaaf gemaakt, soms eenvoudigweg vermoord. Alle rijkdommen werden mee naar Europa gevoerd. Tot die rijkdom behoorde ook het 'zwarte goud' – de negerslaven, die bij vele duizenden uit Afrika werden gehaald.
Europa beheerste de continenten Amerika, Australië, Azië en Afrika. De eerste twee vochten zich als eerste vrij – dat wil zeggen: dat deed niet de oorspronkelijke bevolking, maar de blanke overheersers, die bleven overheersen, maar nu voor eigen rekening. Zo ontstonden bijvoorbeeld de VS. De ex-Europeanen die daar woonden joegen de Britten weg om verder zelf de baas te kunnen spelen over de Indianen en om de grond-

< Beelden uit roerig Afrika. Uiterst links worden twee Mau Mau rebellen gearresteerd in Kenia (1953). Op de andere foto schudt een Franse militair de hand van een inwoner van Algiers.

∧ 'Weg met het imperialisme' roepen de Frelimo-soldaten in maart 1976 tijdens een demonstratie in de Mozambiquaanse hoofdstad Maputo.

> Vreugdevuren in de zojuist onafhankelijk geworden Afrikaanse staat Angola. Op 10 november 1975 droegen de Portugezen de macht over aan de MPLA.

stoffen voor zichzelf te houden. En ook om zelf eveneens aan kolonisatie te kunnen doen. Toen in 1945 de Tweede Wereldoorlog was afgelopen, sprak het voor de Europese landen vanzelf dat de kolonies kolonies zouden blijven. Er was natuurlijk wel wat veranderd. Het onderwijs in de onderworpen landen was verbeterd en dat was een van de oorzaken van het feit dat de bevolking begon in te zien dat ze werd misbruikt. Maar daar vonden de westerse naties een mooie theorie op, die van het 'ethisch kolonialisme': de kolonies zouden nog niet in staat zijn op eigen benen te staan en het westerse voogdijschap was voor hun eigen bestwil. Maar de mensen in de kolonies vonden wel degelijk dat zij op eigen benen konden staan. Zij hadden er genoeg van om tweederangs mensen te zijn en wilden eindelijk weleens over zichzelf beslissen en zelf profiteren van de opbrengsten van hun land. Men werd zelfbewust. In Afrika bijvoorbeeld ontstond een echt Afrikaanse stroming: de Afrikaanse landen moesten een eenheid gaan vormen.
Er is na 1945 heel veel veranderd. Hoeveel, dat blijkt o.a. uit het aantal leden van de VN. In 1945 waren dat er 51; in 1980 waren het er al drie maal zoveel.
Dat is allemaal bepaald niet zonder strijd verlopen. De Westeuropese overheersers zagen in dat ze in grote economische problemen zouden komen als hun kolonies onaf-

hankelijk werden. Een wereldrijk als Groot-Brittannië zou zonder kolonies ineenschrompelen tot bijna niets.
Maar langzamerhand moesten de overheersende landen toegeven. De Europese democratieën eerder dan de dictatoriaal geregeerde naties. Portugal bijvoorbeeld liet zijn kolonies pas los, toen daar de dictatuur ten val was gebracht.
Vaak werd er wel geprobeerd een soort tussenoplossing te vinden. Groot-Brittannië poogde invloed te behouden door middel van het Gemenebest, Nederland trachtte tot een unie te komen met Indonesië. Het woord 'kolonie' werd vaak vervangen door 'overzees gebiedsdeel' en dat kreeg dan meestal een eigen regering – maar bleef onder de hoede van het 'moederland'.
In veel pas onafhankelijk geworden landen kreeg de democratische staatsvorm moeilijk voet aan de grond. Vaak was dat voor het vroegere moederland dan weer aanleiding om in te grijpen.
Bestaat kolonialisme nog? Niet meer in de oude vorm. Nu hebben we er de mooie term 'invloedssfeer' voor. Kijk maar naar Vietnam. Toen het land zich wilde bevrijden van de Fransen, ging het om een echte koloniale oorlog. Toen de Vietnamezen de Amerikanen over de vloer kregen, was dat een uitvloeisel van de Koude Oorlog. Met name de VS en de USSR proberen nog steeds landen in hun invloedssfeer te krijgen. Dat kan door middel van economische steun. Of er

Λ Na de onafhankelijkheid van Angola was het niet gedaan met de strijd in dat land. Tegenstanders van de MPLA, de bevrijdingsbewegingen FNLA en Unita, bonden de strijd aan tegen het bewind van Neto. Een jarenlange burgeroorlog ontbrandde waarbij vooral het door Zuid-Afrika gesteunde Unita opmerkelijke successen wist te boeken.

wereld snel zou verliezen. De Amerikanen zelf werkten anders, met invloedssferen, net als de Russen trouwens, maar dan, zoals gezegd, subtieler. Als een Europees land bij de Amerikanen aanklopte om hulp bij het blijven overheersen van een kolonie, dan bleef de deur dicht. Zo moest Nederland Indonesië en later Nieuw-Guinea laten gaan omdat de Amerikanen steun weigerden.
Bovendien waren er nog de VN, die steeds meer onafhankelijk geworden staten telden. Het is logisch dat ook daar de Europese landen vergeefs om hulp vroegen.
Europa verdween dus uit de oude kolonies. Hoewel: niet overal. In Zuid-Afrika en eerst ook in o.a. Rhodesië bleven de blanken de dienst uitmaken. Niet meer onder Europese hoede, maar in de praktijk maakte dat voor de oorspronkelijke bevolking niets uit.
Europa verdween – en de nieuwe supermachten verschenen. Er waren niet langer kolonies, maar invloedssferen. Ontstond er in een land een hang naar onafhankelijkheid, dan waren de supermachten er als de kippen bij om bevrijdingsorganisaties te helpen. Heel duidelijk was dat in het begin van de jaren '70, toen de Portugese kolonies Angola en Mozambique de onafhankelijkheid in zicht zagen komen. Zowel de Amerikanen als de Russen zagen die landen graag binnen hun invloedssfeer en steunden de verschillende bevrijdingsorganisaties. In Angola bijvoorbeeld won de communistische MPLA de strijd, met hulp van Cubanen (waar de Russen dus weer achter zaten). Tandenknarsend keken de Amerikanen toe hoe Angola onder Russische invloedssfeer onafhankelijk werd. Even overwogen ze om

> In 1975 trokken 300 000 Marokkanen in een 'vredesmars' naar de Spaanse Sahara, een gebied waar zowel Marokko als Mauretanië aanspraak op maakten. Tot een botsing met het Spaanse leger kwam het niet, wel kwam een diplomatiek akkoord tot stand.

militair in te grijpen, maar met de afgang van Vietnam nog vers in het geheugen zag men er van af.
Dekolonisatie heeft soms verstrekkende gevolgen, ook voor het vroegere 'moederland'. Uiteraard zijn er grote economische gevolgen, maar ook sociale. Niet zelden is er in een pas onafhankelijk geworden land geen plaats meer voor blanken. Die keren terug naar hun land en moeten daar worden opgevangen. Soms ook moeten ze met geweld worden bevrijd, zoals in Kongo.
Bovendien komt het ook vaak voor dat de oorspronkelijke bewoners van de onafhankelijk geworden kolonie vinden dat er zoveel van hen is geprofiteerd, dat zij nu maar eens van de vroegere overheersers moeten profiteren. Of zij vrezen het nieuwe politieke klimaat in hun land. Hoe dan ook, het is vaak voorgekomen dat de Westeuropese landen opeens werden overstroomd door ex-rijksgenoten. Frankrijk kreeg te maken met een complete invasie van Algerijnen en Marokkanen. Groot-Brittannië zag veel Indiërs en Afrikanen arriveren. België vele Kongolezen. Indonesiërs en Surinamers trokken naar Nederland.
Dat gaf nogal eens problemen. In Europa, waar de opvang vaak slecht was en waar de bevolking soms met vrees keek naar die invasies van andere culturen, maar ook in de voormalige kolonies, die soms met lede ogen moesten toezien hoe het bestgeschoolde deel van de bevolking naar Europa vertrok.
Zo ging in Europa de 'koloniale strijd' vaak onverminderd voort: de immigranten kwamen vaak terecht in de armoedigste wijken, die op die manier getto's werden; nieuwe kolonies? De vroegere minachtende overheersing in de kolonies veranderde in discriminatie op grond van afkomst. Verschillende Europese steden hebben al diverse rassenrellen meegemaakt.
En de nieuwe kolonies verging het niet altijd even goed. Sommige landen wisten zich

∧ Inwoners van de Ethiopische provincie Eritrea demonstreren voor meer zelfstandigheid. In Eritrea is een belangrijke verzetsgroep actief die sinds de jaren '60 strijd voert voor zelfstandigheid.

∨ In 1963 werd de OAE opgericht met als standplaats de Ethiopische hoofdstad Addis Abeba. Daar werd een 'Afrika-hal' gebouwd waar de leiders van Zwart-Afrika elkaar regelmatig ontmoeten.

welvaart te verwerven. Maleisië, Angola en Algerije bijvoorbeeld haalden een redelijk welvaartspeil, zij het lang niet op westers niveau. Maar het grootste deel van de ex-kolonies is nu ontwikkelingsland. Armoe en hongersnood teisteren de Derde Wereld. Hadden de vroegere overheersers dan toch gelijk toen ze zeiden dat hun kolonies niet in staat waren op eigen benen te staan?
Dat lijkt zo. Het is ook wel een beetje zo. Maar kolonialisme is uit de tijd. Het ene land kan niet meer het andere bevoogden. De invloedssferen deugen ook niet, maar dat is een ander verhaal. Wat de vroegere overheersers echter niet mogen vergeten is dat ze een bepaalde verantwoordelijkheid hebben ten opzichte van hun voormalige kolonies. Uiteindelijk zijn zij de oorzaak dat een nieuwe natie niet goed voor zichzelf kan zorgen. Zij hebben de mensen dom gehouden. Ze wel kleren aangetrokken, maar niet leren schrijven. Ze wel bekeerd tot het christelijke geloof, maar niet het land leren bewerken. Willens en wetens hebben de Europeanen hun kolonies leeggeplunderd, de bevolking uitgezogen en de oorspronkelijke cultuur vernietigd. Het is logisch dat het even tijd kost vóór een pas onafhankelijk geworden land zich kan meten met de Westerse landen.
Nog altijd sturen de supermachten liever militaire adviseurs dan ontwikkelingswerkers, liever wapens dan landbouwwerktuigen. Zeker, de meeste Westerse landen zijn bereid per jaar een paar procenten van hun nationale inkomen af te staan aan de Derde Wereld. Maar aan wapens wordt nog altijd méér uitgegeven.
Het grote proces van dekolonisatie is bijna voorbij. Vrijwel alle landen ter wereld kunnen zich onafhankelijk noemen. Maar hoe betrekkelijk dat is, is te zien in Oost-Europa, in Afghanistan, in Midden- en Zuid-Amerika. De Russen noemen het: Amerikaans imperialisme, de Amerikanen noemen het: Het Rode Gevaar.

1956-1960

VREDE?

1956 De wereld beleefde angstige tijden. Tot twee maal toe leek het er werkelijk op dat een derde wereldoorlog zou gaan uitbreken. Van alle jaren na 1945 was 1956 een van de gevaarlijkste.
Het eerste voorval dat de wereld op de rand van oorlog bracht, was de Suezcrisis. In 1954 hadden de Britten zich teruggetrokken van het Suezkanaal in Egypte. Op 26 juli 1956 nationaliseerde Egypte de Suezkanaal-Maatschappij. Maar daar was wel het een en ander aan vooraf gegaan. Met steun van de VS en Groot-Brittannië was Egypte aan een enorm project bezig: de bouw van de Assoeandam in de Nijl. Die was nodig om een groot stuk dor land van water te voorzien. In het begin van 1956 had de Egyptische regering besloten in het vervolg volstrekt neutraal te zijn en zowel met Oost als West betrekkingen te onderhouden. Het was dan ook logisch dat president Nasser zaken ging doen met het Oostblok. Maar dat vonden de westerse landen niet prettig, en op 19 juli maakten de VS en Groot-Brittannië bekend dat ze de bouw van de Assoeandam niet langer zouden steunen. Dat was een geweldige financiële klap voor Egypte. Maar Nasser had een troef in handen: het Suezkanaal, een zeer belangrijke scheepvaartverbinding

> De Suez-crisis bracht de wereld op het uiterste randje van een allesvernietigende oorlog tussen de VS en de Sovjet-Unie.

Nobelprijs voor de Vrede 1957

Lester Pearson, de Canadese minister van Buitenlandse Zaken, kreeg die prijs voor zijn bemiddelende rol tijdens de Suez-crisis en in de Koude Oorlog in het algemeen.

Nobelprijs voor de Vrede 1958

Georges Pire, een Belgische pater, werd beloond voor zijn werk voor de vluchtelingen door middel van organisaties als L'Europe du Cœur au Service du Monde.

∧ *Fransen en Britten bombardeerden de Arabische wijk van Port Said in november 1956. Een groot deel van de wijk werd in puin gelegd.*

die talloze schepen de tocht rond Afrika bespaarde. Dus wat deed Nasser? Hij nationaliseerde het kanaal. De westerse landen die aandelen hadden gehad in de Suez-kanaal-Maatschappij reageerden uiteraard woedend. Het was Israël dat als eerste naar de wapenen greep. Op 29 oktober bezette dat land het schiereiland Sinaï, om door te stoten naar het Suezkanaal. Toen kwamen Groot-Brittannië en Frankrijk met een eis: Egypte én Israël moesten hun troepen terugtrekken, om plaats te maken voor een Brits/Frans leger. De situatie werd snel ernstiger. Op 30 oktober vonden er luchtaanvallen op Egypte plaats, door Frankrijk en Groot-Brittannië. En toen kwam het moment dat niet alleen de VS, maar ook de Sovjet-Unie dreigde in te grijpen. Dat zou inhouden dat de twee wereldmachten lijnrecht tegenover elkaar zouden komen te staan. Op 5 november arriveerden Britse en Franse legers bij het Suezkanaal en een oorlog leek onafwendbaar. De Egyptenaren zelf wisten niets anders te doen dan zóveel schepen in het kanaal tot zinken te brengen, dat het onbevaarbaar werd. Er werd op 6 november echter bereikt dat Groot-Brittannië en Frankrijk instemden met een wapenstilstand en dat hun posities bij het kanaal werden overgenomen door troepen van de VN, die de rust zouden herstellen en het kanaal weer bevaarbaar zouden maken. Daarmee was een eind gekomen aan een levensgevaarlijke crisis, die in feite maar een week had geduurd en die in elk geval had bewezen hoe snel het allemaal verkeerd kon gaan.

De tweede wereldschokkende gebeurtenis vond vrijwel tegelijkertijd plaats, en dat maakte die eerste week van november des te dramatischer. Het toneel was Hongarije, waar men niet enthousiast was over de Russische overheersing; de mensen wensten meer vrijheid. Op 23 oktober hielden arbeiders en studenten een betoging in Boedapest. De betoging was een steun aan de beweging die meer vrijheid wilde. Toen de veiligheidspolitie op de demonstranten begon te schieten, had dat een onverwacht effect. In plaats van dat de mensen bang werden, kwamen ze plotseling massaal in opstand. De Hongaarse hoofdstad werd het toneel van felle gevechten. De veiligheidspolitie kon het niet meer aan, en opeens verschenen er Russische tanks, die echter niet konden verhinderen dat de opstand zich de volgende dag over het hele land verspreidde. De chaos was compleet toen het Hongaarse leger de opstandelingen ging steunen. De Hongaren stelden harde

АКЦИЯ
компании
суэцкого канала

Nobelprijs voor de Vrede 1959

Philip Noel-Baker, Brits politicus, kreeg de prijs voor zijn werk op het gebied van de internationale samenwerking en vrede. Hij was werkzaam geweest in de Volkenbond en had meegewerkt aan de totstandkoming van het VN-charter.

Nobelprijs voor de Vrede 1960

Albert Lutuli, leider van de zwarte Afrikanen in Zuid-Afrika en president van het African National Congress. Hij kreeg de prijs voor het propageren van de geweldloze weerbaarheid.

eisen: de Russische bezetting moest worden opgeheven, er moesten vrije verkiezingen komen, de veiligheidspolitie moest worden opgeheven en de herstelbetalingen die Hongarije nog altijd deed naar aanleiding van zijn rol in de Tweede Wereldoorlog, moesten worden gestopt. De zittende premier werd afgezet en vervangen door de populaire Imre Nagy, die eerder ook al minister-president was geweest. Nagy ging op de eisen in en deelde dat mee aan de Russen, die beloofden hun troepen te zullen terugtrekken. Op 1 november trok Hongarije zich terug uit het Warschaupact. Het land vroeg de VN om erkenning van de neutraliteit van Hongarije. Misschien was het wat naïef van de Hongaren om te geloven dat de Russen het hierbij zouden laten. Uiteraard was de Sovjet-Unie bang dat de opstand zou overslaan naar andere landen van het Oostblok. Op 3 november ging er een delegatie Hongaren naar het Russische hoofdkwartier, om te bespreken hoe de terugtrekking van de Russische troepen zou plaatsvinden. Toen sloegen de Russen toe. De hele delegatie werd gearresteerd. En in de nacht van 3 op 4 november rukten Russische legers met talloze tanks op naar Boedapest en andere steden. De

< Een Russische spotprent op de Egyptische naasting van het Suezkanaal: 'Een nieuwe vlag boven het kanaal'. Rechts een afschuwelijk beeld van de Hongaarse opstand in 1956.

Hongaren vochten terug. Met de moed der wanhoop, maar vergeefs. Op 4 november werd premier Nagy gearresteerd, samen met Pál Maléter, minister van Defensie. De Russen wonnen de strijd, maar het duurde nog vier dagen voor de Hongaren zich gewonnen gaven.
Al die tijd wachtten ze wanhopig op hulp van het Westen, maar het Westen kwam niet. En dat was vooral te danken aan de gevaarlijke situatie rond het Suezkanaal en de angst voor een derde wereldoorlog.
In de landen van West-Europa was de angst groot dat de Russen verder zouden oprukken. 'Nu komen ze ook hier,' werd overal gefluisterd. Zover kwam het niet, maar de Hongaren waren hun vrijheid voorgoed kwijt. Pas in 1958 werd bekend dat Nagy, Maléter en andere leiders van de opstand waren terechtgesteld. En in Hongarije hadden de Russen een nieuwe regering onder János Kádár gevormd.
In juni was er in Poznán, in Polen, een gewapende opstand, die door het Poolse leger, met hulp van de Russen, werd onderdrukt.
In Nicaragua kwam het volk opnieuw, en weer vergeefs, in opstand tegen de familie Somoza, nu in de persoon van president Anastazio Somoza.
In maart werden Tunesië en Marokko onafhankelijk van Frankrijk, maar in Algerije ging de vrijheidsstrijd onverminderd voort.
In december trad Laos uit de Union Française.

∧ Boedapest, 1956. Op straat worden boeken en portretten van Stalin verbrand, mensen kijken niet-begrijpend naar de tanks, in Wenen arriveren talloze vluchtelingen. Soms lukte het om per trein te vluchten, anderen kozen voor de fiets als vervoermiddel, zoals deze Hongaarse joden die via een doorgangskamp in Oostenrijk door wilden reizen naar Israël of de VS.

De beide Duitslanden bewapenden zich weer: op 18 januari werd in de DDR het Nationale Volksleger opgericht en op 7 juli werd in de BRD de dienstplicht weer ingevoerd. En in Libanon brak een burgeroorlog uit. Hoewel het land tijdens de Suezcrisis aan de kant van Egypte stond, onderhield het toch betrekkingen met het Westen. Dat was een doorn in het oog van de Panarabische nationalisten, die een oproer begonnen, daarbij gesteund door het buurland Syrië. De burgeroorlog zou duren tot 1958, toen de Libanese regering de hulp inriep van de VS. Dat land zond troepen, die in een paar maanden tijds de rust herstelden. Maar niet voor lang: Libanon zou nog vele malen geteisterd worden door burgeroorlogen.

Het jaar 1956 was er een van dreiging. Steeds meer mensen gingen inzien hoe kwetsbaar de 'vrede' was. In Londen praatten de VN, zonder veel resultaat, over beperking van de kernwapens. De Wereldraad van Kerken waarschuwde de wereld voor een nieuwe, vernietigende oorlog. En in Groot-Brittannië werd de kiem gelegd voor de later zo belangrijke vredesbeweging: daar werden in 1956 de eerste vredesmarsen gehouden.

Het waren niet alleen de grote gebeurtenissen die opvielen in 1956. Er vonden ook kleinere incidenten plaats, die echter overduidelijk aangaven dat er nog veel meer mis was. Zo werd in Alabama, een zuidelijke staat in de VS, waar de blanken niets moesten hebben van negers, de zwarte zanger Nat King Cole op het podium in elkaar geslagen door een aantal blanke mannen. Die werden gearresteerd, en toen de zanger zijn optreden hervatte, kreeg hij een langdurige, staande ovatie.

< Somoza, president van Nicaragua en schietkampioen, daagde de president van Costa-Rica uit voor een duel op de grens van beide staten. De uitdaging werd niet aanvaard.

1957 In 1957 vond er een voor Europa belangrijke gebeurtenis plaats. In feite bestond Europa nog maar nauwelijks: het Oosten was ingelijfd bij de Sovjet-Unie en het Westen stond onder grote invloed van de VS.

De droom van een herenigd Europa, als derde wereldmacht, bleef echter bestaan. Maar daar leek het voorlopig nog maar weinig op. Wel was er sinds de Tweede Wereldoorlog steeds meer samenwerking ontstaan tussen verschillende Westeuropese landen. Naar een plan van de Franse minister Robert Schuman was al in 1951 de Europese Gemeenschap voor Kolen en Staal (EGKS) opgericht, door Frankrijk, Italië, de BRD, Nederland, België en Luxemburg. In 1954 was

< Guerrilla-strijders die in opstand zijn gekomen tegen het misdadige bewind van dictator Somoza, trekken door de jungle van Nicaragua.

door dezelfde landen de Westeuropese Unie (WEU) opgericht. En in 1957 richtten zij de Europese Economische Gemeenschap (EEG) op. Doel: de grenzen wat 'opener' te maken, de internationale handel te vergemakkelijken, zorgen voor economische en sociale vooruitgang, een hogere levensstandaard en een betere band tussen de betrokken landen. Meteen werd ook Euratom opgericht, met als doel te streven naar een vreedzaam gebruik van kernenergie. Een jaar later, in 1958, zou voor het eerst het Europees Parlement bijeenkomen, als gezamenlijke vergadering van EGKS, EEG en Euratom. Heel voorzichtig, stapje voor stapje, ging West-Europa op weg naar eenheid. In Oost-Europa ging het iets anders toe. Zo kreeg Hongarije te maken met de nasleep van de opstand van 1956: met de Sovjet-Unie werd een overeenkomst gesloten, die inhield dat er Russische troepen in Hongarije zouden blijven, zolang de NAVO bestond.

Het zag er niet naar uit dat de NAVO zou worden opgeheven, integendeel. In 1957 werd besloten de NAVO met kernwapens uit te rusten. Groot-Brittannië, dat al ervaring had met de atoombom, deed in 1957 voor het eerst een proef met een waterstofbom. En zowel de Sovjet-Unie als de VS waren druk doende om intercontinentale kernraketten te ontwikkelen.

De Russen behaalden in 1957 een groot succes op technologisch gebied. Op 4 oktober werd de allereerste kunstmaan gelanceerd, de Spoetnik. De Amerikanen schrokken, want zij waren niet gewend dat de Russen hen ergens mee vóór waren. Een paar maanden later al lanceerden de Russen weer een kunstmaan, Spoetnik-II, nu zelfs met een hondje aan boord. De mensen waren begonnen de ruimte te veroveren; zou straks ook daar de bewapeningswedloop een rol gaan spelen?

In Zuid-Vietnam was men nog lang niet bekomen van de langdurige oorlog die het land had meegemaakt, toen een nieuwe oorlog uitbrak, de zgn. Tweede Indochinese Oorlog. In 1954 was vastgesteld dat Zuid-Vietnam neutraal zou worden. Maar een jaar later werd er een staatsgreep gepleegd door Ngo Dinh Diem, die weigerde verkiezingen uit te schrijven, hoewel dat in 1954 in Genève was overeengekomen. Er was een nationaal bevrijdingsfront ontstaan, de FLN. Het verzet tegen het langzamerhand dictatoriaal geworden bewind van Ngo Dinh Diem nam toe. In Noord-Vietnam had de communistische Vietminh het voor het zeggen, en het gevaar bestond dat de FLN Zuid-Vietnam in dezelfde richting zou sturen. De VS zagen zich daardoor gedwongen Ngo Dinh Diem te steunen en zij begonnen kleine legereenheden naar Zuid-Vietnam te sturen. Dat was in feite het begin van een oorlog, die zou duren tot 1975 en die Vietnam zou verwoesten.

In 1957 was er herhaaldelijk sprake van conflicten tussen blank en niet-blank. In Zuid-Afrika werd bepaald dat in het vervolg de rassen gescheiden ter kerke zouden gaan; een weinig christelijke beslissing. In de VS vonden hevige rassenrellen plaats, onder andere in Little Rock, Arkansas. Inmiddels aanvaardde de Amerikaanse Senaat de Civil Bill of Rights, waarin werd vastgesteld dat iedereen dezelfde rechten had, met andere woorden: het moest afgelopen zijn met de discriminatie van negers in de zuidelijke staten. Maar daar hielden de blanken zich voorlopig nog niet aan.

∧ Eind december 1958 behaalden de Cubaanse opstandelingen weer een belangrijke overwinning: ze namen de stad Fomento in. Guerrilla-leider Ernesto Che Guevara rust na de strijd uit, liggend tegen een boom. In januari van het volgende jaar was de overwinning van de rebellen een feit. Het presidentiële paleis van dictator Batista werd ingenomen en twee vrijheidsstrijders (links) wachten in opperbeste stemming op de komst van hun aanvoerder Fidel Castro.

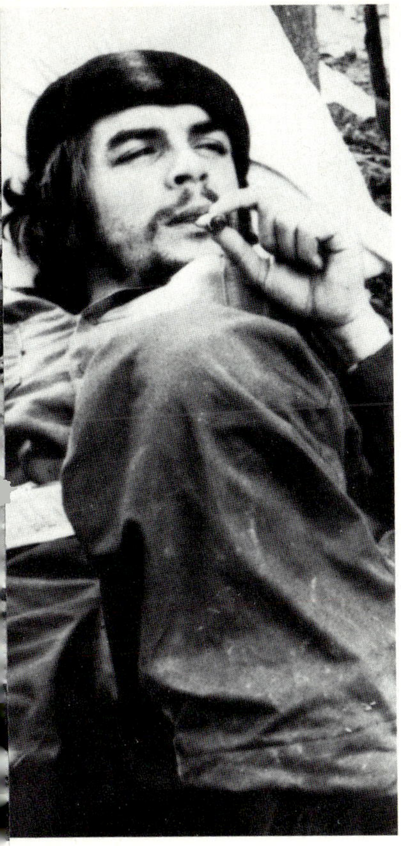

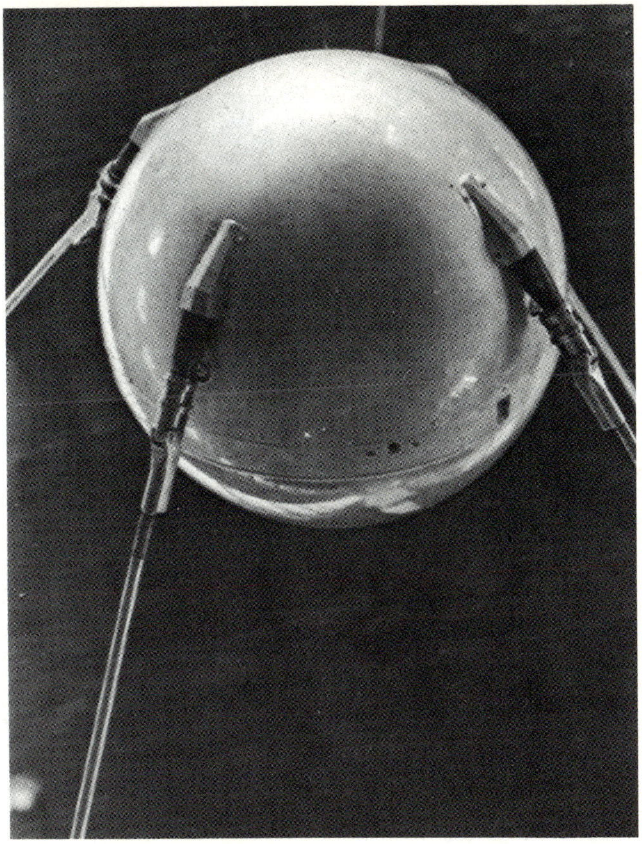

1958 En toen werd het 1958, het jaar van Fidel Castro. Op het eiland Cuba, niet ver van de Amerikaanse staat Florida, was sinds 1952 generaal Batista aan de macht. Maar ondertussen waren communistische guerrillastrijders onder aanvoering van Castro druk doende zich voor te bereiden op een staatsgreep. In april 1958 zei Castro dat de totale oorlog tegen Batista zou beginnen. Castro's rebellenleger wist het eiland langzamerhand te veroveren en in december vond bij Santa Clara de beslissende laatste slag plaats. Op 31 december sloegen de aanhangers van Batista op de vlucht en een dag later was de generaal zelf ook verdwenen. Castro trok met zijn strijders de hoofdstad

< In 1957 lanceren de Russen als eerste een ruimtesatelliet, de Spoetnik (boven) en nemen een voorsprong op de VS, waar datzelfde jaar rassenrellen uitbreken in Little Rock (onder).

Havana binnen en daar werden talloze niet-gevluchte aanhangers van Batista's bewind terechtgesteld. Intussen zagen de VS dit alles bezorgd aan, want het communisme was nu wel heel dicht het Amerikaanse grondgebied genaderd. De angst bestond dat Cuba een voorpost van de Russen zou worden – en een paar jaar later al zou blijken dat die angst gegrond was, toen de Cubacrisis uitbrak.

Op 1 februari 1958 werd er een merkwaardige staat opgericht: de VAR, ofwel Verenigde Arabische Republiek. De nieuwe staat werd gevormd door Egypte en Syrië, twee landen die een fors eind uit elkaar lagen. Het leek een stap op weg naar Arabische eenwording, maar de unie hield slechts drie jaar stand.

Ook in 1958 hield de kernbewapening weer overal de gemoederen bezig. Op 14 februari kwam de Poolse minister van Buitenlandse Zaken, Rapacki, met het voorstel voor een atoomvrije zone

< De Amerikaanse vice-president Nixon kijkt aandachtig toe als de Russische partijleider Chroestsjov voor het eerst van zijn leven Cola drinkt (1959).
Tijdens het bezoek van Chroestsjov aan de VS werd hij officieel ontvangen door president Eisenhower (onder).

1959 In januari werd de zwarte meerderheid in Zuid-Afrika verder in de tang genomen door de blanke regering. De blanken, die daar oorspronkelijk niet eens thuishoorden, hadden alle macht (en dus ook alle geld) in handen, maar dat was nog niet genoeg. Ze wilden niet langer worden geconfronteerd met de aanwezigheid van zwarten; zelfs dat was hen al te veel. Er werden dus andermaal harde maatregelen genomen. De vertegenwoordigers van de zwarten in het parlement werden daar zonder pardon uitgestoten. Zo werd de zwarte meerderheid in de democratie het zwijgen opgelegd. Een andere maatregel was dat de rassen op scholen definitief werden gescheiden; de blanken vonden het onaanvaardbaar dat hun kinderen in dezelfde klas zaten als negerkinderen. De zwarte kinderen kregen daarom hun eigen scholen met uiteraard zwarte onderwijzers. En als ze naar school gingen, mochten ze niet met de 'blanke' bus mee; voor hen was er een aparte bus. Onderdrukking. Die kwam ook elders voor. In Nicaragua bijvoorbeeld, waar de dictator Anastazio Somoza in 1959 voor de derde keer met bruut geweld een opstand van de arm en hongerig gehouden bevolking wist te onderdrukken. Ook onderdrukking in Tibet. Dat land was min of meer ingelijfd bij communistisch China, maar met behoud van een zekere autonomie. In de praktijk bleek die autonomie tegen te vallen. De Chinezen probeerden ook Tibet te bekeren tot het communisme. Ze hoopten daarbij op de steun van Tibets leider, de (veertiende) Dalai Lama, maar die weigerde. Het kwam in Tibet tot een opstand, die de Chinezen met militair geweld neersloegen. De Dalai Lama vluchtte naar India. Dat was een behoorlijke tegenslag voor de Chinezen, vooral omdat hij nu juist naar India was gevlucht. Met dat land had China namelijk ruzie. Het ene grensconflict na het andere woedde tussen de twee landen en in 1959 wisten de Chinezen zelfs door te dringen tot in de Himalaya.
Laos, sinds 1953 onafhankelijk binnen de Union Française, en sinds 1956 ook geen lid meer, kreeg in 1959 te maken met nieuwe schermutselingen van de Pathet Lao, de communistische opstandelingenbeweging. Tot 1961 zouden de gevechten met de rechtse regering duren, maar ook de wapenstilstand van 1961 bracht nog geen rust in het land.
In september reisde de Russische leider Chroestsjov naar de VS. In Camp David sprak hij langdurig met de Amerikaanse president Eisenhower. De heren werden het weliswaar niet geheel eens over punten als de situatie in Midden-Europa en het einde van de Koude Oorlog, maar Chroestsjov verscheen enthousiast op de Amerikaanse televisie om het land te prijzen om zijn mensen, steden en wegen. Hij zei erbij dat het niet gemakkelijk zou zijn om de Koude Oorlog opeens om te buigen naar een innige vriendschap. Voor China was dit contact tussen de VS en de USSR on-

∧ In Engeland werd met Pasen 1958 voor het eerst de vierdaagse protesttocht van Londen naar Aldermaston gelopen. Deze demonstratie tegen de atoombewapening vermoeide ook kleine kindervoeten.

verteerbaar. Het land verbrak onmiddellijk alle contacten met Rusland.
In december reisde president Eisenhower langs elf landen in Europa, Azië en Afrika. Waar hij ook kwam, overal sprak hij over het behoud van vrede en evenwicht in de wereld en riep hij de rijke landen op de arme te helpen. Een paar dagen voor Kerst was hij weer thuis en de wereld mocht nadenken over zijn kerstgedachte van 1959.

1960 Natuurlijk bracht ook 1960 geen vrede en evenwicht. En Eisenhower had al gauw niets meer te zeggen, want hij werd opgevolgd door de jeugdig ogende John Kennedy, die een indrukwekkend hervormingsplan onder de titel 'New Frontier' presenteerde. Een van Kennedy's belangrijkste punten was dat hij ontwapeningsonderhandelingen wilde beginnen met de Russen. Maar Kennedy zou pas in januari 1961 als president worden geïnstalleerd; daarvóór was er alweer het een en ander gebeurd.
Op 1 mei vond het U-2 incident plaats. Boven de Russische plaats Sverdlovsk werd een Amerikaans verkenningsvliegtuig, een U2, neergeschoten. Dat gaf een internationale rel, want nu bleek overduidelijk dat de Amerikanen regelmatig spionagevluchten maakten boven de Sovjet-Unie. Een verschijnsel dat in die tijd nog onbekend was.
Op 2 juli was er opnieuw ruzie tussen de VS en de Sovjet-Unie. De Amerikanen, bepaald niet tevreden met Castro's communistische regering op Cuba, beperkten hun invoer van Cubaanse suiker met 95%. Een klap voor Cuba, dat bijna geheel van diezelfde suiker afhankelijk was. De Russen reageerden furieus.
En zo werd Cuba langzamerhand een nieuwe bron van gevaar. Later zou zelfs blijken dat de crisis die zich daar in 1962 afspeelde, een van de gevaarlijkste momenten uit de wereldgeschiedenis zou opleveren. De Sovjet-Unie was er uiteraard blij mee dat het zo vlak bij de VS liggende Cuba communistisch was geworden. Zij hielp de Cubanen met plezier het eiland ruim te bewapenen. Ook werd er gestart met de bouw van raketlanceerbases. Dat alles was al gaande toen Kennedy nog geen president was, maar hij was het wel die later met de brokken kwam te zitten.
Kennedy had op nog een ander gebied te maken met de gevolgen van politieke zaken waar hij niets aan kon doen.
In Vietnam bijvoorbeeld. Al

∧ *Na de opstand in 1959 in Tibet tegen de Chinese overheersing, vluchtte de Dalai Lama per draagstoel naar India.*

∨ *Ook in 1959 braken ernstige onlusten uit in Leopoldville, de hoofdstad van Kongo (onder).*

onder Eisenhower waren er meer en meer Amerikanen naar Zuid-Vietnam gestuurd om dat land te helpen tegen de communisten. Daarmee was een ontwikkeling in gang gezet die ook Kennedy niet zou weten te stuiten.
België raakte in 1960 betrokken bij een levensgroot drama. Dat vond plaats in Belgisch-Kongo, het huidige Zaïre. Het land wilde onafhankelijk worden. Er waren al een tijd rellen en opstandjes, en de blanken die er woonden voelden zich bedreigd. Velen van hen vluchtten het land uit. In februari 1960 werd besloten dat Kongo onafhankelijk zou worden op 30 juni. In mei werden er verkiezingen gehouden en Kasavoeboe werd tot president gekozen, terwijl Loemoemba premier werd. Op 30 juni droeg koning Boudewijn de soevereiniteit over. Maar een week later ging het goed mis, toen het leger aan het muiten sloeg. De nog aanwezige blanken werden daar het slachtoffer van. Omdat dat voornamelijk Belgen waren, besloot de Belgische regering hen via een luchtbrug te bevrijden. Daarbij werden als bescherming ca. 10 000 militairen ingezet. Dat laatste tot groot ongenoegen van de Kongolese regering. Er werd een klacht ingediend bij de VN: België zou zich schuldig maken aan schending van de soevereiniteit. Het gevolg was dat de Belgische militairen werden vervangen door troepen van de VN. Maar inmiddels was het zo'n chaos in het land, dat Moise Tsjombe, leider van de provincie Katanga, zijn gebied onafhankelijk van Kongo verklaarde en ging samenwerken met België. Op 14 september werd Loemoemba, die Kasavoeboe was opgevolgd als president, bij een staatsgreep afgezet en op 1 december gearresteerd. Begin 1961 werd hij in Katanga vermoord. Het land bleef ook de jaren erna in het nieuws.
Grote heibel was er in 1960 rond een heel klein stukje grond: Gibraltar, het zuidelijkste puntje van Spanje. Althans, dat zou Spanje graag willen, maar de zeer strategisch gelegen rots hoorde bij Groot-Brittannië, dat op die manier de ingang van de Middellandse Zee kon controleren. Spanje wilde Gibraltar terug en de Britten wilden het stukje grond houden. Spanje reageerde op de Britse houding door de grenzen met Gibraltar af te sluiten.
In Turkije werd een staatsgreep gepleegd. De op het Westen gerichte regering van Menderes had zich meer en meer vervreemd van het volk. Het ging slecht met de economie en Menderes probeerde de pers in zijn greep te krijgen. Na de staatsgreep van het leger kwam generaal Gürsel aan de macht, die met hervormingen en een nieuwe grondwet kwam. Blijkbaar was het noodzakelijk dat wel eerst Menderes werd opgehangen.
Cyprus, het eiland in de Middellandse Zee, was tot 1960 een Britse kroonkolonie. Op 16 augustus van dat jaar werd het onafhankelijk. President

> *In 1960 werd Loemoemba premier van het onafhankelijk geworden Kongo. Een jaar later kwam hij op mysterieuze wijze om het leven nadat hij in handen van troepen van zijn rivaal Moboetoe gevallen was.*

werd aartsbisschop Makarios. Er kwam een grondwet, waarin bepaald werd dat alle twee de bevolkingsgroepen, de Griekse én de Turkse Cyprioten, evenveel rechten hadden. Helaas bleek in de praktijk dat de Turks-Cyprioten niets te vertellen hadden, wat later niet alleen een burgeroorlog, maar ook ruzie tussen Griekenland en Turkije tot gevolg zou hebben.
In Guatemala, waar de Amerikaanse United Fruit Company de dienst uitmaakte, was in 1954 een staatsgreep gepleegd. De VS hadden toen gezorgd dat een hen welgezinde kolonel aan de macht kwam. Maar er was een guerrillabeweging ontstaan, die sinds 1960 regelmatig van zich liet horen. Dat was het begin van een tien jaar durende toestand van halve burgeroorlog.
De jaren '60 waren begonnen. Ondanks alle conflicten was er sprake van optimisme. Er was weer contact tussen de VS en de Sovjet-Unie. De komst van Kennedy in het Witte Huis was veelbelovend; vooral de wat progressievere én de arme (meestal zwarte) Amerikanen vestigden al hun hoop op deze president. Vijf jaar eerder al was het tijdperk van de jeugd op gang gekomen. In 1960, met een zo jeugdige president, leek het erop dat die ontwikkeling zich doorzette, dat de nieuwe leiders het anders zouden doen dan de vorige. En 'anders' betekende natuurlijk: beter.
Het werd tijd voor een nieuw élan, een frisse wind. Zo ging men welgemoed de jaren '60 in. De jaren van verandering.

Op deze Russische spotprent over het U-2-incident hebben ook de Amerikaanse legerleiders in de beklaagdenbank plaats moeten nemen.

De Amerikaanse piloot van de neergeschoten U-2, Gary Powers, in de Russische beklaagdenbank.

VREDE?

DERDE WERELD

Derde Wereld. Iedereen gebruikt het begrip, maar veel mensen weten niet wat het precies inhoudt. Ooit was de wereld in tweeën verdeeld: de Oude en de Nieuwe Wereld. De Oude Wereld was grofweg het oostelijk halfrond, de Nieuwe het westelijk halfrond, het Amerikaanse continent. Na de Tweede Wereldoorlog werd het proces van dekolonisatie in gang gezet. De gedekoloniseerde landen werden onder de noemer van de Derde Wereld gebracht. Een enkele keer wordt er nog een extra onderscheid gemaakt: tot de Derde Wereld behoren alleen de ontwikkelingslanden die zelf over grondstoffen beschikken; landen die zelfs geen grondstoffen hebben, worden dan Vierde Wereld genoemd. Om het niet extra ingewikkeld te maken worden alle ontwikkelingslanden samen hier met Derde Wereld aangeduid. De Derde Wereld ligt grotendeels op het zuidelijk halfrond.
Er ontbreekt van alles in de Derde Wereld. Er is te weinig voedsel, te weinig gezondheidszorg, te weinig onderwijs. Van de welvaart in de wereld is in tweederde deel van alle landen niets of maar heel weinig te merken.
Een van de grootste problemen van de Derde Wereld is

< In april 1955 werd in Bandoeng (Indonesië) een eerste conferentie gehouden van Niet-gebonden Landen, die hun ongenoegen uitten over de houding van de rijke landen en de Sovjet-Unie tegenover de Derde Wereld.

Premier Indira Gandhi van India

'Het is onverdraaglijk te moeten constateren dat men met het geld dat nodig is om één lange-afstandsraket te bouwen, ook 200 miljoen bomen zou kunnen planten, 1 miljoen hectare landbouwgrond zou kunnen irrigeren, 50 miljoen ondervoede kinderen in de ontwikkelingslanden zou kunnen voeden en 1 miljoen ton kunstmest zou kunnen kopen.'

honger. Meer dan een kwart van de wereldbevolking krijgt niet genoeg te eten. Elke dag sterven er 40 000 kinderen van honger. Dus: elke twee seconden overlijdt er ergens ter wereld een kind omdat er niet genoeg voedsel voor hem was. Machteloze moeders en vaders. En in het rijke deel van de wereld stapelen de voedseloverschotten zich op.
De tegenstelling tussen rijke en arme landen wordt groter en groter en dat betekent een belangrijke bedreiging voor de wereldvrede. De dekolonisatie is nu vrijwel voltooid, maar nog altijd is de Derde Wereld volkomen afhankelijk van de ontwikkelde landen.
Er zijn veel organisaties en landen die aan ontwikkelingshulp doen. Maar de problemen zijn zo gigantisch dat er bijna niet uit te komen is. Er is bijvoorbeeld veel voorlichting nodig, onder andere op het gebied van gezondheid, landbouw, industrialisatie. Maar dat is een probleem omdat talloze mensen in de Derde Wereld niet kunnen lezen. Honger en armoede hebben de mensen verzwakt. Er is veel ziekte in de Derde Wereld. Juist omdat de meeste ontwikkelingslanden in de tropen liggen, krijgen ziektever-

< In Brioni ontmoetten op 19 juli 1956 de regeringsleiders van de neutrale 'Grote Drie' elkaar (v.l.n.r.): president Nasser van Egypte, de Indiase premier Pandit Nehroe en de Joegoslavische president Tito. De besprekingen leverden echter weinig op.

∧ *In 1981 won deze navrante opname van de Brit Mike Wells de eerste prijs van de World Press Photo: blank helpt zwart, maar nogal laat. Titel: De oogst van de droogte in Oeganda.*

gewoon weer een manier om de ontwikkelingslanden afhankelijk te houden, nu niet politiek, maar economisch. Neokolonialisme – en daar heeft de Derde Wereld geen behoefte aan. Maar soms worden de ontwikkelingslanden gedwongen zich te voegen naar de rijken. Ze hebben veel geld moeten lenen in de rijke landen.
Ze gaan gebukt onder een sterk gestegen rente. Daar komt nog bij dat het Internationaal Monetair Fonds zo'n lening niet zomaar goedkeurt; het is gebeurd dat een ontwikkelingsland heeft moeten beloven de lonen te bevriezen als voorwaarde voor een lening. Ook dat is neo-kolonialisme: inmenging in binnenlandse aangelegenheden.

De enorme leningen vormen inmiddels een probleem van ongekende omvang – en er zou zelfs een nieuwe, wereldwijde economische crisis uit kunnen ontstaan. De ontwikkelingslanden kunnen niet terugbetalen. De teruggang in de economie heeft juist de arme landen het zwaarst getroffen en dat hadden de westerse banken niet voorzien. Er zijn zulke astronomische bedragen geleend aan de arme landen, dat die banken in de problemen beginnen te komen – wellicht de kiem voor een totale ineenstorting van de welvaart in de hele wereld.
Zo langzamerhand is duidelijk geworden dat als de Derde Wereld ten onder gaat, de rijke landen worden meegesleurd in de val.
Het lijkt erop dat de rijke landen helemaal niet willen dat het de Derde Wereld beter gaat. Waarom niet? Omdat het ten koste zou kunnen gaan van de eigen welvaart. De rijke landen zien er uitdrukkelijk op toe dat de arme landen niet méér worden dan grondstoffenleverancier. Dankzij de lage lonen blijven die grondstoffen goedkoop en dat is goed voor de rijke wereld. Zouden de arme landen met diezelfde lage lonen zelf eindprodukten gaan fabriceren, dan zouden ze een gevaarlijke concurrent kunnen worden. De naoorlogse opkomst van Japan is wat dat betreft een spookbeeld. Er wordt dan ook nauwelijks échte ontwikkelingshulp gegeven; het blijft voornamelijk bij voedselhulp. Echte ontwikkelingshulp zou betekenen dat de Derde Wereld zich zou kunnen ontwikkelen – en dat wordt bewust tegengehouden.
Op dit moment in de wereldgeschiedenis, nu er elke twee seconden een kind sterft van honger, wordt er aan bewapening vijfentwintig keer zoveel geld besteed als aan ontwikkelingshulp. Gaat er één gulden naar een arm land, dan gaan er vijfentwintig gulden naar een wapenfabriek.
Wrang is het feit dat ook de Derde Wereld wapens koopt. De politieke situatie is er dermate onstabiel, dat veel landen zich gedwongen voelen zich te bewapenen. Sinds 1945 hebben er meer dan honderd oorlogen gewoed in de Derde Wereld en daarbij zijn ruim tien miljoen mensen omgekomen. De gebruikte wapens waren voor de helft afkomstig uit de VS en voor eenderde deel uit de Sovjet-Unie. Ook daaraan verdiende het rijke deel van de wereld veel geld. De Derde Wereld bewapende zich om de onafhankelijkheid te verzekeren en leverde een deel van die onafhankelijkheid weer in door die wapens in de rijke landen te kopen – neo-kolonialisme.
Een heel gevaarlijke nieuwe ontwikkeling is dat enkele landen uit de Derde Wereld op het punt staan zelf kernwapens te gaan fabriceren. Wat er gebeurt als het geduld van de Derde Wereld op is? Het meest verschrikkelijke is mogelijk.
Ondanks alles zit de Derde Wereld zelf niet bij de pakken neer. De invloed van de ontwikkelingslanden binnen de VN wordt steeds groter. Ze hebben daardoor ook meer te zeggen in de ontwikkelingsorganisaties van de VN, zoals het kinderfonds UNICEF en de UNCTAD (United Nations Conference on Trade and Development). Binnen die UNCTAD hebben 77 ontwikkelingslanden nog hun eigen organisatie opgericht, de 'groep van 77', waar inmiddels meer dan honderd landen bij zijn aangesloten. Verder zijn er organisaties als OPEC (Organization of Petroleum Exporting Countries), COPAL (Cocoa Producers Alliance) en andere handelsorganisaties, bedoeld om bijvoorbeeld meer invloed op de internationale prijzen te kunnen uitoefenen.
In 1980 kwam de commissie-Brandt, onder leiding van ex-bondskanselier Willy Brandt, met het Brandt-rapport, ondertitel: 'Een overlevingsprogramma'. Citaat: 'Waar de honger heerst, kan de vrede niet bestendigd blijven. Wie oorlog wil uitbannen, moet ook massale armoede uitbannen. Feitelijk maakt het geen verschil of een mens de dood vindt in een oorlog, of dat

hij gedoemd is van honger om te komen door de onverschilligheid van anderen.'
Brandt kwam met een aantal aanbevelingen. Zo moet er een nieuwe opzet komen voor internationale belastingheffing, waarbij wapenhandel extra zwaar belast moet worden. De ontwikkelingslanden moeten méér worden dan louter grondstoffenproducenten. Grondstoffenprijzen moeten stabiel worden. Een welvarender Derde Wereld brengt de economie van de wereld niet in gevaar, maar bevordert die juist. De verspreiding van kernwapens moet worden voorkomen. De wapenindustrie is beslist niet noodzakelijk voor de economie van de rijke wereld; er is wel degelijk een omschakeling mogelijk naar vreedzamer produkten, die bovendien veel meer arbeidsplaatsen opleveren.
Er is een overduidelijke relatie tussen bewapening en armoede. Een bijzonder schrille relatie. De Indiase premier Indira Gandhi illustreerde dat treffend met deze opmerking: 'Het is onverdraaglijk te moeten constateren dat men met het geld dat nodig is om één langeafstandsraket te bouwen, ook 200 miljoen bomen zou kunnen planten, 1 miljoen hectaren landbouwgrond zou kunnen irrigeren, 50 miljoen ondervoede kinderen in de ontwikkelingslanden zou kunnen voeden en 1 miljoen ton kunstmest zou kunnen kopen.
Dat is inderdaad onverdraaglijk. Zeker voor iemand die de onmacht van de Derde Wereld in zijn eigen maag voelt en zijn eigen kinderen ziet sterven van de honger.

V In Zuid-Afrika waren speciale opleidingscentra voor zwarte politiemensen. Zij werden getraind door blanken en na hun opleiding ingezet in zwarte woonwijken.

Nobelprijs voor de Vrede 1963

Het Internationale Comité van het Rode Kruis en de Liga van Rode-Kruis-verenigingen, kregen de prijs vanwege het inspireren, vergemakkelijken en bevorderen van alle humanitaire activiteiten van de nationale verenigingen om zo een bijdrage te leveren aan de wereldvrede.

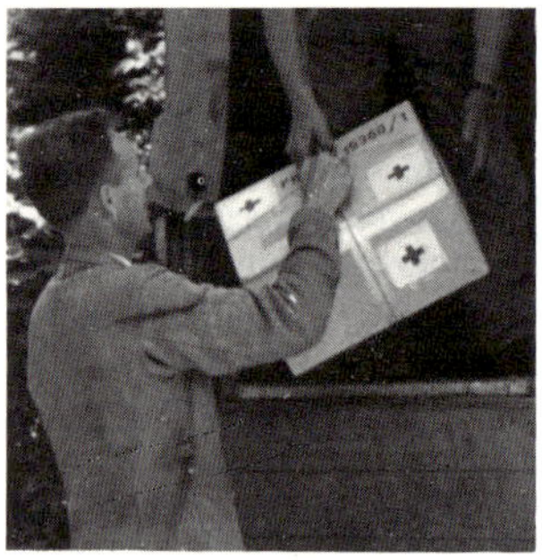

Nobelprijs voor de Vrede 1964

Martin Luther King, Amerikaans negerleider en predikant, kreeg de prijs voor zijn geweldloze strijd voor de burgerrechten van de negers. Hij werd beroemd door de vreedzame mars naar Washington (1963) en zijn toespraak over de toekomst ('I have a dream'). In 1968 werd deze voorvechter van geweldloosheid door een sluipschutter vermoord.

toch maar onafhankelijk worden. Vier Franse generaals lieten dat niet op zich zitten en probeerden een staatsgreep tegen De Gaulle te plegen. Maar ze kregen het leger niet voldoende mee en de staatsgreep mislukte. De generaals doken onder en twee van hen namen de leiding op zich van een geheim leger, de Organisation de l'Armée Secrète (OAS). De OAS werd vooral gesteund door Europeanen die in Algerije woonden en die fel tegen onafhankelijkheid waren. De OAS schuwde geen enkele vorm van terreur. In Algerije, maar ook in Frankrijk vonden talloze terreuracties plaats en verschillende keren werd – vergeefs – geprobeerd De Gaulle te vermoorden. De OAS was vastbesloten Algerije totaal te verwoesten, want een vernield en onafhankelijk Algerije leek hen een mooier vooruitzicht dan een afhankelijk Algerije. Het was niets anders dan de tactiek van de verschroeide aarde, die ook Hitler al had toegepast.
Ook in Syrië vond een staatsgreep plaats. Het resultaat was dat het land een eind maakte aan de Verenigde Arabische Republiek, die het met Egypte had gevormd.
En opnieuw was Zuid-Korea het toneel van geweld. Militairen pleegden een staatsgreep in het inwendig ver-

> In 1960 werd John F. Kennedy president van de VS. Deze jonge democratische opvolger van Eisenhower versloeg in de verkiezingsstrijd Richard Nixon, de kandidaat van de republikeinen.

Nobelprijs voor de Vrede 1965

UNICEF, het kinderfonds van de VN, kreeg de prijs vanwege haar activiteiten op het gebied van de hulp aan kinderen in nood ten gevolge van oorlogshandelingen. Voorzitter van de organisatie in 1965 was Henry Labuisse (rechts). Belangrijk 'ambassadeur' van de UNICEF is de acteur Danny Kaye (links).

scheurde land; zij probeerden daarna serieus naar een evenwicht te zoeken.
Verschillende Europese kolonies in Afrika hunkerden naar onafhankelijkheid. Het sterkst was die roep in de Portugese kolonies, waar de oorspronkelijke bewoners, net als in Zuid-Afrika, werden gediscrimineerd. Angola was de eerste Portugese kolonie die daartegen in opstand kwam. Dat was in 1961. Andere kolonies zouden volgen.
In hetzelfde jaar raakte Nederland betrokken bij een internationaal incident. Dat speelde zich af rond Nieuw-Guinea, dat na de onafhankelijkheid van Indonesië Nederlands was gebleven. Maar Indonesië had West-Irian, zoals zij het gebied noemden, er graag bij willen hebben. Nederland vond dat dat niet kon: de Papoea's van Nieuw-Guinea waren beter af onder Nederlands bestuur, vond men. Maar Indonesië dreigde Nieuw-Guinea te bezetten en het leek erop dat het tot een groot gewapend conflict met Nederland zou komen. De Verenigde Naties kwamen tussenbeide en vooral onder druk van Amerika moest Nederland het gezag overdragen. In 1962 kwam het gebied onder beheer van de VN en in 1963 onder Indonesië, waar het in 1969 officieel bij werd getrokken.

< Fidel Castro, staatshoofd van Cuba, was Kennedy's tegenspeler tijdens de Cubacrisis in 1961 (mislukte invasie in de Varkensbaai) en 1962 (Russische raketbasis op Cuba).

Andere feiten uit 1961:
Amnesty International werd opgericht: een particuliere, onpartijdige organisatie die zich ten doel stelt mensen vrij te krijgen die om hun politieke of godsdienstige overtuiging gevangen zitten.
Albanië brak definitief met de Sovjet-Unie om zich volledig op China te richten.
In Irak kwamen de Koerden in opstand, niet voor het eerst overigens. De Koerden streefden al sinds jaar en dag vergeefs naar een eigen republiek, die er ondanks vele toezeggingen nog steeds niet is.
In Israël vond het proces tegen nazi-misdadiger Adolf Eichmann plaats. Eichmann werd in 1960 door de Israëlische geheime dienst ontvoerd uit Zuid-Amerika en overgebracht naar Israël, waar hij ter dood werd veroordeeld. Op 12 april maakte voor het eerst een mens een reis door de ruimte. Dat was de Rus Joeri Gagarin, in de Wostok-I. De tocht duurde 1 uur en 49 minuten.
In 1961 werd in do Joegoslavische hoofdstad Belgrado de eerste conferentie van zich nu officieel 'niet-gebonden' noemende landen (26) gehouden. Belangrijke deelnemers waren Egypte (Nasser), Joegoslavië (Tito), India (Nehru) en Indonesië (Soekarno).
En onverdroten gingen Amerikanen en Russen voort met hun kernproeven.

1962 In 1962 scheelde het werkelijk maar een haar of de wereld was een kernoorlog ingerold. Cuba was de aanleiding tot een conflict tussen Amerika en Rusland, dat maar net goed afliep. Achteraf is er veel kritiek geweest op de gewaagde politiek van Kennedy. Amerikaanse verkenningsvluchten boven Cuba hadden duidelijk gemaakt dat de Russen bezig waren daar raketbases op te richten. De raketten zouden uiteraard op Amerika worden gericht. Kennedy besloot tot een gedeeltelijke blokkade van Cuba en eiste dat de bases ontmanteld zouden worden. Dat was op 21 en 22 oktober. De wereld hield de adem in: wat zou er gebeuren als de Sovjet-Unie niet op die eisen zou ingaan? Ontmanteling van de bases zou een enorm gezichtsverlies betekenen voor de Russen. Eigenlijk geloofde niemand dat de Russen zich door de brutale Kennedy de wet zouden laten voorschrijven. Daar kwam bij dat de Cubaanse leider Fidel Castro sterke druk uitoefende op de Russen om niet te zwichten voor Kennedy. De spanning duurde een week. Toen besloten de Russen de bases te ontmantelen. Hadden ze dat niet gedaan, dan was het hoogstwaarschijnlijk tot een rechtsteeks gewapend treffen tussen Amerika en Rusland gekomen – en de kans dat daarbij kernwapens zouden worden gebruikt was beslist niet uitgesloten.

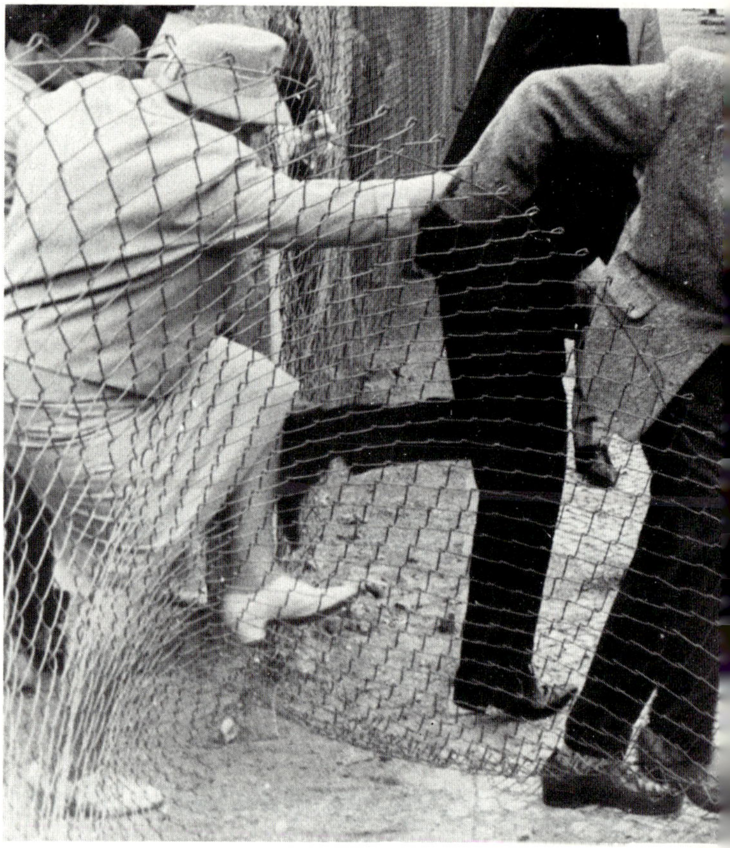

> Voor de bouw van de betonnen muur begon slaagden nog diverse mensen erin naar het westelijk deel van de stad te vluchten. De 18-jarige Peter Fechter zou er niet in slagen West-Berlijn te bereiken. Hij werd op 17 augustus 1962 door Oostduitse grenswachten neergeschoten. Zijn lijk werd pas na een uur weggehaald (onder).

Kennedy had het ook op ander gebied niet gemakkelijk. In het Amerikaanse Congres was nogal wat verzet tegen zijn, wat hij noemde 'revolutie van de mensenrechten'. Bij tal van behoudende Amerikanen maakte hij zich niet populair. Wél bij de minderheden, zoals de negers. In 1962 vonden weer verschillende rassenrellen plaats, vooral nadat de zwarte James Meredith zich had laten inschrijven aan een universiteit waar nog nooit een neger had gestudeerd.
De Amerikanen bleven betrokken bij gebeurtenissen in Indo-China. In Laos stak de Pathet Lao de kop weer op.
De Amerikanen, die steeds nadrukkelijker aanwezig waren in het buurland Zuid-Vietnam om te proberen de bevrijdingsorganisatie FLN in toom te houden, vonden de met de FLN verwante Pathet Lao zo ge-

Λ 'Het Socialisme overwint', zegt een spandoek boven de grens tussen oost en west (boven). Bij de muur werd door Westberlijners een krans neergelegd. Het huis op de achtergrond is dichtgemetseld omdat het precies op de grens van Oost- en West-Berlijn ligt (rechts).

V 'Kijk hoeveel er aan onze kant staan', zegt Chroesjtsjov op een Amerikaanse cartoon afgebeeld bij neergeschoten vluchtelingen.

vaarlijk, dat zij besloten ertegen op te treden. Er werden bombardementen uitgevoerd. De OAS slaagde er langzamerhand in om van Algerije één grote ruïne te maken. Duizenden vonden de dood en honderdduizenden Europeanen vluchtten het land uit. In juli werd duidelijk, dat de OAS bepaald niet de wens van het volk vertegenwoordigde, want toen bleek bij een referendum dat 99% vóór onafhankelijkheid was. Op 3 juli verklaarde De Gaulle Algerije onafhankelijk. Na nogal wat perikelen kwam ex-vrijheidsstrijder Ben Bella aan de macht.

In Genève kwam een ontwapeningscommissie van de VN bijeen. 'Genève' werd langzamerhand een symbool van internationale machteloosheid, want ontwapend werd er niet en zou er de komende decennia ook niet worden.

En de ruimte werd veroverd. Na de Russen stuurden nu ook de Amerikanen een mens de ruimte in: John Glenn, die 22 jaar later vergeefs zou proberen president van de VS te worden. Een onbemand ruimtevaartuig, de Mariner-2, ging richting Venus. En de allereerste tv-satelliet, Telstar, werd gelanceerd.

Rond de Berlijnse Muur vonden regelmatig drama's plaats. Zo werd op 17 augustus de Oostduitser Peter Fechter tijdens een vluchtpoging neergeschoten door Oostduitse grenswachten. Hij bleef liggen in de strook niemandsland naast de Muur, en Westberlijners moesten machteloos toezien terwijl hij doodbloedde.

∧ Paus Johannes XXIII, die in 1958 paus Pius XII opvolgde, wilde door middel van het Vaticaans Concilie de kerk aan de tijd aanpassen (links). Protestzanger Bob Dylan zocht de antwoorden in de wind (rechts).

1963 Een nieuw fenomeen stak de kop op: beatmuziek. In Groot-Brittannië stortten jongeren zich op muziek van groepen als de Beatles en de Rolling Stones. Ouderen vonden de beatmuziek nog erger dan destijds de rock and roll. Van de beatmuziek ging een sfeer van anarchie uit. De jeugd schiep een eigen wereld en liet het haar groeien. In Amerika liet een jonge Bob Dylan voor het eerst van zich horen, met protestsongs tegen oorlog en geweld.
Geweld was er weer volop. Ook de pauselijke encycliek 'Pacem in terris' (vrede op aarde) van paus Johannes XXIII, die dat jaar nog zou overlijden, kon dat niet verhelpen. Militaire staatsgrepen waren er in Honduras en de Dominicaanse Republiek.
Opnieuw kwam een Portugese kolonie in opstand: deze keer was het Portugees Guinee dat genoeg had van de blanke overheersing.
Op Cyprus vonden pogroms plaats tegen de Turks-Cyprioten. Een burgeroorlog was het gevolg.
In Zuid-Afrika werden negers gedwongen te verhuizen naar het 'thuisland' Transkei.
In de VS vonden alweer rassenonlusten plaats. Er werd een mars naar Washington georganiseerd als steun voor Kennedy en zijn strijd voor de burgerrechten. Negerleider Martin Luther King werd gekozen tot Man van het Jaar. Dominee King had voor het eerst van zich doen spreken in 1955, toen hij de leiding had van een actie van negers die protesteerden tegen de slechte behandeling die zij kregen in stadsbussen. Vanaf dat moment wierp hij zich onvermoeibaar op de strijd voor gelijke rechten van negers. Het was wel een geweldloze strijd. Juist door die geweldloosheid maakte King bij velen een diepe indruk. Kippevel kregen de mensen die luisterden naar zijn beroemde toespraak tijdens de mars naar Washington in 1963. De toespraak is nadien vele malen voor radio en televisie uitgezonden, zodat talloze mensen zich de woorden herinneren ('I have a dream...'). King zweepte zijn publiek op met een indrukwekkende rede, die eindigde met de woorden: 'We zijn eindelijk vrij!' ('Free at last! Free at last! Great God Almighty, we are free at last!'). King heeft in zijn leven veel cellen van binnen gezien. Al in 1958 werd er een aanslag op hem gepleegd, die hij overleefde. De Nobelprijs lag in het verschiet (in 1964 zou King die krijgen). Maar er waren heel wat blanken die King liever dood dan levend zagen. Ze zouden hun zin krijgen.
De andere grote man van 1963

was John F. Kennedy. Niet alleen in zijn eigen land was hij razend populair, ook elders werd hij toegejuicht. In Berlijn bijvoorbeeld, dat hij in juni 1963 bezocht. Hij ging onder andere kijken bij de gehate Muur, waar hij een toespraak hield die de Westberlijners een hart onder de riem stak. Hij kreeg een lange ovatie na zijn beroemd geworden woorden: 'Ich bin ein Berliner'.
Minder gelukkig was zijn beleid in Zuid-Vietnam. Dat was weliswaar een erfenis van zijn voorganger, maar nog altijd werden er meer en meer Amerikaanse militairen naar het land gestuurd. Later is wel gezegd dat Kennedy van plan was de troepen in 1964 terug te roepen, maar bewezen is dat nooit. In elk geval kreeg

Λ Dominee Martin Luther King, de vredesapostel. Daarnaast de oorlogsmisdadiger Eichmann tijdens zijn proces in Israël.

Kennedy de kans niet. De Amerikaanse militairen steunden het regime van Ngo Dinh Diem tegen het bevrijdingsfront FLN. Maar niet alleen de FLN was tegen Diem. Diem was rooms-katholiek en voerde een anti-boeddhistisch bewind. Uit protest daartegen staken boeddhistische monniken zichzelf in brand. Er volgden onlusten en op 1 november werd Diem na een staatsgreep vermoord. Er kwamen daarna verschillende militaire regeringen, maar de Amerikanen bleven alom tegenwoordig.

Er werd in 1963 wel het een en ander gedaan op het gebied van vrede en veiligheid in de wereld. Het werd bekend dat er sinds 1945 al 416 kernproeven waren geweest. Internationaal werd er een verbod op bovengrondse proeven overeengekomen, maar Frankrijk en China weigerden die overeenkomst te ondertekenen.
Tussen de VS en de Sovjet-Unie werd de zgn. hot-line geïnstalleerd. Voor de staatshoofden van die landen een snelle manier om in tijden van paniek direct met elkaar in contact te treden. De hot-line was en is overigens geen rode telefoon, zoals vaak wordt gedacht, maar een telexverbinding.
In hetzelfde jaar gebeurde er wel weer iets heel anders op kernwapengebied: de VS mochten kernwapens plaatsen in Canada. Dat was dus ruim twintig jaar voordat er in Europa felle protesten kwamen tegen de plaatsing van kruisraketten.
Tussen China en Rusland boterde het niet erg. Resultaat van de moeizame betrekkingen was, dat Rusland weigerde kernwapens te leveren aan de Chinese Volksrepubliek.
Op 22 november bracht de Amerikaanse president een bezoek aan de stad Dallas. Tienduizenden juichten hem toe tijdens een rijtoer. Opeens klonken er schoten. Kennedy zakte ineen in de auto; zijn echtgenote Jacky boog zich over hem heen. Overal werd gegild en terwijl de politie op

1964 De situatie in Vietnam werd langzaam dramatischer. Op 27 januari waarschuwde de Franse president De Gaulle dat de oorlog in Vietnam alleen op te lossen was als er werd uitgegaan van de conferentie in Genève van 1954. Daar werd onder andere vastgesteld dat de landen van de zogenaamde Derde Wereld onafhankelijk moesten zijn van de supermachten. Maar Amerika trok zich niet terug uit het wespennest. Integendeel. Het Tonkin-incident verhevigde de Amerikaanse inmenging. Op 2 augustus 1964 werd in de baai van Tonkin de Amerikaanse torpedobootjager Maddox aangevallen door Noordvietnamese torpedoboten. Johnson nam die aanval van het communistische en de FLN steunende Noord-Vietnam hoog op. Hij nam zich voor bombardementen uit te voeren op Noordvietnamese olieopslagplaatsen en torpedoboten. Het Amerikaanse congres keurde die bombardementen goed. Bovendien kreeg Johnson van het congres de volmacht om militair in te grijpen waar dat maar nodig was. Kennelijk vond Johnson dat op grote schaal nodig, want vier jaar later zouden er al meer dan een half miljoen Amerikaanse militairen in Vietnam zijn.

Ook in andere landen bemoeiden de Amerikanen zich met de binnenlandse politiek. In Brazilië was João Goulart president. Het land onderhield betrekkingen met het Oostblok en was sterk tegen de manier waarop de Amerikanen tegen Cuba hadden opgetreden. Goularts plannen voor hervormingen en zijn afkeer van de rijke klasse vielen verkeerd bij rechtse militairen, die dan

> Op 3 mei 1964 inspecteerde president Makarios de Grieks-Cypriotische troepen in Nicosia. De onrust op Cyprus was zo groot dat zelfs een schaapherder zich met een machine-pistool wapende (onder).

ook in maart 1964 een staatsgreep pleegden. Generaal Humberto Castelo Branco werd de nieuwe president. Hij kon in het zadel blijven dankzij de steun van de VS, die zich daarmee wel schuldig maakten aan steun aan een ronduit misdadig bewind. Alle vroegere volgelingen van de vorige president werden vervolgd. De politieke partijen werden verboden. Het parlement werd opgeheven. Maar daar bleef het niet bij. De pers werd gecensureerd. Geestelijken en intellectuelen werden vervolgd. Na enkele jaren telde Brazilië al 12 000 politieke gevangenen, onder wie veel vrouwen en zelfs kinderen; er werd op grote schaal gemarteld, iets waaraan ook diezelfde vrouwen en kinderen niet ontkwamen. Tel daarbij de massale uitroeiing van Indianen en een vergelijking met Hitler-Duitsland is niet overdreven. Desondanks steunden de VS dit schrikbewind; alleen maar om te voorkomen dat het land opnieuw een te linkse koers zou gaan varen. Onder leiding van bisschop Dom Helder Camara probeerden geestelijkheid en juristen nog iets te doen voor de verarmde bevolking van het platteland.
In Bolivia vrijwel hetzelfde verhaal: hervormingen, een militaire staatsgreep en terreur. Hier was het Che Guevara die er iets tegen probeerde te doen. Zijn guerrillabeweging kon echter niet tegen het leger op. In 1967 zou hij gevangen worden genomen, om een dag later te worden vermoord. Che Guevara en Dom Helder Camara werden symbolen voor veel progressieve, linksdenkende jongeren in het Westen. Guevara was een idealist, een optimist, die geloofde in de revolutie en in een nieuwe mens, die zichzelf zou wegcijferen ten behoeve van de gemeenschap. Ook Dom Helder Camara streed tegen onderdrukking en armoede; ook hij geloofde in revolutie, maar in tegenstelling tot Che Guevara stond hij een geweldloze revolutie voor.
In 1964 kwam de zoveelste Portugese kolonie in opstand:

ditmaal Mozambique.
Opnieuw werden er in Zuid-Afrika mensen gedwongen te verhuizen naar een zwart 'thuisland': Twanaland.
De VN zonden een vredesmacht naar Cyprus, om Turks- en Grieks-Cyprioten uit elkaar te houden.
In Lima vond een voetbalrel plaats waarbij de leus 'Voetbal is oorlog' wel erg serieus werd genomen: er vielen liefst 318 doden.
Er waren rassenrellen in de Newyorkse wijk Harlem.
Martin Luther King en filosoof Jean-Paul Sartre deelden de Nobelprijs voor de Vrede.
De Sovjet-Unie lanceerde een raket die werd bemand door drie ruimtevaarders; daarmee waren de Russen de

< Vrouwen met baby's protesteerden op 4 september 1964 tegen de economische blokkade van hun Turks-Cypriotische wijk. Grieken en Turken werden door prikkeldraad van elkaar gescheiden (onder).

Amerikanen weer eens vóór.
Tot schrik van de rest van de wereld vond in China de eerste proef met een kernwapen plaats.
Opnieuw pleitte een Oostblokland, deze keer Polen, voor bevriezing van de kernwapens in Midden-Europa.
Tijdens een vergadering van NAVO-ministers in Den Haag was er een anti-atoombomdemonstratie door een groep vrouwen die zich noemde 'Women strike for peace'.
En tenslotte was 1964 het jaar van de val van Sovjet-leider Chroestsjov. De markante Rus, die ooit in de VN zijn standpunt kracht bijzette door met zijn schoen op tafel te slaan, verdween in de vergetelheid. Hij werd opgevolgd door een driemanschap. Breznjev werd partijleider, Kosygin minister-president en Podgorny president. Net als destijds Chroestsjov, was het nu Breznjev die zijn twee medeheersers langzaam aan de kant wist te schuiven om als grote man van de Sovjet-Unie aan de macht te blijven tot zijn dood in 1982.

1965 In januari overleed de legendarische Winston Churchill. De staatsman, die negentig jaar werd, had actief deelgenomen aan de Boerenoorlog in Zuid-Afrika, was later, tijdens de Eerste Wereldoorlog, minister van Marine, en in de Tweede Wereldoorlog was hij premier van Groot-Brittannië, wat hij ook later nog eenmaal was.
De VS lieten in 1965 onverbloemd zien dat zij niet schroomden zich te bemoeien met de binnenlandse aangelegenheden van landen die 'in hun achtertuin' lagen. Deze keer viel die eer te beurt aan de Dominicaanse Republiek, die altijd netjes had gedaan wat de VS hadden verlangd. Maar in 1965 dreigde er een linkse revolutie uit te breken. Voorheen, bijvoorbeeld in het geval van Cuba, had Amerika invasielegers van ballingen gesteund. Maar nu gingen er zonder omhaal 20 000 Amerikaanse militairen naar de Dominicaanse Republiek om de orde te herstellen. Een orde, die het grootste deel van de bevolking arm hield.
In Vietnam sleepte de oorlog zich voort. De FLN werd agressiever en de VS antwoordden met zware bombardementen, waartegen de hele wereld protesteerde. Het protest werd nog feller, toen bekend werd dat de Amerikanen ontbladeringsmiddelen gebruikten.
De term FLN werd inmiddels steeds meer vervangen door de aanduiding Vietcong, wat letterlijk Vietnamese Communisten betekent. De Vietcong pleegde in 1965 een bomaanslag op de Amerikaanse ambassade in Saigon, de hoofdstad van Zuid-Vietnam.
Het nog maar kort onafhankelijke Algerije maakte in 1965 een staatsgreep mee. Ben Bella werd afgezet en vervangen door Hoeari Boumé-

> Ernesto Che Guevara was een van de belangrijkste leiders van de opstandelingen tijdens de Cubaanse revolutie. Hij was expert in het voeren van guerrilla-oorlogen. In 1967 werd hij in Bolivia vermoord.

Toen generaal Soeharto erin was geslaagd de orde te herstellen, bleek dat er niet minder dan 87 000 doden waren gevallen. Soeharto werd twee jaar later president. India en Pakistan voerden opnieuw oorlog, nu rond de vraag: waar hoort Kasjmir bij? Op 11 november verklaarde Rhodesië zich eenzijdig onafhankelijk van Groot-Brittannië. Maar het was niet de oorspronkelijke bevolking die dat deed, maar de Brit Ian Smith, die met steun van Portugal en Zuid-Afrika een soort Apartheidspolitiek ging voeren. Hetzelfde Zuid-Afrika weigerde in 1965 overigens een visum te geven aan dominee Martin Luther King. In Los Angeles was er een

< Nikita Chroestsjov werd in 1956 partijleider van de Sovjet-Unie en kondigde zijn program van vreedzame coëxistentie aan. In 1962 moest hij buigen voor Kennedy tijdens de Cuba-crisis, wat het begin van zijn politieke val betekende.

< Ian Smith riep in 1965 eenzijdig de onafhankelijkheid uit van Rhodesië en vestigde er een blank minderheidsbewind. De VN weigerden de nieuwe republiek te erkennen.

dienne, die een minder linkse koers ging varen en de communistische partij verbood. Ook vond een staatsgreep plaats in Kongo, waar Moise Tsjombe plaats moest maken voor Sese Seko Moboetoe. Maar een van de bloedigste staatsgrepen aller tijden vond plaats in Indonesië. Onder president Soekarno was de toestand in het land steeds minder stabiel geworden. De angst bestond voor een communistische staatsgreep, maar die werd voorkomen door een rechtse staatsgreep. Er kwam een eind aan het lange bewind van Soekarno, maar zijn populariteit was hier en daar nog erg groot. Er ontstonden rellen, en wel op een buitengewoon grote schaal. Communisten werden vervolgd.

negeropstand; er was een zwarte protestmars van Selma naar Montgomery – en nog altijd kregen de negers niet de rechten die ze moesten hebben. Ze werden militanter. Sommigen, zoals Malcolm X, keerden zich af van de geweldloosheid van King. Malcolm X leidde tot 1963 de Black Muslims. Daarna keerde hij zich van die organisatie af; in 1965 werd hij vermoord, waarschijnlijk door zijn eigen vroegere aanhangers.
In de ruimte trachtten de VS en de Sovjet-Unie elkaar de loef af te steken. Twee Gemini-capsules van de VS ontmoetten elkaar in de ruimte, en een Rus maakte de eerste ruimtewandeling.
De Rolling Stones traden op in Berlijn en de fans richtten een waar slagveld aan. De Beatles waren op het hoogtepunt van hun populariteit; wat zij deden werd nagedaan door de fans, inclusief hun drugsgebruik. En Bob Dylan zong: 'Er komen andere tijden', 'The times they are a-changing'.

VREDE?

RELIGIE: GEWELD EN VREDE

Religie is altijd van grote invloed geweest op de wereldgeschiedenis. Het merkwaardige is dat die invloed nogal eens van totaal tegengestelde aard was en is. Talloze malen heeft religie oorlogen veroorzaakt. Maar even zo vele malen prediken religieuzen de vrede.
Een opmerkelijk voorbeeld van een godsdienststwist is de strijd in Noord-Ierland, waar roomskatholieken en protestanten tegenover elkaar staan. In feite is dat een wat achterhaalde strijd, die in de rest van Europa grotendeels al in de Middeleeuwen en vlak daarna werd uitgevochten, met als conclusie: protestant en katholiek kunnen naast elkaar leven en het is nergens voor nodig dat één van de twee tot staatsgodsdienst wordt verheven. Wél hebben de verschillende stromingen binnen het christelijk geloof nog altijd grote invloed op de politiek. De meeste stromingen zijn in parlementen en regeringen vertegenwoordigd geweest door middel van politieke partijen. De laatste jaren zijn veel van die partijen samengegaan tot christen-democratische partijen – de scheiding tussen katholiek en protestant is daarmee verder vervaagd.
Niet in Noord-Ierland. Maar daar zit de oorzaak van de burgeroorlog dan ook heel diep. Oorspronkelijk was geheel Ierland rooms-katholiek. Dat heeft een enorme invloed gehad op de cultuur; alles was met het katholicisme verweven. Vanuit Schotland arriveerden er protestanten in het Engelse Noord-Ierland. Dat voelden de Ieren als een belangrijke aantasting van hun identiteit. Bovendien was men

∧ In 1964 verlieten de Engelse troepen Cyprus en kregen de soldaten van de VN-vredesmacht de taak op het eiland Grieken en Turken uit elkaar te houden. Op de foto zijn Canadese soldaten in gesprek met een Grieks-orthodoxe dorpspriester.

President Eisenhower

'Wat betekent onze strijd tegen het communisme, als er niet een gevecht is tussen anti-God en een geloof in de Almachtige? (....) De communisten weten dit. Zij moeten God uit hun systeem weren. Als God binnenkomt, moet het communisme vertrekken.'

∧ In Noord-Ierland werd de strijd tussen de katholieke en protestantse bevolking in alle hevigheid uitgevochten. Britse militairen probeerden de rust te handhaven, maar zonder veel succes.

tamelijk beducht voor de macht van de grote buur: het eiland Engeland.
De protestanten werden vanuit Londen niet alleen beschermd, maar openlijk voorgetrokken, hoewel zij in de minderheid waren. Zo kwamen de onverzoenlijke standpunten tegenover elkaar te staan; het kwam bij niemand op dat het net als in de rest van Europa mogelijk moest zijn als katholieken en protestanten naast elkaar te leven. De protestanten wilden de macht, de katholieken wilden weer een volledig katholiek Ierland.
Britse troepen moeten nu de belangen van de protestanten beschermen en de verboden IRA neemt het voor de katholieken op – met alle gewelddadige gevolgen van dien. Net als de IRA is ook de regering van de Ierse republiek vóór het vertrek van de Britse troepen en vóór een hereniging van Ierland, maar daarbij mag geen geweld worden gebruikt. Maar een oplossing is niet in zicht. Zo blijkt dat de aanhangers van het christelijk geloof, of ze nu protestant of katholiek zijn, elkaar met grote inzet naar het leven staan, terwijl datzelfde geloof vrede en geweldloosheid predikt.
In en rond Iran speelt zich ook een godsdiensttwist af. Daaraan is zelfs het etiket 'heilige oorlog' gehangen. Iran is van oorsprong een islamitisch land, maar nogal gematigd, mede dankzij de goede contacten met de Amerikanen,

∧ In Iran zorgde de religieuze leider in ballingschap, ayatolla Khomeini, voor de omverwerping van het bewind van de sjah. Bij zijn terugkeer in Iran werd Khomeini wild enthousiast ontvangen.

indertijd onderhouden door de sjah. In 1979 werd de sjah verdreven en kwam de geestelijke leider ayatollah Khomeini aan de macht. Hij kondigde een islamitische renaissance aan. Normaal gesproken zou dat een vooruitgang kunnen betekenen, maar Khomeini stortte zijn land terug in de Middeleeuwen. Alle westerse invloeden moesten verdwijnen. Vrouwen moesten weer gesluierd over straat. Wie stal werd een hand afgehakt. Wie dronk werd gegeseld. Het meest middeleeuwse aspect van de hele zaak was dat er geen vrijheid van godsdienst meer was en is. De sjiïtische stroming van Khomeini werd radicaler. Toen het sjiïtisme in Iran goed voet aan de grond had gekregen, keken de geestelijke leiders ook eens over de grenzen. Iran was met het buurland Irak verwikkeld geraakt in een concurrentiestrijd rond de vraag wie de leidende positie had in het gebied van de Perzische Golf. Iran gooide olie op het smeulende vuur door te roepen dat het een heilige taak was het sjiïtisme ook over andere landen te verspreiden. Het vuur laaide op toen uiteindelijk Irak Iran binnenviel en het werd een hels vuur toen Khomeini de totale oorlog uitriep; een heilige oorlog tegen alle vreemde smetten, waarbij sterven voor het land een heldendaad betekende.

^ *Jawaharlal Nehroe, voorzitter van de Indiase Congrespartij, in gesprek met Mahatma Gandhi, de voorvechter van het geweldloze verzet en religieuze verdraagzaamheid, 6 juli 1946. Gandhi werd in 1948 vermoord.*

^ *Een andere voorstander van geweldloos verzet was de Amerikaanse dominee Martin Luther King. Hij kwam op voor de rechten van de zwarte bevolking in zijn land, maar kwam in 1968 op gewelddadige wijze om het leven.*

Niet ver daarvandaan ligt een ander kruitvat: Palestina. De godsdienststrijd daar spitst zich toe op Jeruzalem. Koning David had van die stad de hoofdstad gemaakt en Salomon had er een tempel laten bouwen. Jeruzalem werd op die manier de heilige stad van de joden. Babyloniërs en Romeinen hadden de stad verwoest, later werd hij door Arabieren veroverd en nog later door Turken. Tijdens de kruistochten trachtten christenen de stad te heroveren. Maar joden woonden er inmiddels niet of nauwelijks meer – en voor de nieuwe, islamitische bewoners werd Jeruzalem nu eveneens een heilige stad. Toen de staat Israël in 1948 werd gesticht, werd Jeruzalem een twistappel: wiens heilige stad was het nu eigenlijk? De stad werd opgedeeld: het westelijke deel hoorde bij Israël en het oostelijke deel bij Jordanië. In 1967 veroverde Israël ook het oostelijke deel en werd Jeruzalem uitgeroepen tot enige en ondeelbare hoofdstad van Israël. Dat was een rechtstreekse provocatie van de islamitische wereld. De islamieten dreigden de oliekraan, die zij beheerden, dicht te draaien als niet alle landen ter wereld hun ambassades in Jeruzalem verhuisden naar Tel Aviv. Schoorvoetend werd aan die eis gehoor gegeven. Volgens de bijbel zal de allerlaatste, definitieve strijd van de wereld zich afspelen rond Jeruzalem. Religieuze strijd als oorzaak van de totale ondergang?

Een ander soort religieuze strijd heeft te maken met botsende ideologieën. Het kapitalisme steunt het christendom en het communisme vindt godsdienst opium voor het volk. Amerikaanse presidenten en Europese vorsten zijn christelijk en zweren de eed op de bijbel. In West-Europa wordt de politiek al tientallen jaren voor een belangrijk deel beheerst door christendemocraten.

De Sovjet-Unie moet niets van

godsdienst hebben, al steunt men wel graag islamitische landen als dat zo uitkomt. In het door de Russen beheerste deel van Europa was er altijd al een religieus verschil met West-Europa: in het oosten was de orthodoxe Kerk groter. De orthodoxe Kerk is in de Sovjet-Unie formeel erkend en in andere landen, zoals Polen en Hongarije, bestaat er een 'stille' rooms-katholieke Kerk. Maar voortdurend worden de Kerken geïntimideerd. Van echte vrijheid van godsdienst is dan ook geen sprake. Daar komt nog bij dat er in de Sovjet-Unie een nauwelijks verholen antisemitisme bestaat. Is er in andere landen sprake van één toegestane, meestal ook verplichte godsdienst, in de Sovjet-Unie is zelfs dat niet mogelijk en moet de communistische leer de plaats innemen van een religieuze beleving.
Het spreekt vanzelf dat de paus altijd een harde lijn heeft ingenomen tegen het communisme. In de Tweede Wereldoorlog ging de paus wel te keer tegen het communisme, maar op het fascisme had hij schijnbaar minder tegen. Christendom en communisme kunnen niet samengaan, vindt Rome. Het werd katholieken zelfs verboden lid te worden van een communistische partij. Het is ook geen wonder dat het Vaticaan van harte achter de NAVO staat.
Er werd in 1978 niet voor niets juist een Pool tot paus gekozen. De eerste niet-Italiaanse paus sinds eeuwen. De paus wist te bereiken dat de katholieke Kerk in Polen officiëler werd en Moskou moest ervaren hoe de vrijheidsdrang van de Polen almaar heftiger werd. De Russen zijn weinig creatief als het om het oplossen van dit soort problemen gaat: zij lieten de geheime dienst van een van de Oostbloklanden een aanslag plegen op de paus. Die raakte gewond, maar bleef in leven.
Het oplaaien van de Koude Oorlog en de krijgshaftige taal van Reagan hebben ook een religieus tintje. In de VS is er sprake van een verrechtsing. De typische Reagan-aanhangers zijn behoudend, reactionair. Zij noemen zich de morele meerderheid, de Moral Majority. En ze noemen de Russen barbaren. De gigantische televisieshow die rechts-protestantse Amerikanen onder leiding van Reagan opvoerden vóór de onderdrukte Polen, had bedenkelijke kanten. De Moral Majority smeet met neon en sentiment en misbruikte het probleem van de Polen om weer eens propaganda te maken voor het herstel van oude waarden. De Russen moeten dit alles met afgrijzen hebben aangezien.
Wapengekletter. Dreigende taal. Maar religie kan ook heel anders uit de hoek komen. De laatste jaren bijvoorbeeld is er vanuit de Kerken een stevige vredesbeweging opgekomen. Over het algemeen echter komt het weinig voor dat een Kerk zich als geheel inspant voor zaken als vrede en burgerrechten. Het zijn eerder eenlingen die wat dat betreft opvallen.
Zo was er Martin Luther King, baptistisch predikant, die streed voor de burgerrechten in de VS en geweldloosheid predikte. Een groot deel van zijn ideeën was afkomstig van de Indiase leider Mahatma Gandhi, die een neo-

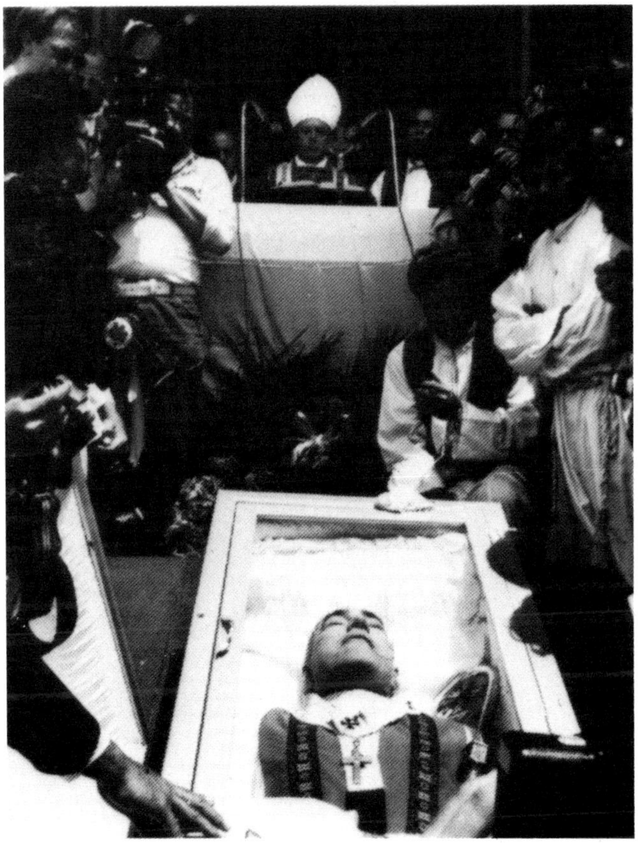

^ De strijder voor de mensenrechten in El Salvador, bisschop Oscar Romero, werd op 24 maart 1980 tijdens het celebreren van een mis doodgeschoten. Bij de begrafenis kwamen nog eens veertig mensen om het leven.

^ Op de leider van de rooms-katholieke Kerk, paus Johannes Paulus II, werden eveneens enkele aanslagen gepleegd, onder meer op 13 mei 1981 en 13 mei 1982. Beide keren overleefde hij de aanslag.

^ Amritsar, de Gouden Tempel, het heiligdom van de Indiase Sikhs. In 1984 verschanste zich daar Sikhleider Bindranwale met zijn troepen, maar werd daar door het Indiase leger met geweld uitgehaald. Honderden Sikhs kwamen daarbij om.

hindoeïsme aanhing. Gandhi pleegde lijdelijk verzet (satyagraha) als hij iets wilde bereiken. En wat hij wilde bereiken was niet gering. De Britten moesten India verlaten, het kastenstelsel moest verdwijnen, hindoes en moslims moesten samenwerken. Meer dan eens kwam hij in de gevangenis terecht, waar hij dan het middel van de hongerstaking aangreep bij wijze van lijdelijk verzet. Een ander belangrijk begrip in Gandhi's denken was ahimsa, liefde voor alles wat leeft. Niet alles lukte hem, maar hij kwam ver. In 1947 werd India onafhankelijk. Tussen de hindoes en de moslims is het nooit goed gekomen, en ook het oude kastenstelsel blijkt moeilijk uit te roeien. Een van Gandhi's uitspraken was: 'Ik zal werken voor een India waarin de armsten het gevoel zullen hebben, dat het hun land is.' Een wel erg idealistische uitspraak, gezien in het licht van de latere geschiedenis. Na zijn onafhankelijkheid is India meermalen verscheurd door afscheidingsoorlogen en het aantal armen is er schrikbarend groot. Gandhi zelf heeft dat niet mee kunnen maken, want in 1948 werd hij door een extremistische hindoe vermoord. In India zelf is er misschien te weinig naar Gandhi geluisterd, maar elders is zijn invloed nog altijd groot. Geweldloos verzet, hongerstaking – op grote schaal worden die middelen nu toegepast.
Martin Luther King deed het ook. Hij gebruikte Gandhi's methoden om een eind te maken aan de zeer slechte omstandigheden waarin de negers met name in het zuiden

van de VS leefden. Daar mochten ze niet naar de universiteit, daar werden ze als beesten behandeld, daar hadden ze maar een halve kans om naar een middelbare school te gaan, een derde kans van een blanke om een vrij beroep te kiezen, daar verdienden negers de helft van wat blanken verdienden en hadden ze tweemaal zoveel kans om zonder werk te komen. Bepaald geen vrijheid, gelijkheid en broederschap, zoals in de Grondwet vastgelegd. King bereikte veel. Kennedy en later Johnson moesten weliswaar de federale troepen inzetten om de blanken in het zuiden van geweld af te houden, maar King kreeg zijn zin. Hij werd vervolgens, net als Gandhi, vermoord.

< Uit protest tegen de jarenlange burgeroorlog in hun provincie hielden Noordierse protestantse én katholieke vrouwen een gezamenlijke vredesmars in Londen.

Toen kwamen bewegingen als Black Moslims en Black Power op en die voelden niets voor Kings ideeën. Zij kozen voor geweld. Zij stelden het zwarte ras hoger dan het blanke – zij discrimineerden dus zelf.
Een andere dominee, Jesse Jackson, heeft het roer overgenomen. In 1984 kwam hij vrij ver tijdens de voorverkiezingen in de strijd om de democratische kandidatuur voor het presidentschap. Jackson is tegen bewapening en vindt dat het daaraan bestede geld beter naar de Derde Wereld kan gaan.
De Derde Wereld – waar de bevolking groeit en groeit en onophoudelijk groeit, maar de paus heeft de pil verboden en wat heeft dat daar voor gevolgen?

< Om een dienst op televisie ook voor doven en slechthorenden 'verstaanbaar' te maken, wordt linksonder in beeld met gebarentaal ondertiteld.

ijzeren greep van het leger. Maar in Ecuador wisten de burgers de militaire junta juist ten val te brengen.
Ook in 1966 waren er volop tegenstellingen tussen blank en zwart. In de VS werd tijdens een protestmars James Meredith neergeschoten. Meredith was al eerder in het nieuws geweest, toen hij zich als eerste neger had ingeschreven aan een tot dan toe blanke universiteit. Meredith overleefde de aanslag.
Een andere aanslag werd niet overleefd. Die werd gepleegd op de Zuidafrikaanse president Hendrik Verwoerd. Een parlementsbode stak hem neer. Verwoerd werd opgevolgd door B. Vorster, die de Apartheidspolitiek nog eens verhevigde.
Grote schrik toen in 1966 na een vliegtuigbotsing vier waterstofbommen in de zee bij het Spaanse Palomares terechtkwamen. Het liep nog goed af, maar menigeen vroeg zich af of dat zomaar kon, waterstofbommen vervoeren in een vliegtuig; zou daar niet ooit een ramp van komen?
Op 1 oktober, ruim 21 jaar na de Tweede Wereldoorlog, kwam de vroegere nazi-topman Albert Speer vrij. Openlijk betuigde hij zijn spijt over zijn dwalingen, maar daar werd door sommigen schamper op gereageerd.
Maar er waren al weer nieuwe nazi's opgestaan: neonazi's. Zij richtten zelfs een partij op, de NDP. In november 1966 werd er in München gedemonstreerd tegen de NDP.
Jongeren overal over de wereld keerden zich tegen de gevestigde maatschappij. Vooral geïnspireerd door popmusici zochten zij nieuwe wegen. In Amerika kwam de Flower Power-beweging op: hippies die liefde predikten. Er werd marihuana gerookt. De Britse protestzanger Donovan kreeg een boete omdat hij drugs had gebruikt, Rolling Stone Brian Jones werd zelfs tot negen maanden gevangenisstraf veroordeeld. De subcultuur kwam op. 'Underground' werd de beweging internationaal genoemd. Jongeren gingen in communes wonen, bewuster eten, gaven hun eigen tijdschriften uit, reisden de Beatles achterna naar India om te luisteren naar de goeroe Maharishi, sliepen in de parken van de grote wereldsteden en protesteerden tegen de oorlog in Vietnam.

∧ Een bijeenkomst van de Black Power in Newark, september 1967. Uiterst rechts zit Jesse Jackson, de latere democratische kandidaat voor het Amerikaanse presidentschap. Jackson was overigens ook bij King toen deze werd doodgeschoten.

> Mao's Rode Boekje werd in China als een soort bijbel beschouwd. Gedeelten van de tekst werden zelfs op muziek gezet en door koren gezongen, waarbij Mao op de achtergrond als dirigent schijnt te fungeren.

红衛兵

1967 In 1967 werden er nog eens 45 000 Amerikaanse militairen naar Zuid-Vietnam gestuurd. De bombardementen op Noord-vietnamese steden gingen onverminderd voort. De wereld protesteerde en riep op tot onderhandelingen. De Noord-vietnamese leider Ho Tsji-minh wilde wel onderhandelen, maar dan moesten de Amerikanen naar huis en zou de bevrijdingsbeweging Vietcong moeten worden erkend als enige echte vertegenwoordiger van Zuid-Vietnam. De Amerikaanse president Johnson luisterde daar niet naar. Na een oproep van de secretaris-generaal van de VN, Oe Thant, gaf Johnson te kennen dat hij hooguit bereid was de bombardementen tijdelijk te stoppen, als dat tot onderhandelingen zou kunnen leiden. Maar de Vietcong mocht daar niet bij zijn. Zo sleepte de oorlog zich voort. Johnson ontmoette in juni 1967 Brezjnevs rechterhand Kosygin. Er werd overeenstemming bereikt over een verdrag ter beperking van de kernbewapening in de wereld. Eerder in het jaar was er al een ander verdrag gesloten, tussen de VS, de Sovjet-Unie en Groot-Brittannië. Dat verdrag ging over het vreedzaam gebruik van de ruimte.
In het Midden-Oosten vond de

< Dramatische beelden van de oorlog in de Sinaï-woestijn tussen Israël en Egypte, oktober 1973. Boven: een door Egypte vernietigde Israëlische stelling. Onder: Egyptische soldaten die het slachtoffer werden van een Israëlische aanval.

belangrijkste gebeurtenis van 1967 plaats. Sinds de vestiging van de staat Israël was dat land een doorn in het oog van de omliggende Arabische landen. Die steunden de Palestijnen, die ook hun eigen staat wilden. In mei richtten de Palestijnen terroristische acties op Israël. Dat land reageerde met dreigementen en ook vergeldingsacties. Toen mobiliseerden Egypte, Jordanië, Syrië, Irak en

< De Griekse premier Papadopoulos neemt enthousiast deel aan de feestelijkheden in verband met het orthodoxe paasfeest in 1968. Hij waagde zich zelfs aan een volksdans, de 'tsamiko'.

Koeweit hun legers. Egypte eiste dat de VN-troepen vertrokken, en dat gebeurde. Vervolgens trok Egypte zijn leger samen langs de grens met Israël en liet president Nasser het Suezkanaal afsluiten.
De grote wereldmachten probeerden nog een oorlog te voorkomen, maar zonder resultaat. Israël wachtte niet af tot het zou worden aangevallen; het viel zelf aan. Op 5 juni rukten het Israëlische leger op tegen Egypte. Tegelijk vielen Syrië en Irak Israël aan.
Tot verbijstering van de hele wereld, zowel vriend als vijand, bleek Israël de sterkste. In zes dagen tijds veroverde het land de hele Sinaï-woestijn, het stuk Jordanië ten westen van de Jordaan en de Syrische hoogvlakte van Golan. De veroverde gebieden waren groter dan Israël zelf. Op 10 juni hadden de Israëli's het Suezkanaal bereikt. De VN-Veiligheidsraad wist toen een staakt-het-vuren te bereiken, zodat er een einde kwam aan wat bekend is geworden als Zesdaagse Oorlog, ook wel Juni-Oorlog genoemd. Israël weigerde de bezette stukken prijs te geven, ook na een oproep daartoe door de Veiligheidsraad. In die zes dagen was de wereld aardig op z'n kop gezet. Ook Jordanië en Algerije hadden Israël de oorlog verklaard; de Sovjet-Unie had de zijde van de Arabische landen gekozen en Saoedi-Arabië had de olieleveranties aan landen die Israël steunden stopgezet.
In Griekenland pleegden militairen met succes een staatsgreep. Onder leiding van koning Constantijn werd later in het jaar een tegencoup gepleegd, maar die mislukte. Hij moest vluchten.
Het kolonelsbewind kondigde de noodtoestand af (die duurde tot 1972) en hield de Griekse bevolking in een klemmende greep.
Tegenslagen op het gebied van ruimtevaart. Drie Amerikaanse astronauten vonden de dood toen hun capsule (op de grond) in brand vloog. Ook in de Sovjet-Unie kwam bij een ongeluk een ruimtevaarder om het leven. Overigens: wat in Amerika astronaut heet, is in Rusland kosmonaut.
Gemengd nieuws uit 1967: in de zomer vonden in Amerika talrijke rassenrellen plaats, waarbij de politie hardhandig ingreep.
De Amerikaanse nazi Rockwell werd vermoord.
Een vrouw die zich de dochter van Stalin noemde, Svetlana, vluchtte naar de VS.
Een ongeluk met de olietanker Torrey Canyon zorgde voor een milieuramp van ongekende omvang.
Onder leiding van de filosofen Jean-Paul Sartre en Bertrand Russell werd in Stockholm het Internationaal Tribunaal inzake Oorlogsmisdaden in Vietnam gehouden. Het tribunaal deed na afloop een uitspraak: de VS waren schuldig bevonden aan oorlogsmisdaden.
Kinderpsycholoog dr. Benjamin Spock protesteerde mee tegen de oorlog in Vietnam en werd veroordeeld omdat hij dienstplichtige jongens had gezegd dat ze hun oproepen voor de dienstplicht moesten verbranden.
De rokken werden korter, de haren werden langer, en in Kaapstad werd voor het eerst een hart getransplanteerd.

1968 Als er in de veertig jaren na de oorlog één jaar is waarin extreem veel is gebeurd, is dat 1968. Het leek of in dat jaar de hele wereld plotseling kookte.
Twee schokkende moorden in 1968: op 4 april werd in Memphis dominee Martin Luther King doodgeschoten. Twee maanden later werd presidentskandidaat Robert Kennedy, broer van de ook al vermoorde John Kennedy, om het leven gebracht. Beide moorden brachten de hele wereld in beroering. Op de populaire Kennedy's leek een vloek te rusten. En de eveneens buitengewoon populaire King was in zijn strijd voor gelijkheid en vrede door geweld omgebracht. Andere negerleiders konden niet verhinderen dat er een golf van onlusten volgde na de moord op King.
Lyndon Johnson, die bezig was aan zijn laatste jaren als president, stemde eindelijk in met een stopzetten van de bombardementen in Vietnam: boven de zesde breedtegraad werden ze gestopt en op 13 mei begonnen in Parijs vredesonderhandelingen. Ook de Vietcong was daarbij aanwezig. Maar men kwam niet snel tot resultaten. De demonstraties tegen de oorlog in Vietnam werden heviger en talrijker, vooral na het bekend worden van het bloedbad van My Lay. Een Amerikaanse compagnie onder leiding van luitenant John Calley, had in maart de hele bevolking van het dorp My Lay zonder pardon uitgemoord. Inclusief vrouwen en kinderen, onder wie zelfs baby's. Na een onderzoek werd Calley veroordeeld.

< De oorlog in Vietnam veroorzaakte o.a. veel ellende bij de plaatselijke bevolking. Door de strijd verloren zij vaak al hun bezittingen. Deze Vietnamese boer (rechts) kijkt verdwaasd rond terwijl op de achtergrond zijn boerderij door brand wordt verwoest. Ook de wanhopige moeder met haar kind (links) heeft zojuist haar huis in vlammen zien opgaan. Een Amerikaanse soldaat doet een schuchtere poging de vrouw te troosten.

∧ In augustus 1968 vielen legers van het Warschaupact Praag binnen. Tsjechische burgers maken woedende gebaren naar de, voornamelijk Russische, tanks of gaan dicussies aan met de soldaten. Op sommige plaatsen werden barricades opgeworpen.

'Johnson moordenaar!' werd er nu geroepen tijdens de demonstraties tegen de oorlog. Het is nog de vraag in hoeverre de protesten Johnson hebben beïnvloed; het stopzetten van de bombardementen is waarschijnlijk eerder het gevolg van het zogenaamde Tet-offensief, dat Noord-Vietnam en de Vietcong eind januari, begin februari hadden gevoerd. Voor de Amerikanen was dat offensief een grote psychologische nederlaag.
Het leek of in 1968 over de hele wereld studenten in opstand kwamen. Het begon al in januari in Polen. Een van de aanleidingen was de campagne die de Poolse regering was begonnen tegen Polen van joodse afkomst.

In Parijs brak wat later werd genoemd de Mei-revolutie uit. Het begon tamelijk onschuldig. Studenten protesteerden tegen het ouderwetse onderwijssysteem. Maar het liep al snel uit op onlusten, de universiteit werd bezet en het protest ging zich tegen president De Gaulle richten. Er braken straatgevechten uit tussen studenten en politie. Op 13 mei was er in Parijs een gigantische demonstratie, waar ca. 800 000 mensen aan deelnamen, en de vakbonden verklaarden zich solidair met de studenten. Een staking volgde en het hele openbare leven was ontwricht. Het leek een complete revolutie te worden. De leider van de oppositie, François Mitterrand, eiste dat De Gaulle zou aftreden. Het zag er slecht uit voor de regering. Maar De Gaulle verzekerde zich van de steun van het leger en hield via de radio een dreigende rede. De dag erna hielden de gaullisten een grote tegendemonstratie. De Gaulle beloofde verkiezingen en verhoogde hier en daar de lonen van arbeiders, en langzaam bloedde de revolutie dood. 'Mei '68' zou echter nog lang een begrip blijven.

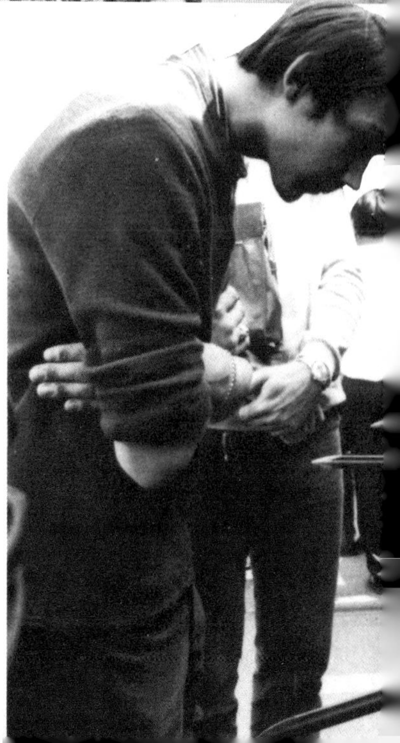

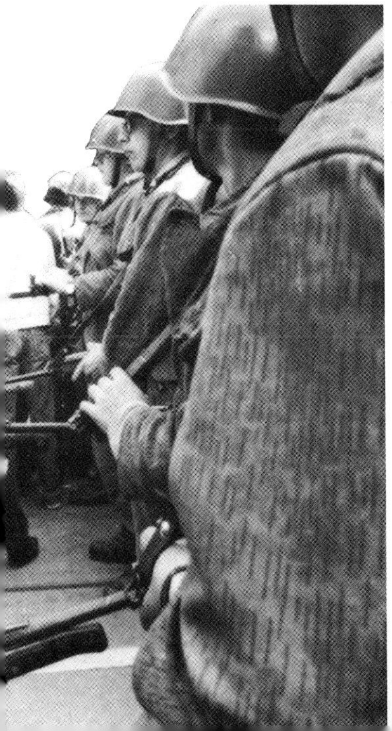

Studentenrellen waren er ook in West-Duitsland. De zaak liep nogal uit de hand nadat studentenleider Rudi Dutschke door een extreem rechts persoon werd neergeschoten. Zo werd het gebouw van de Springer-pers door demonstranten belegerd, nadat diverse kranten en tijdschriften van dat concern zich tegen de studenten hadden gekeerd. In veel meer landen waren er studentenrellen. Het opvallendst waren ze in Turkije en in Mexico, waar politie en leger er hard op in sloegen. In augustus speelde zich het zoveelste drama van 1968 af. Tsjechoslowakije was het toneel. Op 5 januari was Alexander Dubček er partijleider geworden. De regering begon een nieuwe koers te varen; er werd gezocht naar een socialisme met een menselijk gezicht. De nieuwe koers werd 'Praagse Lente' genoemd. Maar de Russen vonden het niet zo'n geslaagde koers. Er ontwikkelde zich een zenuwenoorlog tussen de Tsjechen en de Russen. Er was moed voor nodig om het niet met de Russen eens te zijn, want in het verleden was al verschillende malen gebleken dat de Russen korte metten maakten met andersdenkenden. Oost-Duitsland, Polen en Hongarije konden er van meepraten. In augustus leek een derde wereldoorlog weer eens heel dichtbij. Op 20 augustus vielen troepen van het Warschaupact plotseling Tsjechoslowakije binnen. De bevolking was verbijsterd. Mensen gingen op straat zitten om de tanks de doorgang te beletten; sommigen gingen discussies aan met de militairen, die zelf ook maar weinig van de gebeurtenis leken te begrijpen. Er werd ook gevochten, waarbij honderden doden vielen. Dubček en enkele anderen werden naar Moskou overgebracht; de communistische partij van Tsjechoslowakije eiste hun terugkeer. Ze kwamen, maar waren wel verslagen. Ze hadden in Moskou een akkoord moeten ondertekenen dat een nederlaag voor de Praagse Lente betekende. Nog ruim een half jaar bleef Dubček partijleider, daarna moest hij aftreden. Van de bijzonder populaire vernieuwer is sindsdien weinig

∧ *In mei 1968 kwam het in Parijs soms tot harde botsingen tussen studenten en politie.*
< *Bijna dagelijks vonden demonstraties plaats.*

meer vernomen; ooit is hij gesignaleerd als bosarbeider. Het hield in 1968 niet op met de drama's. Nigeria leed onder een zware burgeroorlog. In 1966 waren leden van de Ibo gevlucht uit het noorden naar het oosten van het land, nadat zo'n 30 000 mensen van de stam waren vermoord. In 1967 riepen zij in dat gebied, waar ze oorspronkelijk vandaan kwamen, de onafhankelijke staat Biafra uit. Het federale leger van Nigeria begon een bloedige strijd, waartegen in 1968 heftig werd geprotesteerd. Biafra maakte geen schijn van kans. Ook al omdat het land werd geteisterd door een verschrikkelijke hongersnood. Foto's van uitgemergelde, stervende kinderen verschenen in de westerse pers en van diverse kanten werd er bij Nigeria op aangedrongen van Biafra af te blijven. Nigeria ging echter door, en begin 1970 moest Biafra de strijd opgeven. Toen bleek dat er door de oorlog en de honger twee miljoen Biafranen waren omgekomen. En ook daarna gingen er nog dagelijks velen dood, want internationale hulpacties bleken niet voldoende om op tijd een eind te maken aan de hongersnood.

Het hield niet op in 1968. In Noord-Ierland laaide een uitzichtloze burgeroorlog tussen katholieken en protestanten op.

In Bengalen, India, was een hevige opstand.

Militairen grepen de macht in Panama.

In Zuid-Afrika vonden gedwongen migraties plaats naar Hereroland, Damaraland en Koakoland.

De Palestijnen, die zich in het nauw gedreven voelden, begonnen over de hele wereld terreuracties.

In Groot-Brittannië vond men blijkbaar dat er te veel gekleurde mensen het land binnenkwamen: er werd een

jaarlijks maximum vastgesteld voor het aantal kleurlingen dat vanuit de Gemenebestlanden naar Groot-Brittannië mocht komen.
Op 5 november van dat veelbewogen 1968 werd Richard Nixon gekozen tot president van de VS. Ondanks zijn verleden vol smetten: een corruptieschandaal en een schimmige rol tijdens de communistenjacht van de jaren vijftig. Maar Nixon had beloofd een einde te zullen maken aan de oorlog in Vietnam, en daar hadden de Amerikanen uiteraard wel oren naar. Meer dan een half miljoen Amerikanen vochten in Vietnam – en thuis zaten dus meer dan een half miljoen gezinnen in angst of hun familielid wel terug zou komen uit die zinloze oorlog.

> De belangrijkste studentenleider was Daniel Cohn-Bendit, die met allerlei acties het gezag wilde ondermijnen. Hij schuwde de contacten met de politie, gezagsdragers bij uitstek, niet.

1969 Januari. In Praag stak de student filosofie Jan Palach zich uit protest tegen de Russische overrompeling van Tsjechoslowakije in brand. Palach was van die dag af een symbool van de Tsjechische hang naar vrijheid.
Zweden deed in januari een opmerkelijke stap: het knoopte diplomatieke betrekkingen aan met Noord-Vietnam, grote vijand van de Amerikanen.
President Nixon verzekerde de wereld dat hij werkelijk van plan was de Amerikaanse troepen uit Vietnam terug te trekken. Inderdaad mochten in augustus de eerste soldaten terug naar huis.
In het Midden-Oosten was het onrustig. In Libanon brak weer eens een burgeroorlog uit. Talloze partijen bestreden elkaar: christenen, islamieten, Druzen, falangisten, delen van het leger, Palestijnen en pro-Iraakse Baathgroepen. De situatie was zo ingewikkeld, dat buitenstanders er nauwelijks iets van konden begrijpen. Libanon zelf bleek ook niet in staat alle conflicten op te lossen; de burgeroorlog zou de jaren erna nog vele malen oplaaien, zonder dat de partijen het ooit eens werden.
De Palestijnen richtten een Nationale Raad op, met als voorzitter Yasser Arafat.
In Israël werd Golda Meir premier.
Koning Idris van Lybië, Noord-Afrika, werd afgezet door kolonel Moeammar al-Khadafi, die de Palestijnen steun beloofde.

In Noord-Ierland was de strijd tussen protestanten en katholieken zo hevig geworden, dat Britse troepen ingezet werden. De katholieken wensten aansluiting bij de rest van Ierland, de protestanten wilden bij Groot-Brittannië blijven horen. Dat laatste was geen wonder, want zij waren door de Britten altijd beter behandeld dan de katholieken, op wie werd neergekeken. De jonge Bernadette Devlin, katholiek en socialiste, werd in het Britse Lagerhuis gekozen. Daar zat ze echter niet lang, want vanwege haar militante houding in de burgeroorlog werd ze veroordeeld tot een half jaar gevangenisstraf.

Op 27 april trad de Franse president De Gaulle af. Hij werd opgevolgd door Georges Pompidou. Er was onenigheid

∨ *In 1969 hield het Noordierse Lagerhuislid Bernadette Devlin een opzienbarende toespraak in het Britse parlement. De 22-jarige Devlin behoorde tot het katholieke volksdeel van Noord-Ierland.*

∧ *De Palestijnse verzetsstrijdster Leila Khaled werd in september 1970 gearresteerd, na een mislukte poging om een El Al-vliegtuig tussen Londen en Amsterdam te kapen.*

> *Het Palestijnse verzet werd in de loop der jaren steeds feller: zelfs kinderen moesten leren schieten en vechten, zoals hier bij Amman in Jordanië.*

gerezen over De Gaulles plannen om wat bestuurlijke wijzigingen door te voeren. De president had daarom het volk via een referendum laten zeggen of hij moest aanblijven of niet. De uitslag was dramatisch voor De Gaulle: meer dan de helft van de Fransen wilde hem kwijt, na tien jaar presidentschap.
'Een kleine stap voor mij, maar een grote stap voor de mensheid', sprak de allereerste mens op de maan, de astronaut Neil Armstrong, toen hij daar uitstapte. Op 24 juli 1969 was het gelukt: een Amerikaans ruimtevaartuig was op de maan geland. Een grootse prestatie, en: eindelijk waren de Amerikanen de Russen weer eens vóór.
John Lennon en Yoko Ono protesteerden in 1969 op een originele manier: in diverse hotels in grote steden hielden zij een Bed Peace actie; naast elkaar zaten zij in bed en stonden aldus de pers te woord.
In augustus werd in Woodstock een enorm rockfestival gehouden, waar driehonderdduizend jongeren naartoe trokken. 'Love and peace' voerden de boventoon, maar oudere Amerikanen zagen geschokt hoe de jongeren naakt rondliepen.
Over wat de jeugd voelde ging de musical Hair, die in 1969 een groot succes was. Het doet er niets toe hoe lang je haar is, was de boodschap; het gaat er niet om hoe je eruit ziet, maar hoe je van binnen bent.
Soms liep het hippiedom uit de hand. Een vreemde sekte van hippies onder aanvoering van Charles Manson vermoordde o.a. de zwangere filmster Sharon Tate.
Op 15 oktober was het Moratorium Day in de Verenigde Staten: overal demonstraties voor vrede in Vietnam, marsen en toespraken.
Op 17 november begonnen tussen de VS en de Sovjet-Unie besprekingen over wapenbeheersing en troepenverminderingen: het SALT-overleg.

1970 In april – de jaren '70 waren begonnen – vielen Amerikaanse en Zuidvietnamese troepen Cambodja binnen. Vanuit dat land hadden Noordvietnamezen steeds Zuid-Vietnam kunnen aanvallen. De Amerikanen hadden daar al een eind aan gemaakt, door generaal Lon Nol aan de macht te helpen in Cambodja. Lon Nol viel meteen Noord-Vietnam aan, maar de aanval dreigde te mislukken en bovendien werd Lon Nol in eigen land bestreden door de Rode Khmer. Daarom besloten de Amerikanen Cambodja binnen te vallen, om Lon Nol te steunen. Twee maanden later waren de Amerikanen er weer weg, maar de Zuidvietnamezen bleven.
Op Amerikaanse universiteiten werd woedend gereageerd op de inval in Cambodja. Het kwam tot grote betogingen, onder andere in Kent, Ohio. Daar gebeurde iets schokkends. De Nationale Garde verscheen plotseling op het terrein van de universiteit en begon op de studenten te schieten. Er vielen vier doden. Daar volgden uiteraard nog fellere protesten op, onder andere door de filmster Jane Fonda. De popgroep Crosby, Stills, Nash & Young maakte over de schietpartij een aangrijpend grammofoon-

< Slachtoffers van de Biafraanse oorlog: kinderen die lijden aan kwashiorkor ('rode man'), veroorzaakt door proteïnegebrek. Een van de uiterlijke kenmerken is het rood worden van het haar.

liever gezegd. Mensen uit een land met een lager welvaartspeil, die voor minder geld willen werken en dan ook nog bereid zijn het werk te doen dat de bovengroep minacht. De basisarbeid.
Toen Europa in de jaren '50 een enorme economische groei doormaakte ontstond er in de industrie een tekort aan werknemers. Die werden geronseld in arme landen. Zo ontstonden plurale samenlevingen. Dat ging al gauw fout. De oorspronkelijke, autochtone bewoners werden bang dat de allochtonen een gelijkwaardige plaats in 'hun' samenleving zouden krijgen, of dat ze zelfs zouden worden voorgetrokken. Zo ontstond racisme, uit angst dat de met moeite opgebouwde economische en sociale verworvenheden verloren zouden gaan.
Het gaat – ondanks de recessie – vrij goed met West-Europa. Maar de autochtonen, althans een deel van hen, willen de welvaart niet delen met anderen, met allochtonen. De welvaart is voor een groot deel te danken aan die buitenlandse werknemers, maar ervan profiteren mogen ze niet en zodra het iets minder goed gaat moeten ze eigenlijk maar terug naar waar ze vandaan zijn gekomen, vinden velen. 'Ze eten maar op wat van ons is', wordt er gedacht.
Ook verder van huis wordt er gediscrimineerd. Je kunt dat vergelijken met de situatie van buitenlandse werknemers in een welvaartsstaat. Er is een grens tussen noord en zuid, tussen rijk en arm. De arme landen werken voor de rijke, zorgen voor de grondstoffen die de rijke landen nodig hebben. Maar ze mogen niet profiteren van de welvaart van die rijke landen. De rijken zorgen er angstvallig voor dat zij zelf de halffabrikaten en eindprodukten kunnen maken, en dus de winst opstrijken. Delen in de winst is er voor de arme landen niet bij; zij mogen hun hand ophouden en moeten maar afwachten wat de rijke wereld daarin legt. Die scheiding tussen arme en rijke landen is misschien wel de belangrijkste vorm van racisme in deze tijd. Stel je voor, denken de rijke landen, dat wij onze winst moeten delen met arme landen; dan blijft er voor onszelf niet genoeg over... en bovendien: 'zij' zijn toch met minder tevreden? Alsof het karakter, de persoonlijkheid, de intelligentie van arme mensen minder zou zijn.
In de VS – die grote smeltpot waarin alle culturen van de wereld samenkomen – is racisme weliswaar verboden, maar nog altijd niet uitgeroeid.
De meest opvallende vorm van racisme wortelt in de zuidelijke staten. Daar is de slavernij altijd het hevigst geweest. Daar bestaat nog altijd op vrij grote schaal haat tegen negers. Het is daar in feite een kastenmaatschappij. Wie in zo'n maatschappij in een bepaalde groep wordt geboren, komt daar vrijwel zeker nooit uit. De hoge kaste is blank, de lage zwart. Merkwaardig genoeg loopt daar dwars doorheen de klassestructuur van de blanke kaste. In de VS kun je best een kwartje worden als je voor een dubbeltje bent geboren – als je maar blank bent (en bij voorkeur een man). De loopjongen die directeur wordt, het bekende sprookje. Zulke omhooggevallen mensen, de parvenu's, zijn de helden van de Amerikaanse droom.
De zuidelijke staten verloren de Burgeroorlog en dat betekende het einde van de slavernij. Maar de blanken bleven zich superieur voelen en daar kwam de kastenmaatschappij uit voort. Van de lage kaste kun je nooit in de hoge kaste terechtkomen – en daarom mag een blanke nooit en te nimmer met een zwarte trouwen. Zwart ben je overigens al als je maar één druppeltje negerbloed hebt. De 'color line', de grens tussen de kasten, mag niet worden overschreden, vinden de blanken in het zuiden van de VS. Dus moet er veel gescheiden worden gedaan. Zwart en blank mogen niet samen dansen, zwemmen, eten of in een wachtkamer

∨ Een lid van de Ku Klux Klan, een geheime blanke organisatie in de VS die zich vooral tegen negers keert, krijgt een flinke dreun van een tegenstander tijdens een manifestatie in Ohio, op 4 juli 1977.

zitten. Er zou eens een huwelijk uit voort kunnen komen. Er is een complete etiquette ontstaan rond de vraag hoe blank met zwart dient om te gaan. Zo geeft een blanke een neger geen hand. Een blanke hoeft niet te kloppen als hij het huis van een zwarte binnengaat. En een neger moet duidelijk eerbied voor de blanke tonen.
Tot 1965 was segregatie, het ruimtelijk gescheiden houden, niet wettelijk verboden. Segregatie bestond op scholen, in kerken, bioscopen, hotels, restaurants, leeszalen, openbaar vervoer, parken en zelfs toiletten. Het Amerikaanse Hooggerechtshof had in 1896 een ironische term voor segregatie: separate but equal, gescheiden maar gelijk. Maar zoals zo vaak was de één meer gelijk dan de ander.
Berucht is de Ku Klux Klan, een organisatie van in het geheim opererende blanken. De KKK deinst er niet voor terug negers te lynchen, en dat alles onder het mom van bijbelse of zogenaamde wetenschappelijke argumenten. Negers zijn minderwaardig, vindt de Ku Klux Klan. En: negers zijn niet alleen maar onderontwikkeld, nee, het zijn eigenlijk geen echte mensen; negers vormen een soort die tussen mens en dier in staat. De Ku Klux Klan heeft een vrij grote, stille aanhang onder de blanke bevolking. Die komt vaak voort uit pure angst, want volgens de Ku Klux Klan hebben negers dierlijke lusten en zouden zij het liefst elke blanke vrouw verkrachten. Dit soort nonsens wordt nog altijd geloofd.
Eerlijk is eerlijk: in zijn hart vindt zelfs een blanke vader die gelooft in de gelijkwaardigheid van blank en zwart, het niet leuk als zijn dochter met een neger thuiskomt. De vooroordelen zijn diep geworteld.
Sinds 1965 is segregatie ver-

< In mei 1980 vonden in Miami ernstige rassenrellen plaats die aan achttien mensen het leven kostte. Drie dagen lang was de stad het toneel van gewelddadigheden, die op de angstige kinderen diepe indruk maakten.

boden. Maar dat wil nog niet zeggen dat integratie van de ene dag op de andere een feit is. Blanke ouders zoeken een andere school voor hun kind als er te veel zwarte kindertjes in de klas komen. Veel blanken zitten in de bus liever niet naast een neger. In de zuidelijke staten weerklinkt tegen negers nog elke dag het kwetsende woord 'boy'. Negers hebben nog altijd minder kansen. Het is al heel wat dat het eindelijk een neger is gelukt om tot de democratische voorverkiezingen voor het presidentsschap door te dringen en dat verschillende Amerikaanse steden een zwarte burgemeester hebben. Maar het aantal invloedrijke negers is nog zo klein dat je het kunt vergelijken met die éne neger die in elke tv-serie steevast opduikt.

De VS vormen een groot land. En zoals elk groot land gelooft het in de superioriteit van de eigen ideologie. Daarin past geen pluraliteit. Vandaar dat het probleem heel lang is weggemoffeld. Tot het niet langer ging en er rassenrellen ontstonden.

Zuid-Afrika doet het anders. Daar moffelt men het probleem niet weg, integendeel: men heeft er een ideologie op zich van gemaakt. Onverhuld worden de rassen gescheiden gehouden. En de scheiding wordt elke dag groter.

De touwtjes worden in handen gehouden door de 4,5 miljoen blanken die er wonen – maar 16% van de bevolking. Verder wonen er in Zuid-Afrika 2,5 miljoen kleurlingen, 0,8 miljoen Aziaten en liefst 18 miljoen zwarte Afrikanen.

Albert John Lutuli, Zoeloeleider en in 1960 winnaar van de Nobelprijs voor de Vrede: 'Zuid-Afrika is een museumstuk in onze tijd, een kater van het duistere verleden van de mensheid, een relikwie van een tijdperk dat overal dood is of stervende.'

Voordat in 1948 de Nasionale Partij aan de macht kwam en de Apartheid begon uit te voeren, waren de zwarten er al beroerd aan toe. Seksuele omgang tussen blank en zwart mocht niet. Zwarten en kleur-

> Felle protesten van blanken tegen de maatregel van de Amerikaanse regering om door middel van georganiseerd busvervoer een raciaal evenwicht op de stedelijke scholen te bereiken. Door deze 'bussing' werden blanke scholen 'gemengd'.

> Binnen de 'Black Power'-beweging ontstond in 1966 de Zwarte Panter, een marxistisch georiënteerde organisatie. Op de foto geven jonge aanhangers in San Francisco de Zwarte Panter-groet ten beste.

lingen mochten geen grond bezitten, geen vakbonden hebben, geen geschoold werk doen en geen alcohol drinken. De steden waren blank; alleen die zwarten die nodig waren voor zwaar werk mochten er wonen, maar dan wel in aparte wijken.
Dat het nog veel erger kon, liet vanaf 1948 de Nasionale Partij zien. Er kwam een compleet stelsel van Apartheidswetten. In 1950 werd de Group Areas Act gelanceerd: de groepen moesten in het vervolg ruimtelijk worden gescheiden. De regering kon nu zwarten dwingen te verhuizen naar andere gebieden. In openbare gebouwen werden zwart en blank gescheiden gehouden. Blanken kregen hun eigen reiscoupés. Fabrieken kregen vier kantines, voor elke groep één.
De regering verdedigde de Apartheidspolitiek door erop te wijzen dat gescheiden ontwikkeling zowel voor blank als voor zwart eerlijk en nuttig was.
Eerlijk? Nuttig? Zwarte Afrikanen mochten in de steden geen onroerend goed meer bezitten. In 1952 werden persoonsbewijzen verplicht. Vanaf 1953 mochten zwarte Afrikanen niet meer staken. Het onderwijs op de lagere en middelbare scholen werd gescheiden. Vanaf 1955 mocht de politie zonder enige machtiging huiszoeking doen bij niet-blanken. Er was geen plaats voor zwarten in het parlement. Vanaf 1959 was er Apartheid op de universiteiten. Vanaf 1963 konden zwarten zonder enige aanklacht tot 90 dagen gevangen worden gehouden; vanaf 1965 werd die periode uitgebreid tot 180 dagen.
Eerlijk? Nuttig? De blanken willen dat de zwarten vertrekken naar 'nationale tehuizen', de thuislanden. De blanken vergeten daarbij dat de zwarten de oorspronkelijke bevolking zijn en dus juist thuis zijn in de rest van het land.
Eerlijk? Nuttig? De thuislanden bestaan uit 264 reservaten – alsof het om grof wild gaat – en die beslaan maar 13% van het totale grondgebied van Zuid-Afrika. Wel toevallig de slechtste grond. De blanken zeggen: jullie zwarten kunnen je in je thuisland economisch, politiek en cultureel prachtig ontplooien. Maar de grond is dor. Het oppervlak is te klein en er is overbevolking. Industrie is er niet. Zaken als politie, defensie en rechtspraak blijven in blanke handen.
Eerlijk? Nuttig? De blanken hebben toch zwarte arbeidskracht nodig. Die halen ze uit de reservaten. Slaven anno nu, soms jarenlang gedwongen heel ver van hun gezin te leven. De zwarten in rijk Zuid-Afrika zijn armer dan de bevolking van Derde-Wereldlanden. De kindersterfte is enorm. De armoede is groot. Het onderwijs zo slecht dat het geen zwarte ooit zal lukken zich aan zijn situatie te ontworstelen.
Eerlijk? Nuttig? Er is verzet onder de zwarten, kleurlingen en Aziaten. Maar dat wordt in de kiem gesmoord. In Kaapstad en Johannesburg baden de blanken in weelde. Hun geld is afkomstig van de diamanten die de zwarte slaven hebben opgegraven. Verzet? De thuislanden zijn ver weg. Steeds

De leiders van de Sovjet-Unie waren bang voor een contrarevolutie – en wie anders dan de Joden, met hun uitgebreide internationale contacten en wereldwijde verspreiding, konden daarvan worden verdacht?
Na de dood van Stalin veranderde er veel ten goede. Maar gediscrimineerd wordt er nog steeds, al gebeurt dat tegenwoordig minder openlijk. Want discriminatie past immers niet in de ideologie van de Sovjet-Unie? Volgens de marxistisch-leninistische gedachten zijn alle mensen gelijk. Maar ook in de Sovjet-Unie is de één meer gelijk dan de ander. Het is opvallend hoe vaak het Joden zijn die er de schuld van krijgen als er in het land het een of ander economisch misgaat. Tussen 1961 en 1963 bijvoorbeeld was de helft van de veroordeelde 'economische misdadigers' Joods.
Dan is er ook nog het probleem van de Russische Joden die naar Israël willen verhuizen maar het niet mogen. Een vreemde pesterij van een land dat, zou je tenminste denken, zijn Joodse inwoners liever kwijt is dan rijk. Maar misschien komt het ook wel goed uit om altijd een zondebok bij de hand te hebben.
Racisme in de Sovjet-Unie. Racisme in de VS. Racisme in Europa. Racisme in Zuid-Afrika. Racisme overal. Met op de achtergrond de dreiging van geweld en oproer. Racisme bedreigt de vrede. Racisme is al oorlog op zich-

∧ Hoewel Rhodesië op het punt stond Zimbabwe te worden, waardoor de macht van de zwarten enorm zou toenemen, bleef er nog altijd een wereld van verschil bestaan tussen rijk blank en arm zwart, februari 1979.

< In 1984 werd in Zuid-Afrika een nieuwe grondwet van kracht, waarin opnieuw geen sprake was van stemrecht voor de zwarte meerderheid. Deze protesteerde dan ook fel, zoals hier in Johannesburg.

zelf. Martin Luther King schreef erover – en hoewel hij het had over de negers in de VS, gaat het op voor alle onderdrukte groepen: 'Zolang duizenden negers in Harlem en alle kleine Harlems in ons land zitten samengepakt in stinkende getto's vol ratten; zolang de neger zit opgesloten in een luchtdichte kooi van armoede middenin een maatschappij waar overdaad heerst; zolang hij scholen moet bezoeken die ver beneden peil zijn; zolang de neger dagelijks geplaatst wordt temidden van menselijke stank en stapels vuil; zolang de neger zijn vlucht naar de vrijheid steeds weer belemmerd ziet door de krachtige tegenwind van schijnoplossingen en onbetekenende aalmoezen van de blanke machthebbers, zolang zal er een alomtegenwoordige dreiging zijn van geweld en oproer.'
Dat was ruim twintig jaar geleden – en voor 'neger' kun je van alles invullen, ook vandaag nog. Gastarbeider. Zwarte Afrikaan. Russische Jood. Zigeuner. En ook nog altijd: neger in Harlem.

1971-1975

VREDE?

1971 Opnieuw stortten de Amerikanen zich in een Indochinees avontuur. Door Laos liep een communistische bevoorradingsroute, de Ho-Tsji-minh-route. De Zuidvietnamezen wilden die route graag afsnijden. Om dat te bereiken begonnen ze een invasie in Laos, maar het zag er al snel naar uit dat het een mislukking werd. Toen grepen de Amerikanen in: met zware bombardementen steunden ze de Zuidvietnamese troepen in Laos. Dat was in februari. Maar al in maart was de route weer open; de hele operatie was voor niets geweest.
Grote opschudding ontstond toen in juni de zogenaamde Pentagon Papers verschenen. Het was een zeer geheim rapport, dat zelfs president Nixon niet kende. Het Pentagon, het Amerikaanse militaire hoofdkwartier, had in het rapport de hele affaire-Vietnam beschreven, van 1945 tot 1968. Pas nu werd duidelijk wat Amerika's bemoeienissen precies waren geweest. Vooral expresident Johnson kwam er slecht af; het bleek dat hij al voordat hij in 1964 opnieuw werd gekozen, plannen had gemaakt om de oorlog in Vietnam te verhevigen – terwijl hij het in zijn verkiezingscampagne heel anders had doen voorkomen. Het geheim rapport lekte uit dankzij Daniel Ellsberg, die op het Pentagon had gewerkt. Hij gaf het aan de New York Times, die het onmiddellijk begon te publiceren. Na drie dagen moest de krant daarmee ophouden van de rechter, maar andere kranten namen de publikatie over. Later verscheen het rapport zelfs in boekvorm. Vooral in de VS zelf werd onthutst gereageerd op het rapport; de protesten tegen de oorlog werden er nog heviger door. De economie van het land was inmiddels behoorlijk ontwricht door de gebeurtenissen in Indo-China. De werkloosheid was gestegen tot 7%, de inflatie was ongekend hoog en er werd op grote schaal gestaakt. Maar de oorlog ging door, al werden er regelmatig Amerikaanse militairen teruggeroepen naar huis. Vietnam zou nog heel wat te verduren krijgen vóór het er vrede werd.
In 1971 speelde zich een onvoorstelbaar en afschuwelijk drama af in Oost-Pakistan, dat altijd was achtergesteld bij het westelijk deel van het land. De mensen waren er straatarm en er was honger. Op 26 maart 1971 nam de bevolking het recht in eigen hand: Oost-Pakistan verklaarde zich onafhankelijk en noemde zich voortaan Bangla-Desh. Het gevolg was een burgeroorlog. West-Pakistan ging beestachtig tekeer in het totaal verzwakte Bangla-Desh. Er vielen vele duizenden doden. De toestand werd zo erg, dat liefst tien miljoen mensen Bangla-Desh ontvluchtten. Ze kwamen in India

> Deze foto schokte de wereld en werd bekroond als beste persfoto van het jaar 1972. Zuidvietnamese kinderen vluchten in paniek en overdekt met brandwonden weg voor een Amerikaans napalmbombardement.

Nobelprijs voor de Vrede 1971

Willy Brandt, Westduits politicus, kreeg de prijs onder andere voor zijn Ostpolitik. Hij probeerde als minister van Buitenlandse Zaken de betrekkingen tussen West-Duitsland en de Oostbloklanden, in het bijzonder Oost-Duitsland, te normaliseren. Ook als bondskanselier zette hij die politiek met succes voort.

Nobelprijs voor de Vrede 1973

Henry Kissinger, Amerikaans politicus, kreeg de prijs samen met Le Duc Tho voor de bemoeienissen met de beëindiging van de oorlog in Vietnam. Zij hadden samen in Parijs geheime onderhandelingen gevoerd die eind 1972 leidden tot een bestand in Zuid-Vietnam. De toekenning van de prijs werd fel bekritiseerd.

Nobelprijs voor de Vrede 1973

Le Duc Tho, Noordvietnamees politicus, kreeg de prijs samen met Henry Kissinger en om dezelfde redenen. Le Duc Tho weigerde echter de prijs in ontvangst te nemen.

Nobelprijs voor de Vrede 1974

Sean MacBride, Iers politicus en jurist, kreeg de prijs voor zijn werk als voorzitter van het Internationaal Vredesbureau, dat in Génève gevestigd is en waarvan hij voorzitter was. Hij kreeg de prijs samen met Eisaku Sato.

terecht, waar ze voor enorme problemen zorgden. India was niet in staat een zo gigantische vluchtelingenstroom op te vangen, onderdak te geven en te voeden. Er kwam vanuit andere landen wel hulp op gang, maar die was bij lange na niet voldoende. India zag machteloos toe hoe de tien miljoen vluchtelingen omkwamen van de honger. In juni werd de toestand nog erger, toen er een cholera-epidemie uitbrak. Begin december, na een aantal mislukte bemiddelingspogingen, viel India Pakistan binnen. Het was de derde oorlog tussen India en Pakistan. Voor India was de inval de enige manier om het probleem van Bangla-Desh op te lossen. Dertien dagen duurde de oorlog. Toen moest Pakistan zich overgeven. Het Indiase leger zag erop toe dat Bangla-Desh zich als zelfstandige staat kon handhaven. De vluchtelingen konden terugkeren, maar de honger in Bangla-Desh was verschrikkelijk. Vanuit de hele wereld kwamen hulpacties op gang; er werd o.a. een concert georganiseerd door George Harrison en Ringo Starr (van de inmiddels opgeheven Beatles), Bob Dylan, sitarspeler Ravi Shankar en andere bekende musici: de opbrengsten gingen naar Bangla-Desh. Van het concert werden bovendien een langspeelplaat en een film gemaakt. Maar deze en andere acties konden niet voorkomen, dat talloze inwoners van Bangla-Desh omkwamen van de honger.
In januari werd in Oeganda president Obote door het leger

afgezet. De nieuwe machthebber heette Idi Amin, een naam die enkele jaren later voor velen net zo gruwelijk zou klinken als Adolf Hitler. De eerste maatregel van Amin was het verbieden van alle politieke partijen.
In Iran was het feest. De dynastie bestond namelijk 2500 jaar. De sjah nodigde praktisch alle staatshoofden ter wereld uit en organiseerde een feest dat vele miljoenen kostte. Op niets werd bezuinigd, behalve op de Iraanse bevolking, want die leed honger en werd geen haar beter van het feit dat de dynastie vijfentwintig eeuwen bestond. Geen wonder dus dat er hevige protesten waren tegen de schaamteloze praal van de feestelijkheden.
De tegenstellingen tussen rijk en arm gaven in 1971 meer strubbelingen. Zo waren er sociale onlusten in Columbia. Arme boeren bezetten in wanhoop braakliggende gronden van grootgrondbezitters.
Ook elders in Zuid-Amerika was het, zoals gewoonlijk, rommelig. In Bolivia vond een staatsgreep plaats. In Uruguay slaagde het leger erin de opstandige Tupamaros te onderwerpen, waarna uitgebreide martelingen volgden. En in Argentinië zette de ene militaire junta de andere af. Lanusse werd president van

< Terwijl de meeste van zijn landgenoten in schrijnende armoede leefden, organiseerde de sjah van Perzië een uitbundig feest ter ere van het 2500-jarig bestaan van het Perzische keizerrijk.

Nobelprijs voor de Vrede 1974

Eisaku Sato, Japans politicus, kreeg de prijs voor zijn streven naar vermindering van kernwapens en het voorkomen van het gebruik daarvan. Hij kreeg de prijs samen met Sean MacBride.

Nobelprijs voor de Vrede 1975

Andrej Sacharov, Russisch natuurkundige, kreeg de prijs vanwege zijn pleidooien voor de vermindering van kernwapens en de terugdringing van de wapenwedloop. Hij wordt in de Sovjet-Unie als een dissident beschouwd.

het ontwrichte land, maar hij kon de situatie zo slecht in de hand houden, dat hij ten einde raad vroeg of de verbannen ex-president Juan Perón weer terug wilde keren. Maar om allerlei redenen ging dat niet door; Perón zou pas in 1973 terugkomen.
In Jordanië werd de minister-president vermoord door Palestijnen van een beweging die zich Zwarte September noemde. De Palestijnen grepen steeds meer naar terreurmiddelen om aandacht voor hun eisen te krijgen.
China werd lid van de VN. Eindelijk, want in dat land woonde een kwart van de wereldbevolking. Verschillende landen hadden de deelneming van China jarenlang weten te beletten, maar in 1971 lukte het dan toch.
In Europa was het niet overal koek en ei. Er was bijvoorbeeld weer onrust in Polen. In Spanje kwamen de Basken in opstand. Onder aanvoering van de ETA streefden zij een afscheiding van Spanje na.
Die situatie in Baskenland was enigszins vergelijkbaar met hoe het in Ulster, Noord-Ierland dus, toeging. Brandstichtingen, moorden en bomaanslagen begeleidden daar de finaal tegenover elkaar staande meningen. Protestanten en katholieken be-

< Idi Amin kwam in 1971 na een bloedige staatsgreep aan de macht in Oeganda en hij ontpopte zich in korte tijd tot een meedogenloos dictator die niet terugschrok voor gruwelijke moorden en openbare executies van tegenstanders.

streden elkaar waar mogelijk. Beide groepen hielden er geheime legers op na, waarvan het katholieke, de IRA, het meest berucht was.
Een paar tegenvallers voor de Sovjet-Unie. In juni keerde de Sojoez-11 na een recordvlucht van 23 dagen terug naar de aarde. Maar na de landing bleken de drie kosmonauten dood te zijn. In september 1971 werden 105 Russen uit Groot-Brittannië gezet omdat zij zich schuldig zouden hebben gemaakt aan spionage.

∧ Willy Brandt knielt neer bij het monument ter nagedachtenis aan de slachtoffers van de anti-nazi opstand in het getto van Warschau. De foto is gemaakt in 1970 in Warschau toen Brandt in het kader van zijn Ostpolitik in Polen was.

1972 Op 22 januari werd de Europese eenwording een stukje dichterbij gebracht, toen Groot-Brittannië, Ierland, Denemarken en Noorwegen lid werden van de EEG.
Op 25 en 26 januari werd er in Praag door de landen van het Warschaupact gepraat over de grondbeginselen van de Europese veiligheid.
Op 26 mei werd het SALT-I akkoord gesloten. Daarin hadden de grote mogendheden overeenstemming omtrent beperking van kernwapens vastgelegd. Het was een mooi resultaat, dat was bereikt na vier jaar moeizaam onderhandelen. Verdere beperkingen moesten in SALT-II komen, waaraan nu kon worden begonnen.
Op 30 januari vielen in de wijk Bogside in het Noordierse Londonderry dertien doden, toen het Britse leger een verboden protestmars wilde beeindigen. De dag ging de geschiedenis in als 'Bloody Sunday'. Na die bloedige

> Op 30 januari 1972 schoten Britse militairen in Noord-Ierland op een verboden demonstratie van katholieken. Op deze 'Bloody Sunday' vielen dertien doden. Na het drama werden veel betogers aangehouden en gefouilleerd.

zondag volgde er een reeks van aanslagen, waarbij steeds meer doden vielen. De situatie was zo ernstig, dat Groot-Brittannië drastisch ingreep: Noord-Ierland zou voorlopig vanuit Londen worden bestuurd. Vooral de IRA reageerde daar woedend op. Er volgden nieuwe aanslagen en brandstichtingen.
Zuid- en Midden-Amerika in 1972: militaire staatsgrepen in Honduras en Ecuador. Straatgevechten in Chili, tussen voor- en tegenstanders van president Salvador Allende. Nicaragua werd getroffen door een zware aardbeving; de stad Managua werd totaal verwoest. Er werden internationale hulpacties gehouden, maar van het geld kwam niets bij de bevolking terecht. President Somoza zag namelijk kans zijn eigen zakken ermee te vullen.
Idi Amin liet inmiddels in Oeganda zien hoe een land níet geregeerd moet worden. In maart 1972 stuurde hij Israëlische ontwikkelingswerkers het land uit. In augustus en september moesten alle Aziaten met een Brits paspoort vertrekken; berooid en wanhopig kwamen de vluchtelingen in Groot-Brittannië aan. Amin voerde in Oeganda een ongelooflijk wanbeheer. De ex-bokser liet duizenden mensen doden, zorgde voor terreur, angst, honger en chaos.
Elders in Afrika, in het kleine landje Boeroendi, woedde een hevige stammenoorlog. Volgens de berichten vielen er in korte tijd niet minder dan honderdvijftigduizend doden.
In de VS was het verkiezingstijd. Nixon had te kennen gegeven dat hij graag nog vier jaar wilde aanblijven. Eén van de kandidaten van de andere partij, de Democraten, was gouverneur George Wallace

< Onrustig was het ook in Spaans Baskenland. Om nog eens duidelijk te maken dat generaal Franco niet deugt, verbrandt een Bask een met hakenkruizen bedekte pop waarop de naam van het gehate staatshoofd staat geschreven.

van Alabama. Wallace had zich veel vijanden gemaakt met zijn racistische uitlatingen. Vlak nadat hij een verkiezingstoespraak had gehouden, werd er een aanslag om hem gepleegd. Die overleefde hij, maar hij moest zich voortaan wel in een rolstoel voortbewegen. Opmerkelijk was overigens, dat Wallace zich later veel milder zou opstellen ten opzichte van de zwarte Amerikaanse bevolking.
Nu de presidentsverkiezingen naderden, moest Nixon laten zien dat het hem ernst was met de terugtrekking uit Vietnam. In 1972 riep hij zoveel militairen terug, dat er nog maar zestigduizend overbleven. Betrekkelijk weinig dus, maar die zestigduizend waren nog tot van alles in staat. Dat zag o.a. Jane Fonda, de filmactrice, die naar Vietnam ging om er te praten met krijgsgevangenen. Toen ze terugkwam viel ze in het openbaar fel uit tegen Nixon en zijn politiek. Er kwamen ook protesten toen

was gebleken dat er burgers waren getroffen bij een Zuidvietnamees bombardement met napalm, een ontbladeringsmiddel dat bij mensen ernstige brandwonden veroorzaakt. Een persfoto van een klein meisje dat, getroffen door napalm, huilend en naakt wegrent van de gruwelen, bereikte alle kranten ter wereld en deed een golf van verontwaardiging opgaan.
Nixons praatjes waren mooi, maar zijn daden waren minder. Op 7 november 1972 won hij de verkiezingen van George McGovern – en nota bene op dezelfde dag werden de bombardementen op Noord-Vietnam hervat. Nadat op 18 december zeer zware bombardementen op de steden Hanoi en Haifong hadden plaatsgevonden, waarbij talloze burgers waren omgekomen, protesteerde de wereld heftiger dan ooit tegen dit Amerikaanse geweld. Op 30 december werden de bombardementen eindelijk gestaakt.
De herverkiezing van de Republikein Nixon was overigens niet op een eerlijke manier tot stand gekomen. Later zou blijken, dat de inbraak in het Watergategebouw, waar de Democraten hun verkiezingshoofdkwartier hadden, door medewerkers van Nixon was gepleegd. Die inbraak zou later zo'n geweldig schandaal teweeg brengen, dat Nixon voortijdig moest aftreden. Het politieke einde van iemand die nooit voor leugens en bedrog was teruggedeinsd.
De Palestijnen kregen in 1972 de aandacht waar ze zo op waren gebrand. Maar de manier waarop zij in de publiciteit kwamen, deed hun strijd voor een eigen land bepaald geen goed. Op 22 februari kaapten Palestijnen boven India een Westduitse Boeing. Aan boord was o.a. een zoon van de vermoorde Robert Kennedy. Het vliegtuig landde in Athene; na onderhandelingen kwam er een eind aan de kaping. Op 30 mei begonnen Palestijnen opeens om

∧ President Richard Nixon met zijn gezin. Tijdens zijn presidentschap werden de Amerikaanse troepen uit Vietnam teruggetrokken. Daardoor konden de Amerikaanse militairen de Vietnamese hel vaarwel zeggen en terugkeren naar hun families.

zich heen te schieten op het vliegveld van Tel Aviv. Resultaat: 26 doden. En toen waren er in München de Olympische Spelen. Ook Israël had daar sportlieden heengestuurd, die zwaar werden bewaakt. Toch lukte het een aantal Palestijnen van de inmiddels beruchte Zwarte September om de Israëlische sportploeg te gijzelen. Ze wisten naar het vliegveld van München te komen. Daar greep de Westduitse overheid in. Maar dat ging verkeerd. Bij de poging de Palestijnen te overmeesteren vonden 11 Israëli's de dood, plus een Westduitse politieman en vijf van de acht Palestijnen. Zo waren de Olympische Spelen, symbool voor vrede en verbroedering, gesmoord in bloed. Het was bovendien schrijnend dat het nu juist in Duitsland gebeurde en dat de slachtoffers joden waren.
Israël nam onmiddellijk represaillemaatregelen: in Syrië en Libanon werden bases van de Palestijnen gebombardeerd. De Palestijnen waren er nauwelijks van onder de indruk: in oktober kaapten zij alweer een vliegtuig.

hij, op 8 augustus, zelf af. Een dramatische beslissing van een president die in zijn eigen val was gelopen. Zijn opvolger was Gerald Ford.
In 1974 viel Noord-Vietnam Zuid-Vietnam binnen. De oorlog duurde voort. Al snel werd duidelijk dat de Noordvietnamezen niet te stuiten waren.

1975 In april werden de laatste Amerikaanse burgers uit Zuid-Vietnam geëvacueerd en op 30 april gaf Zuid-Vietnam zich over. Het land was weer één geheel, nu onder een communistische regering. Talloze Zuidvietnamezen probeerden nog te vluchten, maar velen lukte dat niet.
In de nabijgelegen landen Cambodja en Laos gebeurde precies hetzelfde. Binnen enkele maanden hadden de bevrijdingsbewegingen Pathet Lao en Rode Khmer alle macht aan zich getrokken. In feite was de Amerikaanse aanwezigheid in die landen dus overbodig geweest, want nu was toch gebeurd wat Amerika jarenlang ten koste van alles had getracht tegen te houden.
Angstig keek Amerika toe op wat er in de Portugese kolonies in Afrika gebeurde. Veel bevrijdingslegers daar waren communistisch; zodra een van de landen onafhankelijk zou worden kon het weleens meteen communistisch worden.
Op 25 juni werd Mozambique onafhankelijk. Op 11 november volgde Angola. De verschillende bevrijdingslegers bestreden elkaar, maar de MPLA won, na tussenkomst van Cuba (en op de achtergrond Rusland). Voor de VS was dat een onverteerbare toestand. Maar het Congres verbood een Amerikaanse inval in Angola.
Op 25 maart 1975 werd koning Feisal van Saoedi-Arabië door een paar van zijn neven vermoord.
In Libanon laaide de burgeroorlog weer eens op. Bijna niemand begreep nog precies hoe de situatie daar in elkaar zat. Alle partijen hielden er eigen legertjes op na. De islamitische groepen werden gesteund door Palestijnen. Daartegenover stonden verschillende christelijke partijen, onder andere de altijd bevoorrechte Maronieten en de rechtse falangisten. Maar andere christenen sloten zich juist weer bij de Palestijnen en islamieten aan, nadat die een progressief front hadden gevormd. En dan was er ook nog het leger dat zich ermee bemoeide, maar onderling sterk verdeeld was. Later zouden bovendien Syrische troepen de falangisten gaan steunen, én er waren tenslotte nog partijen als de Druzen, moslems en Baathgroepen.
Het Suezkanaal ging in juni weer open en er kwam een tweede troepenscheidingsakkoord tussen Egypte en Israël.
In Bangla-Desh werd leider Moedjiboer Rachman na een staatsgreep vermoord; een paar maanden later was er weer een staatsgreep in het stervende land.
In de zomer kwamen in Zuid-Afrika in Soweto de negers in opstand. Met grof geweld werd de opstand onderdrukt.
Op 20 november overleed in Spanje eindelijk generaal Franco. Hij werd opgevolgd door koning Juan Carlos, die het land in democratische richting stuurde.
In december werd Suriname onafhankelijk van Nederland. Indonesië bezette in dezelfde maand Oost-Timor.
De eerste helft van de jaren zeventig zat erop. In Zuidoost-Azië werd het eindelijk een beetje rustiger. Amerika

> De soldaten van Frelimo worden in de straten van de Mozambiquaanse hoofdstad Lourence Marques (het huidige Maputo) op de schouders genomen en als bevrijders toegejuicht, september 1974.

> In Etritrea, een provincie die zich van de rest van Ethiopië wil afscheiden, namen ook vrouwen actief deel aan de gewapende opstand.

< *De Koerdische vrijheidsstrijders van de Pesj Merga ('zij die de dood onder ogen zien') in vergadering bijeen. Zij streden voor de stichting van een eigen staat, maar werden in 1975 door het Iraakse leger verslagen.*

keerde geschrokken in zichzelf na de nederlaag in Vietnam en het aftreden van Nixon. In Afrika werden steeds meer landen onafhankelijk. Zuid-Amerika bleef onrustig, evenals het Midden-Oosten. Rhodesië en Zuid-Afrika bleven de zwarte meerderheid vertrappen. Idi Amin ging als een razende tekeer in Oeganda. Veel onafhankelijk geworden landen werden communistisch. En als grote sluipende dreiging waarden terroristen door de wereld, hun idealen najagend en daarbij ook onschuldige slachtoffers makend, waardoor zij reacties opriepen die hun idealen steeds minder bereikbaar maakten. Vrede? Voorlopig niet.

V *Tien weken lang bezetten Sioux-Indianen in 1973 de handelspost van het dorpje Wounded Knee, om de aandacht te vestigen op hun ellendige positie.*

VREDE?

WETENSCHAP EN INDUSTRIE

Gaat de wereld aan de vlijt van wetenschap en industrie ten onder? Vlijtig zijn ze daar zeker – en de mensheid heeft er heel wat aardige dingen aan overgehouden. Van het wiel tot de maanraket. Van het aspirientje tot röntgenapparatuur. De wetenschap vindt het uit, de industrie maakt het. Maar het zijn twee werelden waar ethiek een ondergeschikte rol speelt.

De wetenschap is bovenal nieuwsgierig, de industrie wil uiteindelijk alleen maar geld verdienen. Dat alles in het kader van de vooruitgang – en dan is achteromkijken er niet altijd bij. Achteromkijken bijvoorbeeld naar de soms tragische gevolgen van uitvindingen.

De Chinezen vonden het buskruit uit – en stonden blij te kijken naar het mooie vuurwerk dat ervan werd gemaakt. Maar elders werd datzelfde buskruit gebruikt om er kanonskogels mee af te schieten.

In 1936 verscheen er in een tijdschrift een artikel over kernsplitsing, waarmee toen al druk werd geëxperimenteerd. Juichend riep de schrijver: 'Voor onze kennis van de bouw der materie, vooral wat betreft de samenstelling van de atoomkernen, zijn al deze experimenten van de grootste betekenis. Dat daarbij tevens de geneeskunde van de resultaten zal kunnen profiteren, maakt ze nog eens te meer belangrijk.' Dat zal allemaal best, maar negen jaar later verwoestte een atoombom Hirosjima en zelfs veertig jaar na die ramp gaan er in

Winston Churchill tijdens een rede in Missouri, 1946

'Misschien keert het tijdperk van de Middeleeuwen terug, misschien zelfs het Stenen Tijdperk, en dat door de hoge vlucht van de wetenschap. En wat nu misschien het mensdom onmetelijke materiële vooruitgang bezorgt, zou ook wel eens de oorzaak van zijn totale vernietiging kunnen worden. Laten we op onze hoede zijn!'

Hirosjima nog elke dag tien mensen dood aan de gevolgen van diezelfde bom. Daar kan ook de geneeskunde niets tegen doen.

De wetenschap is nieuwsgierig. Alles moet worden ontdekt. Maar iets dat eenmaal is ontdekt of uitgevonden, kan nooit meer ongedaan worden gemaakt. Atoomsplitsing is nu mogelijk en zal altijd mogelijk blijven, want die kennis kan niet meer worden uitgewist. Net zo min als de mensheid ooit zal vergeten hoe het wiel eruitziet.

Bij de poorten van laboratoria en onderzoekscentra staan de industriëlen bij wijze van spreken te trappelen van ongeduld in afwachting van de volgende uitvinding. Daar zit geld in en dat moet en zal eruit komen. Hoe, dat doet er minder toe. Wat er wordt gefabriceerd is minder belangrijk dan hoeveel geld eruit komt. Grote Westduitse industrieën die nu huishoudweegschalen of geneesmiddelen maken, fabriceerden in de oorlog tanks of gifgas om mensen te doden. Om maar een paar voorbeelden te noemen. Vrijwel alle grote bedrijven, waar ook ter wereld, werken op de een of andere manier mee aan produkten die bedoeld zijn om geweld te creëren. Een

< Op 25 augustus 1960 begon in Rochester in de VS een conferentie van fysici, waaraan ook een omvangrijke Russische delegatie deelnam. Zij werd welkom geheten door Robert Oppenheimer (rechts) en Kurt Symancik.

automobielfabriek die ook pantservoertuigen bouwt. Een fabriek van radio- en televisietoestellen die tevens spionageapparatuur maakt. Een vliegtuigfabriek die graag een order voor bommenwerpers accepteert. Een scheepswerf die naast plezierjachten ook duikboten bouwt. Een geneesmiddelenfabriek die – enzovoort.
Natuurlijk zijn er ook bedrijven die uitsluitend wapens en aanverwante artikelen produceren. Die dus geld verdienen aan oorlog, die er dus bij zijn gebaat dat er op zijn minst oorlogsdreigingen zijn, die er soms zelfs niet vies van zijn om hier en daar wat olie op het vuur te gooien. Want meer wapens fabriceren betekent voor de wapenindustrie meer winst en meer werkgelegenheid, zo simpel is dat. Vredesbewegingen zijn voor de wapenindustrie een rechtstreekse bedreiging; de wapenhandelaars doen er dan ook alles aan om, vaak langs slinkse wegen, de bewapeningswedloop te propageren. Het spreekt vanzelf dat de wapenindustrie daardoor vaak in troebel vaarwater terechtkomt. Het betalen van smeergelden is heel gewoon. Dat heeft onder andere in de Lockheed-affaire nogal wat gevolgen gehad. Topmensen van over de hele wereld bleken geld te hebben aangenomen van Lockheed in ruil voor de belofte dat zij hun invloed zouden uitoefenen bij de aankoopbeslissing van Lockheeds nieuwe straaljager.
De vroegere Amerikaanse president Eisenhower waarschuwde al tegen een te grote invloed van de combinatie wapenindustrie/militair apparaat. Die invloed is inderdaad groot – en moeilijk te controleren. Vaak weten wapenhandelaren al dat er ergens een oorlog op uitbreken staat, terwijl de regeringen van de betrokken landen nog van niets weten. Geheime diensten zijn daar ook niet altijd vreemd aan.
Ook de wapenindustrie is sterk afhankelijk van de wetenschap. Technologie speelt een grote rol in de wapenwedloop.

V In 1958 lanceerde Engeland zijn eigen raket, de Zwarte Ridder. Vol trots staan bij een model minister Aubrey Jones (rechts) en een van de ontwerpers, D. J. Lyons.

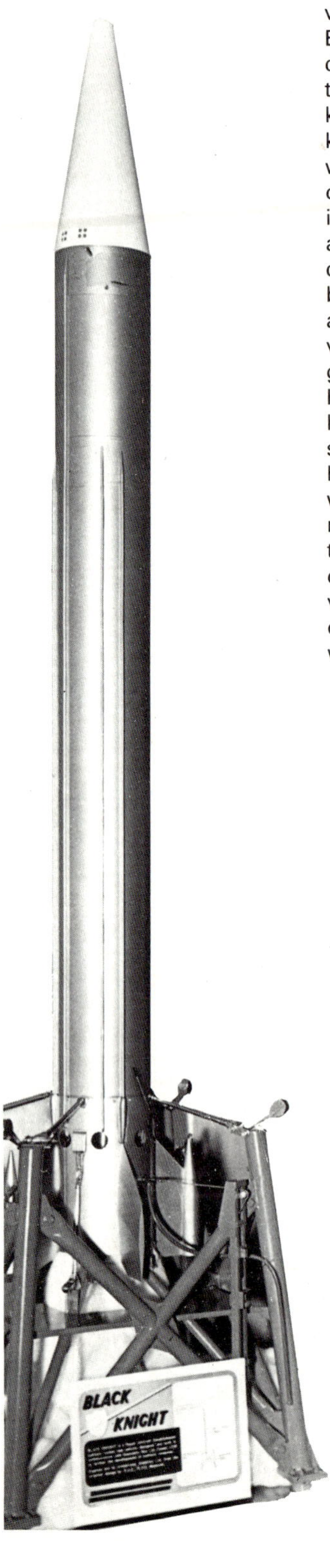

Men is voortdurend bang bij de ander achterop te raken. Elke raket aan de ene kant krijgt aan de andere kant zo snel mogelijk zijn eigen anti-raket-raket. Enzovoort. Wapensystemen worden voortdurend gemoderniseerd. Een groepje van drie mortieren die elk op een afstand van tien kilometer hun doel nauwkeurig, tot op vijf meter, kunnen raken, is al lang ouderwets. De precisie gaat al zover dat een spionagesatelliet hoog in de ruimte een kind dat op aarde in de zandbak speelt in close-up kan nemen. Niemand blijft meer verborgen in zijn achtertuintje, iedereen kan vanuit de ruimte worden begluurd.
Het is niet precies na te gaan hoeveel mensen uit de wetenschap betrokken zijn bij het onderzoek naar nieuwe wapens. Men schat dat er minstens 40 000 academici en technici mee bezig zijn. Maar dat aantal ligt waarschijnlijk vele malen hoger: niet iedere onderzoeker is willens en wetens bezig met een nieuw wapen, maar het kan gebeuren dat een chemicus bij wijze van spreken per ongeluk iets ontdekt dat ook in de wapenindustrie toepassing vindt. Militairen van nu krijgen les in veel dingen. Eén daarvan is 'NBC': nucleaire, bacteriologische en chemische oorlogvoering. Drie afschuwelijke manieren van oorlog voeren. Al te erg, is vaak gezegd. Maar de nucleaire bewapening gaat onverminderd voort. Chemische wapens in de vorm van mosterdgassen werden in de Eerste Wereldoorlog gebruikt. In 1925 werden chemische en biologische wapens verboden, toen in het Protocol van Genève het oorlogsrecht werd vastgelegd. Ze zijn daarna inderdaad heel lang niet gebruikt, maar het is geen geheim dat zowel Oost al West ze wel hébben – en ook dat mag niet. In Vietnam gebruikten de Amerikanen 'Agent Orange', een ontbladeringsmiddel op basis van het zeer giftige dioxine. In de oorlog tussen Iran en Irak zijn chemische wapens gebruikt.

Lab: miljoenen hebben er op de televisie bewonderend naar gekeken.
Waar is ruimtevaart voor nodig? Uiteraard zijn mensen nieuwsgierig, willen ze steeds verder weg, steeds meer ontdekken en niet te vergeten koloniseren. Maar alleen maar daarvoor was er nooit zo gigantisch veel geld aan uitgegeven. Ruimtevaart heeft ook altijd een militaire betekenis gehad. Dat was wel degelijk zoveel geld waard. Inmiddels heeft ruimtevaart ook op burgerlijk gebied nut gekregen. Er hangen talloze satellieten in de ruimte voor bijvoorbeeld weersvoorspellingen en het doorgeven van televisiebeelden. Maar er zijn minstens zoveel spionage-

< Vanuit een atoomonderzeeër werd, onder het toeziend oog van president Kennedy een Polaris A-3-raket gelanceerd. De VS namen de Polaris in 1961 in hun bewapening op. Drie jaar later hadden de Russen een soortgelijk wapen ontwikkeld.

Waar die vandaan kwamen? Wie ze had gemaakt? De wapenindustrie weet er meer van, maar zwijgt vroom.
De experimenten gaan verder. Het is uitgerekend Zuid-Afrika dat bezig schijnt te zijn met etnische biologische wapens. Het zou bijvoorbeeld mogelijk zijn een wapen te maken dat een bepaalde virusziekte verspreidt, een ziekte waar blanken nauwelijks en zwarten zeer gevoelig voor zijn.
En zo zijn er minstens 40 000 goedopgeleide, intelligente mensen in de weer om telkens nieuwe wapens te ontwikkelen. Een nek-aan-nekrace in bewapening die oorlog moet voorkomen. Vrede, wordt zo'n situatie genoemd. Maar het is geen vrede. Het is hooguit: geen oorlog.
Het toppunt van menselijk technologisch kunnen wordt in de ruimtevaart bereikt. Van de ruimte gaat een romantiek uit die velen aanspreekt. De aankomst van de eerste mens op de maan was een onvergetelijke gebeurtenis. Ruimtewandelingen, Space Shuttle, Space

satellieten. En de volgende stap is dat de ruimte wordt bewapend. 'Star Wars' heet dat in Amerika. Nucleaire wapens mogen niet in de ruimte, maar er zijn nog wel andere wapens te verzinnen. Lasers bijvoorbeeld.
De bedoeling is dat er ruimtestations komen die permanent zijn bemand. Vanuit die stations kunnen, als men dat nodig vindt, vijandelijke satellieten worden vernietigd.
Met als gevolg dat de communicatie van de vijand wordt bemoeilijkt. Ook kan vanuit de ruimte de aarde zelf worden bestookt. De systemen zij nu al buitengewoon ingewikkeld en vergevorderd, maar de bewapening van de ruimte staat nog maar in de kinderschoenen. Er zal verbazend veel mogelijk blijken te zijn.

< In december 1965 koppelden twee Amerikaanse Gemini-ruimteschepen zich aan elkaar. De Gemini-6 en -7 waren de eerste ruimtevaartuigen waarmee in de ruimte gemanoeuvreerd kon worden.

∧ *In 1979 vond voor de zevende keer vlak bij Versailles de tweejaarlijkse wapententoonstelling plaats, waarbij zo'n 1 500 verschillende Franse wapens werden getoond aan vertegenwoordigers van tachtig landen.*

Die vergevorderde technologie houdt wel het gevaar in dat er maar heel weinig hoeft te gebeuren, en alles gaat mis. De systemen zijn nu zo razendsnel, dat elke reactie op een alarm binnen enkele seconden kan (en moet) worden gegeven. Veel bedenktijd is er dus niet en dat is griezelig als je bedenkt dat het een vals alarm kan zijn. Maar ook op een alarm dat niet vals is, kan overhaast en daardoor verkeerd worden gereageerd. Het is het beangstigende beeld van computers die elkaar bevechten.

Een kernoorlog is nog nooit gevoerd, dus de gevolgen zijn niet goed bekend. Wel wordt langzamerhand duidelijk dat een beetje forse kernoorlog het hele communicatiesysteem kan ontregelen. Met wellicht als bijkomend gevolg dat die hele helse machinerie in de ruimte op hol slaat.

Dat is voor wapenfabrikanten trouwens toch een beetje een probleem: hoe weet je of je wapens het goed doen tegenover die van een tegenstander? Reken maar dat de wapenindustrie blij is met proefoorlogjes zoals die om de Falkland Eilanden.

Ook aan milieuvervuiling maakt industrie zich schuldig. Heeft dat iets met oorlog te maken? Het kan. Factoren genoeg die een vredebedreigende situatie kunnen creëren. Er wordt roofbouw gepleegd op de natuur. Vroeg of laat is alles op en dat geeft armoede. Dat kan heel snel gebeuren. Zure regen is al berucht als bossendoder, maar ook landbouwgewassen kunnen worden aangetast. Nog erger: de bodem verzuurt. Straks groeit er niets meer. Dan is er nog het broeikaseffect dat ontstaat

door het hoge koolzuurgehalte in de atmosfeer, te danken aan de industrie. Het wordt warmer, poolijs kan gaan smelten en het oceaanpeil stijgt. Ook bedreigend zijn de grootschalige ontbossingen in onder andere Zuid-Amerika. Die vernietiging van de 'longen van de wereld' kan zelfs tot in de VS en Europa gevolgen hebben. Waar geen bos meer is, ontstaat vaak woestijn, zoals de Sahel. Honger is het gevolg.

Zo werkt de industrie er aan mee de kloof tussen arm en rijk te vergroten, wat alle mogelijke conflicten kan veroorzaken. Of erger nog: het verdwijnen van alle leven.

We kunnen natuurlijk niet zonder wetenschap en industrie. Maar we zijn wel bezig onszelf op te eten, bij wijze van spreken. De rijke landen consumeren te veel, maken te veel op. Het kleine, rijke deel van de wereld verbruikt 80% van alles wat er voorhanden is. Zouden alle landen zo rijk zijn, dan zou de aarde snel door zijn mineralen heen zijn. Dat zijn problemen waar een eenling weinig aan kan veranderen. Daar zijn vindingen van de wetenschap voor nodig. Daar kan de industrie op inhaken. Maar dan is er méér nodig dan de zucht naar kennis of geld. Ethiek. Fatsoen.

Laat die 40 000 zoekers naar nieuwe wapens maar eens naar iets anders zoeken.

^ In 1980 vond bij Le Bourget de achtste tentoonstelling plaats van Franse marinewapens. Een nieuwtje was de Matra-raket die 'bewonderd' kon worden door delegaties uit zestig verschillende landen.

1976-1980

VREDE?

1976 De jaren '70 gingen hun tweede helft in. Het was alsof er iets was geknapt. Met de economie ging het voor het eerst niet meer elk jaar beter; de werkloosheid steeg in veel landen snel. De jongeren leken hun flair voor een belangrijk deel kwijt. Popfestivals, ooit symbolen van vrede, ontaardden niet zelden in bloedige vechtpartijen. De vrolijke alternatieve beweging van een paar jaar eerder was grotendeels opgegaan in de rook van drugs – en die rook ging langzamerhand over in de venijnige steek van de injectienaald. Heroïne-verslaafden maakten binnensteden onveilig of stierven aan een overdosis. Veel jongeren hadden in hun pogingen om grenzen af te tasten, die grenzen overschreden en waren niet meer in staat terug te keren. Dat gold ook voor bewegingen als de Westduitse Baader-Meinhofgroep, de Rote Armee Fraktion. Destijds hadden ze acties gevoerd die ludiek werden genoemd – het verbranden van oorlogsspeelgoed in warenhuizen bijvoorbeeld. Maar de acties hadden zich verhard. Er werden mensen ontvoerd en soms gedood. Terroristen werden ze, vaak opgeleid te zamen met Palestijnse terroristen. Zo maakten ze zich gehaat en gevreesd. Een groot deel van de Rote Armee Fraktion was in 1975 al opgepakt en stond nu, in 1976, terecht. Op 10 mei kwam uit de gevangenis in Stuttgart het bericht dat Ulrike Meinhof zelfmoord zou hebben gepleegd. Velen twijfelden daaraan:

Nobelprijs voor de Vrede 1976

Betty Williams (rechts) en Mairead Corrigan (links), twee Noordierse huisvrouwen, kregen de prijs voor hun streven naar vrede in hun land. Zij richtten samen een vredesbeweging op.

Nobelprijs voor de Vrede 1977

Amnesty International, een organisatie die de belangen probeert te behartigen van mensen over de hele wereld die om hun politieke of godsdienstige overtuiging gevangen zitten. De prijs werd in ontvangst genomen door Thomas Hammarberg, secretaris-generaal van de organisatie.

volgens andere berichten was ze gewurgd. Waarschijnlijk wordt nooit duidelijk wat er echt is gebeurd, maar haar dood had in West-Duitsland wel grote rellen tot gevolg. Enkele maanden later wisten overigens vier andere leden van de groep uit de gevangenis van West-Berlijn te ontsnappen.
Het recht om te zeggen wat je wilt bestaat niet in elk land. Zo werd in 1976 de Oostduitse zanger Wolf Biermann uit zijn land verbannen. Waarom? Hij had onvriendelijke dingen gezongen over zijn land. Optreden in de DDR mocht al eerder niet meer, maar in West-Duitsland was Biermann zo populair dat hij daar een tournee ging maken, met vriendelijke toestemming van de Oostduitsers. Maar toen hij eenmaal in West-Duitsland was, kreeg hij te horen dat hij niet terug mocht. Vandaar die vriendelijkheid: gaat u maar, lastpost.
Ook de Sovjet-Unie toonde zich weer eens overgevoelig. Hier was de schrijver Andrej Amalrik het slachtoffer. Omdat hij zich kritisch had uitgelaten over zijn land, vooral in het boek 'Haalt de Sovjet-Unie 1984?', was hij naar Siberië gezonden om er dwangarbeid te verrichten. Dat bracht echter geen genezing. In 1976 kreeg

< Door bemiddeling van de Amerikaanse president Carter kwam er een vredesakkoord tot stand tussen Israël en Egypte, dat ondertekend werd door de Egyptische president Sadat en de Israëlische premier Begin.

Nobelprijs voor de Vrede 1978

Menachim Begin, Israëlisch politicus, kreeg de prijs samen met Anwar Sadat voor zijn bijdrage aan de vermindering van de spanning in het Midden-Oosten. Nog voor de afronding van het vredesoverleg tussen Israël en Egypte (begin 1979) werd hen de prijs al toegekend.

Nobelprijs voor de Vrede 1978

Anwar Sadat, president van Egypte, kreeg de prijs samen met Menachim Begin en om dezelfde redenen. In 1981 werd hij tijdens een parade doodgeschoten.

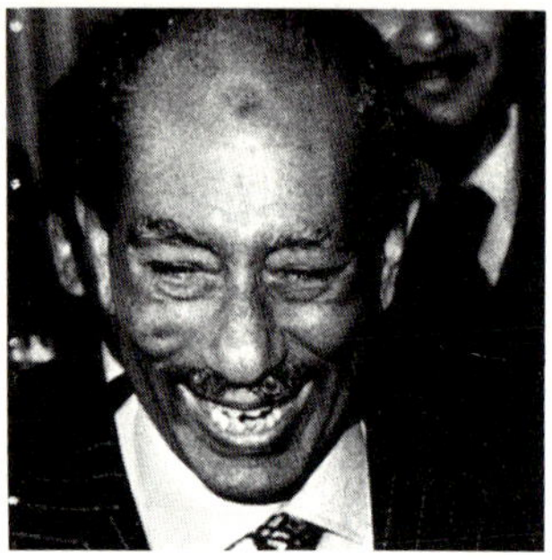

< De vrijheidsbeweging van Angola had de beschikking over uiteenlopende wapens, zoals dit Russische 'Stalin-orgel'. In Soweto, Zuid-Afrika, bij rellen in juni 1976, werden meer dan honderd zwarten door kogels uit wapens van blanke militairen gedood (onder).

Amalrik toestemming om naar het Westen te gaan, en daar aangekomen verklaarde Amalrik er geen behoefte aan te hebben terug te keren naar zijn land.
Elke vier jaar stort de wereld zich in een gigantisch spektakel dat is bedoeld om te laten zien hoe broederlijk mensen met elkaar kunnen omgaan: de Olympische Spelen. En elke vier jaar draait het uit op politiek gezeur, terreur en boycots, al dan niet terecht. De Spelen van 1972 waren gruwelijk verlopen. In 1976 verliep het ook niet gladjes: Taiwan wilde niet meedoen als het zich geen Republiek China mocht noemen, en 27 Afrikaanse landen kwamen niet naar Montreal omdat Nieuw-Zeeland er wél was, Nieuw-Zeeland dat eerder dat jaar tegen een Zuidafrikaans rugbyteam had gespeeld.
Het is de vraag of politiek en sport gescheiden moeten worden gezien of niet, maar een feit is dat Zuid-Afrika inderdaad nog steeds niet deugde. Integendeel. De zwarte meerderheid werd nog steeds erger onderdrukt – maar de reacties werden ook steeds heftiger. In 1976 was er een opstand in Soweto, een voorstad van Johannesburg

Nobelprijs voor de Vrede 1979

Moeder Theresa van Calcutta, missiezuster, kreeg de prijs voor haar menslievende werk in India, waar zij in 1949 de zusterorganisatie Missionaries of Charity had gesticht, die ten dienste stond van stervenden, vondelingen e.a.

Nobelprijs voor de Vrede 1980

Adolfo Esquivel, Argentijnse beeldhouwer en architect, kreeg de prijs voor zijn werk voor de mensenrechten in Latijns-Amerika als leider van een christelijke oecumenische beweging (Servicio Paz y Justicia).

waar alleen negers woonden. Al gauw sloeg de opstand over naar andere delen van het land. Anderhalve week duurden de gevechten tussen politie en opstandelingen – en toen het rustiger werd, bleken er 176 doden te zijn gevallen. Ook later in het jaar waren er nog gevechten.
Het andere land waar een handjevol blanken de zwarte meerderheid onder de duim hield, Rhodesië, was in 1976 het toneel van schandelijke taferelen. Begin van het jaar zag het er al niet rooskleurig uit; toen had Ian Smith weliswaar tien negers in de regering opgenomen, maar er tegelijk voor gezorgd dat die tien geen enkele invloed hadden. Later in het jaar liet Smith zien dat hij niet minder dan een moordenaar was. Pakweg achtduizend negers waren Rhodesië ontvlucht, naar een kamp in Mozambique. Smith stuurde zijn leger ook die kant op en in het kamp werd er op de weerloze vluchtelingen geschoten. Zeker achthonderd doden vielen er. Inmiddels was de Amerikaanse minister van Buitenlandse Zaken, Henry Kissinger, zich met de zaak gaan bemoeien. Hij vertelde Smith dat die binnen twee jaar moest verdwijnen, anders zouden de VS de geldkraan dichtdraaien. Groot-Brittannië,

< Joshua Nkomo (links) en Robert Moegabe (rechts) in Genève waar ze deelnamen aan de Rhodesië-conferentie, eind 1976. De verschillende partijen slaagden er niet in overeenstemming te bereiken.

< *In Beiroet werd in maart 1976 geprobeerd een moslim-leger in het leven te roepen. Links enkele militairen die zich daarbij wilden aansluiten.*

∧ *Op 27 oktober 1977 werden Gudrun Enslin, Andreas Baader en Carl Raspe begraven. De drie leidende figuren van de Rote Armee Fraktion waren enkele dagen eerder dood aangetroffen in hun cel in de Stammheimgevangenis. De officiële lezing, zelfmoord, werd door velen sterk in twijfel getrokken. Maar hun dood betekende niet het einde van de RAF.*

< *Ook in 1978 werden nog overal in Duitsland affiches opgehangen waarin om de opsporing van een aantal terroristen werd verzocht.*

dat Rhodesië nog steeds als een kolonie beschouwde, zou in Genève een conferentie leiden over de toekomst van het land. Aldus gebeurde, maar het overleg verliep moeizaam. Uiteindelijk werd vastgesteld dat het land uiterlijk 1 maart 1978 echt onafhankelijk zou worden; de regering zou dan een meerderheidsregering moeten zijn, dus voornamelijk bestaand uit zwarten, die op de conferentie werden vertegenwoordigd door o.a. Joshua Nkomo en Robert Moegabe.

Idi Amin hield zijn land Oeganda nog altijd in een wurgende greep. In het midden van 1976 deed hij weer eens van zich spreken, nadat een door Palestijnen gekaapt vliegtuig met 105 joodse passagiers was geland op de Oegandese luchthaven Entebbe. Amin hielp bij de onderhandelingen; zijn 'hulp' bestond eruit dat hij de eisen van de kapers nog wat hoger stelde. Woedend was Amin toen na een week commando's uit Israël in een snelle actie de gegijzelde passagiers wisten te bevrijden. Daarbij werden de kapers overrompeld en werd een fors gedeelte van Amins luchtmacht aan flarden geschoten. De commando's gingen er met de bevrijde passagiers per vliegtuig vandoor.

Ander Afrikaans nieuws. De bevrijdingsbeweging Polisario riep op 28 februari de Arabische Democratische Republiek Sahara uit. Algerije steunde Polisario, en haalde zich daarmee de woede van Marokko en Mauretanië op de hals. De strijd ging voort.

In Angola won de door Cuba geholpen MPLA de strijd om de macht tegen Unita en FNLA. Augustinho Neto werd president. De VS waren het land dan niet binnengevallen, maar erkennen deden ze het ook niet: eerst moesten alle Cubanen er weg.

Uiteraard ook weer weinig rust in Midden- en Zuid-Amerika. In Mexico bijvoorbeeld kwamen in 1976 hongerige boeren in opstand. In Ecuador was weer een militaire staatsgreep; de vorige was ook alweer vier jaar geleden. In Argentinië ook een staatsgreep van de militairen, die niet langer wilden toezien hoe Isabel Perón de zaak uit de hand liet lopen. Zij werd gearresteerd en Jorge Videla werd staatshoofd. Terwijl de weduwe Perón in huisarrest zat, werden alle politieke partijen verboden, werd de doodstraf weer ingevoerd en werden vele duizenden aanhangers van het peronisme opgepakt.

Vrouwen kwamen inmiddels overal ter wereld in toenemende mate op voor hun rechten. In maart waren duizenden vrouwen in Brussel bijeen om een tribunaal over misdaden tegen de vrouw bij te wonen. En zo werd er alweer een vorm van discriminatie aangepakt.

Anders ging het toe in Londen, waar in augustus rassenrellen uitbraken. Tijdens een straatfestival arresteerde de politie een paar zakkenrollers. Dat werd gezien als een daad van discriminatie, en er braken rellen uit tussen kleurlingen en politie. Of die arrestatie nu terecht was of niet, het was in elk geval duidelijk dat hier heel wat opgekropte woede naar buiten kwam over de leefomstandigheden van voornamelijk Westindiërs in Londen. Ook in andere Westerse steden, waar eerder altijd was afgegeven op Amerikaanse steden waar negers werden gediscrimineerd, werd het onrustig op het rassenfront. Nu de werkloosheid steeg waren de voormalige gastarbeiders en mensen uit de vroegere kolonies opeens niet erg welkom meer.

In Nairobi werd in mei de vierde UNCTAD-vergadering over handel en ontwikkeling gehouden. Ook hier een kloof tussen blank en gekleurd, tussen rijke landen en Derde Wereld: men kon het niet eens zijn over bepaalde maatregelen die het de Derde Wereld iets gemakkelijker hadden kunnen maken.

Op 1 juni viel Syrië Libanon

binnen om de falangisten te steunen. Tot oktober duurde de felle strijd, die dertigduizend mensen het leven kostte. Bevrijdingsorganistie PLO van Arafat leed gevoelige verliezen tegen de Syriërs. Na de bloedig verlopen val van het Palestijnse vluchtelingenkamp Tal Zaatar volgde er een Arabische topconferentie. Gevolg: een bestand, de PLO werd opgenomen in de Arabische Liga en een leger van de Liga zou het bestand controleren. Vanaf 21 oktober werd het weer enigszins rustig in Libanon. Voor een tijdje, althans.
25 juni: in Polen werden de prijzen zo fors verhoogd, dat er stakingen en plunderingen uitbraken. De prijsverhogingen gingen daarna niet door.
21 juli: de Britse ambassadeur in Dublin werd vermoord door de IRA. In augustus ontstond na de gewelddadige dood van drie kinderen in Belfast de beweging 'Vrouwen voor vrede'.
6 september: een geheime Russische Mig-straaljager landde in Japan; de piloot vroeg asiel aan. Tot woede van de Russen konden de Japanners het vliegtuig van top tot teen bekijken, voordat het werd teruggezonden.
9 september: in China overleed leider Mao. Opvolger werd Hoea Kwo-feng, tot ongenoegen van Mao's weduwe en drie andere hoge partijfunctionarissen, samen de 'Bende van Vier'. De vier werden gearresteerd.
17 september: Amnesty International, de organisatie die zich bezighoudt met mensenrechten, kreeg de Nederlandse Erasmusprijs. Bij de uitreiking werd melding gemaakt van het feit dat in 60 landen werd gemarteld en in 113 landen de mensenrechten werden geschonden.
6 oktober: militairen namen de macht over in Thailand.
2 november: presidentsverkiezingen in de VS. President Ford werd verslagen door de vrij onbekende Jimmy Carter; het was sinds 1932 niet voorgekomen dat een zittend president werd verslagen. Carters overwinning was overigens erg krap.

1977

Op 20 januari betrok Carter het Witte Huis. Met een paar beloften: alle bewapening moest worden beperkt; alle kernwapens moesten worden afgeschaft; er kwam meer aandacht voor de rechten van de mens. Brazilië voelde zich op dat laatste punt aangesproken en zei een militair verdrag met de VS op. Van Carters beloften zou de komende vier jaar bitter weinig terechtkomen. Drie dagen voor Carters aantreden was er overigens in de VS iets gebeurd waarover de meningen verdeeld waren: voor het eerst sinds 1967 vond er een executie plaats. Gilmore, iemand die twee mensen had vermoord, werd door vijf scherpschutters ter dood gebracht.
Op 27 juni sprak de Amerikaanse regering zich uit voor een 'thuisland' voor de Palestijnen. Inmiddels was de situatie in Libanon trouwens alweer drastisch veranderd: op 17 maart was Druzenleider Joenblatt vermoord. Iedereen beschuldigde iedereen en het bestand in Libanon bleek al snel waardeloos. De burgeroorlog laaide weer op.
In juli vond er een kleine grensoorlog plaats tussen Egypte en Lybië. De Egyptische leider Sadat was overigens niet erg oorlogszuchtig. Een definitieve vrede met Israël leek hem bereikbaar. In november bezocht Sadat Israël, waar hij een toespraak hield voor het parlement, de Knesset, en besprekingen begon met de Israëlische premier Begin. Op 25 de-

> In Rhodesië werden de lijken van acht vrijheidsstrijders in 1976 van dorp naar dorp vervoerd om het zwarte verzet te ontmoedigen. Het blanke bewind liet op die manier zien hoe machtig ze was.

> In september 1977 werd in Zuid-Afrika Steve Biko begraven. De zwarte leider was onder verdachte omstandigheden in de gevangenis overleden aan gevolgen van hersenletsel.

cember bracht Begin een tegenbezoek aan Egypte. Er werd tenminste gepraat, al waren de resultaten erg pover. Dictator Amin probeerde de wereld ervan te overtuigen dat alle verhalen over slachtingen in Oeganda onzin waren. Driehonderdduizend mensen gedood? Wist hij niets van. Aartsbisschop Loewoem en twee ministers vermoord? Welnee, dat was een auto-ongeluk. Amin kennende hechtte geen mens waarde aan zijn woorden. In juni 1977 werd tijdens een conferentie van Gemenebestlanden (waartoe Oeganda wel behoorde, maar Amin was afwezig) de massale schending van mensenrechten in Oeganda veroordeeld.
Ian Smith zat nog steeds in het zadel in Rhodesië. Alle besprekingen waren op niets uitgelopen. De situatie werd bemoeilijkt door het feit dat Rhodesië in oorlog was met Zambia, Botswana en Mozambique.
In juli brak oorlog uit tussen Somalië en Ethiopië. Somalië wenste de Ogaden-woestijn terug te hebben. En een andere Ethiopische provincie, Eritrea, wilde onafhankelijk worden.
Zaïre werd in maart aangevallen door huurlingen die afkomstig waren uit het voormalige Katanga, dat nu als Sjaba een provincie van Zaïre was. De inval vond plaats vanuit Angola en werd gesteund door Russen en Cubanen. Marokko, Frankrijk, de Verenigde Staten en België (waarvan Zaïre ooit een kolonie was) steunden Zaïre. Met veel moeite werd voorkomen dat Sjaba geheel werd veroverd.
Op 27 juni werd het kleine Afrikaanse staatje Djibouti onafhankelijk.
Op 25 september overleed in een Zuidafrikaanse gevangenis de kleurlingenleider Steve Biko. Weinigen geloofden in een natuurlijke doodsoorzaak. Een maand later werden talloze zwarte organisaties plus een zwarte krant verboden; zeventig leiders werden gevangen genomen. Op 4 november kwam de VN-Veiligheidsraad met een wapenembargo tegen Zuid-Afrika. Maar niets hielp – en in West-Europa waren er nog steeds mensen die de Apartheid goed wisten te praten.
De dictator van de Centraal-Afrikaanse Republiek, Bokassa, had het zo hoog in zijn hoofd dat hij zichzelf tot keizer liet kronen. Van een van de armste landen ter wereld, wel te verstaan. De kroning kostte heel veel geld. Bokassa, vriend van Amin, zag zichzelf als een soort godheid, terwijl zijn volk crepeerde. De VS hadden er genoeg van en stopten met het geven van ontwikkelingshulp.
In januari ondertekenden in Tsjechoslowakije 250 mensen 'Charta 77' – een manifest van de beweging voor mensenrechten. Een beweging dus die de autoriteiten liever zagen gaan dan komen.
In West-Duitsland waren er hevige acties tegen de bouw van kerncentrales. Maar die stonden wat nieuwswaarde betreft in de schaduw van alle gebeurtenissen rond de Rote Armee Fraktion. 7 april: moord op procureur-generaal Buback en zijn chauffeur. 28 april: Baader, Raspe en Ensslin tot levenslange gevangenisstraf veroordeeld. 30 juli: bank-

V 'Waar zijn onze zonen?' vragen de Dwaze Moeders van Argentinië zich vertwijfeld af. Het militaire regime van Argentinië liet zeer vaak zonder opgaaf van redenen mensen arresteren. Velen verdwenen zonder ooit weer gezien te worden.

lang door Somalië was bezet. De strijd in Eritrea ging door. In Zuid-Afrika trad premier Vorster af. Zijn opvolger, Pieter Botha, zou de politiek van Apartheid onverminderd voortzetten.
Tienduizend doden vielen er, volgens sommige berichten, bij een staatsgreep in Afghanistan. Het nieuwe bewind ontkende pro-Russisch te zijn, maar was dat wel degelijk.
Vietnam weer eens in het nieuws: Chinezen die daar woonden sloegen massaal op de vlucht. Niet duidelijk werd of ze waren uitgewezen of dat China de vlucht had bewerkstelligd. Boten vol vluchtelingen voor het bewind in Vietnam arriveerden in Thailand en Maleisië. Maar dat laatste land stuurde de bootvluchtelingen terug. Drama's voor de kust. Later bleken verschillende westerse landen bereid de bootvluchtelingen wel op te nemen.
Wat er verder gebeurde in 1978: er waren onlusten in Indonesië en Tunesië. De jeugd in het westen stortte zich op de 'punk'. In Italië werd ex-premier Aldo Moro ontvoerd door de 'Rode Brigades' en later vermoord teruggevonden. Een nieuwe bom, de neutronenbom, kwam in het nieuws en veroorzaakte overal protesten. In veel landen werden 'No Nukes'-festivals gehouden. Bloedige terreur was er van de IRA in Ulster. Tussen China en Amerika ging het zo goed dat er diplomatieke betrekkingen werden aangegaan. Op 6 augustus overleed paus Paulus VI. Zijn opvolger, paus Johannes Paulus I, overleed op 29 september. Daarna werd de Pool Karol Wojtyla, als Johannes Paulus II, paus.

> Op 1 februari 1979 arriveerde ayatollah Khomeini na jarenlang in Parijs in ballingschap te hebben doorgebracht, weer in zijn vaderland Iran. De sjah was verjaagd en in Iran werd een nieuw islamitisch bewind gevestigd.
Het verleden werd verbrand.

1979 Op 7 januari veroverde Vietnam de hoofdstad van Cambodja, Pnom Penh. Meteen werd daar een communistische regering geïnstalleerd. Later in het jaar, in oktober, bleek dat de bevolking van Cambodja de hongerdood nabij was. Een enorme vluchtelingenstroom van een half miljoen mensen was op gang gekomen. Overal waren volle kampen en het land dreigde te sterven.
Op 16 januari zag de sjah van Iran zich gedwongen zijn land te ontvluchten. Hij zei op vakantie te gaan, maar het was een vlucht. De onrust in het land was groot en werd nog eens aangewakkerd door de in Parijs wonende moslimleider Khomeini. Het volk eiste de terugkeer van de verbannen geestelijke. Premier Bakhtiar gaf toe en Khomeini kwam terug naar Iran, dat onder zijn leiding vrij snel een islamitische republiek werd.
De sjah vestigde zich in de VS, een land dat op zijn zachtst gezegd niet populair was in Iran. De Amerikaanse

ambassade in Teheran werd bestormd en bezet en het personeel (70 mensen) werd gegijzeld, bijzonder langdurig, om uitlevering van de sjah af te dwingen.
Ook Vietnam was weer in het nieuws. Veel mensen, met name uit de rijkere klasse, ontvluchtten het land, meestal per boot. Eén zo'n schip, met 3300 bootvluchtelingen aan boord, mocht de haven van Hongkong niet in. Het werd een drijvend concentratiekamp en vooral kinderen kwamen om van de honger. Uiteindelijk liet Hongkong het schip toch toe.
Vietnamese legeracties aan de grens met China leidden tot een korte Chinese strafexpeditie tegen Vietnam, ook al omdat Vietnam Cambodja had aangevallen, dat nu pro-Russisch was.
Eindelijk vrede tussen Israël en Egypte. Op 26 maart werd die in Washington getekend. De rol van president Carter was groot geweest; een belangrijk wapenfeit, vooral prettig omdat de verkiezingen van 1980 in zicht kwamen.
Op 28 maart brak er paniek uit rond de kerncentrale van Harrisburg, VS. Er dreigde een explosie ten gevolge van een falend koelsysteem. Een ramp werd voorkomen, maar het ongeluk leidde tot verhevigde protesten tegen kernenergie.
In Pakistan werd ex-premier Zoelfikar Ali Bhoetto opgehangen na zijn terdoodveroordeling wegens samenzwering tot moord op een politieke tegenstander, te weten de nieuwe machthebber, generaal Zia.
Idi Amin viel van zijn met bloed bespatte troon. Tanzania viel Oeganda binnen en Amin moest vluchten. De nieuwe president van Oeganda werd professor Yusufu Lule. De bevolking van Oeganda verwelkomde de Tanzanianen als bevrijders. In de acht jaar dat Amin dictator was geweest, waren er in zijn opdracht ruim 300 000 mensen vermoord.
Ook goed nieuws uit Rhodesië. Bisschop Abel Moezorewa won daar de verkiezingen, al bleef Ian Smith nog wel de feitelijke macht houden. Later in het jaar echter kwam de Britse premier Thatcher met een vredesplan voor Rhodesië; daarover werd onderhandeld, met als resultaat dat Ian Smith moest toestaan dat de blanken hun vetorecht verloren. In december kwam Rhodesië tijdelijk weer onder Brits bestuur en toen was het afgelopen met Ian Smith. In februari 1980 zouden er verkiezingen zijn, die Moegabe won. Het land werd eindelijk onafhankelijk, onder de naam Zimbabwe.
Majoor Haddad, leider van de christelijke milities in Libanon, riep een stukje van dat land uit tot 'vrije en onafhankelijke staat Libanon'. Dit leidde tot schietpartijen tussen een versterkte VN-vredesmacht, Palestijnen en militairen van Haddad. Bovendien vond er in juli een luchtslag tussen Israël en Syrië plaats boven Libanon, dat nog heel wat meer geweld te verduren zou krijgen.
Neonazi's in Europa: in Londen waren er gevechten tussen het nazistische National Front en de Anti Nazi League.

∧ Om aan het dictatoriale regime in Vietnam te ontsnappen vluchtten veel Vietnamezen over zee hun land uit. Zo ontstond het fenomeen bootvluchtelingen: kleine bootjes afgeladen vol met mensen (1979).

En in West-Duitsland hielden ex- en neonazi's een reünie, ondanks felle protesten.
Onrust in Midden- en Zuid-Amerika: in El Salvador was hevig verzet tegen de dictatuur. Maar de staatsgreep die in oktober plaatsvond, werd niet gepleegd door het verzet, maar door kolonels, nota bene met steun van de VS.
In Ecuador maakte de junta na een staatsgreep plaats voor een burgerregering.
Bolivia beleefde zijn zoveelste coup.
En dictator Somoza van Nicaragua kwam eindelijk ten val. Veertig jaar lang had de familie Somoza het land uitgemergeld en de bevolking afgebeuld; het was het Sandinistisch Bevrijdingsfront dat een eind maakte aan de dictatuur. Somoza

vluchtte naar de VS, het land dat hem altijd had gesteund. Nóg een dictator die het veld moest ruimen in 1979: keizer Bokassa van het Centraal Afrikaans Keizerrijk. Met behulp van Frankrijk wist een neef van de keizer de macht over te nemen en het land weer om te vormen tot een republiek. Typerend voorbeeld van Bokassa's wijze van regeren: hij liet ooit zo'n honderd scholieren doodschieten omdat ze hadden geweigerd uniformen te dragen.
Griekenland werd lid van de EG. En in juni werden er voor het eerst Europese verkiezingen gehouden, al werd er nogal getwijfeld aan het nut van een Europese regering, als die toch geen enkele macht had.
Op 18 juni werd het SALT-II akkoord ondertekend. Opnieuw een belangrijke stap op weg naar wapenbeheersing in de wereld.
In augustus werd graaf Louis

< In Teheran werd eind 1979 de Amerikaanse ambassade bezet. Het ambassadepersoneel werd gedurende lange tijd gegijzeld. Na veel diplomatiek overleg werden ze pas in januari 1981 vrijgelaten. Bij de ambassade werd de VS-vlag verbrand, een regelmatig terugkerende ceremonie.

Mountbatten, oom van de Britse vorstin en laatste onderkoning van India (tot 1947), vermoord door de IRA. De Britten reageerden geschokt. September: in Afghanistan vond een staatsgreep plaats, met steun van Rusland. Vele Russische 'adviseurs' stroomden het land binnen, een tactiek die ook de Amerikanen graag toepasten. Maar vanzelfsprekend hadden de VS scherpe kritiek op wat de Russen in Afghanistan deden. Het zou echter nog erger worden.

< In april 1980 zette president Carter helikopters in bij een poging het ambassade-personeel te ontzetten, maar de operatie liep uit op een fiasco. Van de helikopters bleef weinig over.

In december vielen de Russen Afghanistan binnen. Onverhuld, maar wel zogenaamd op verzoek van de Afghanen zelf. De werkelijke reden van de inval was, dat de weliswaar pro-Russische president niet goed genoeg naar de Russen had geluisterd. Onmiddellijk ontstond er verzet in het land, met name vanuit de islamitische stammen. Verontwaardigd reageerde de westerse wereld op de inval, die op één lijn werd gesteld met de invallen in Hongarije en Tsjechoslowakije, 1956 en 1968. De betrekkingen tussen Oost en West bekoelden en het leek of er een nieuwe Koude Oorlog stond aan te komen. Het nog maar net gesloten SALT-II akkoord verloor zijn kracht. De Russen kondigden aan dat zij nieuwe kernraketten gingen plaatsen: de SS-20's. De landen van de NAVO vroegen zich af of en hoe ze moesten reageren. Er werd heftig gediscussieerd over de vraag of ook de NAVO-raketten moesten worden gemoderniseerd. Uiteindelijk werd er beslist dat er 572 nieuwe kruis- en Pershing-II-raketten zouden komen. Alleen Nederland weigerde definitief 'ja' te zeggen. In dat land was het verzet onder de bevolking ook het hevigst. Er werd gesproken over 'hollanditis' – en die ziekte bleek besmettelijk te zijn.
De vredesbewegingen in de NAVO-landen groeiden snel. Gemengde berichten uit 1979: de afscheidingsbeweging ETA pleegde bomaanslagen in Baskenland. President Park van Zuid-Korea werd vermoord. De racistische Ku Klux Klan hield een mars door Alabama. In Iran werd massaal gejaagd op de Koerden.

1980 Een nieuw decennium – en in Teheran duurde de gijzeling in de Amerikaanse ambassade voort. In februari ontvluchtten een paar Amerikanen de ambassade. President Carter had een plan om ook de rest te bevrijden. In april rukten acht Amerikaanse helikopters op naar de bezette ambassade. Het werd een ramp. Drie van de helikopters gingen onderweg kapot en twee andere botsten tegen elkaar. Acht doden, bevrijdingsactie mislukt, afgang voor Carter, juist in het verkiezingsjaar.
In Iran werden de touwtjes inmiddels strak aangehaald. Oude wetten werden te voorschijn gehaald: vrouwen mochten niet meer zonder sluier over straat en van dieven werd weer als vroeger een hand afgehakt. Op 27 juli overleed de voormalige sjah in ballingschap in Egypte. Maar de ambassade bleef bezet, tot januari 1981.
Moord en doodslag in 1980. Arme Indiaanse boeren kwamen klagen over hun zeer

< Begin 1980 vielen de Russen hun buurland Afghanistan binnen. De inwoners van dat land proberen op de radio te horen wat er allemaal precies aan de hand is.

slechte postie in dictatoriaal Guatemala. Ze werden zonder pardon gedood door leger en politie.
Oscar Arnulfo Romero, aartsbisschop van San Salvador en tegenstander van het Salvadoriaanse bewind, werd vermoord. Een burgeroorlog dreigde. Later werden meer tegenstanders vermoord, maar de Amerikanen trokken hun steun aan El Salvador pas in nadat er ook vier Amerikaanse vrouwen waren vermoord.
Er was een staatsgreep in Liberia, met veel executies en de komst van een militaire regering.
In Bolivia vond de 189e staatsgreep plaats.
Ex-dictator Somoza werd in Paraguay vermoord.
Vijf doden vielen er bij een Palestijnse aanslag op joden in Hebron. In Antwerpen werd door Palestijnen een aanslag gepleegd op een groep joodse kinderen.
Sergeants pleegden een staatsgreep in Suriname.
In Miami waren rassenrellen, net als in Zuid-Afrika, waar ze met het gebruikelijke geweld werden neergeslagen.
Ook in Zuid-Korea werd een opstand neergeslagen.
Het terrorisme in Italië bereikte een afschuwelijk hoogtepunt met de bomaanslag op het station in Bologna. Bij die fascistische aanslag vielen 84 doden. De Italiaanse regering besloot eindelijk het rechtse terrorisme aan te pakken.
Ook in München en Parijs vonden neonazistische aanslagen plaats.
In China begon het proces tegen de zogenaamde 'Bende van Vier', onder wie de weduwe van Mao. De vier zouden verraad hebben gepleegd.
In Turkije vond een militaire staatsgreep plaats.
Zo nam in 1980 het geweld overal ter wereld hand over hand toe. En de wereldeconomie zakte langzaam in, terwijl de Derde Wereld zich steeds dieper in de schulden stak.
Op 4 mei overleed de president van Joegoslavië, Tito. In de Tweede Wereldoorlog had hij het partizanenverzet tegen de Duitsers geleid. Na de oorlog was hij er als president steeds in geslaagd onafhankelijk te blijven van de Sovjet-Unie en zijn eigen communistische koers te varen. Na zijn dood werd gevreesd dat Joegoslavië nu ook een Sovjetsatelliet zou worden, net als alle omringende Oosteuropese landen, maar dat gebeurde niet. Joegoslavië bleef een niet-gebonden land.
Het was weer tijd voor Olympische Spelen, ditmaal in Moskou. Maar de Russen zaten nog steeds in Afghanistan, en als protest daartegen boycotten de VS, West-Duitsland en Japan de Spelen.
In Polen gebeurden dingen die de wereld de adem deden inhouden. Toen in juli de vleesprijzen drastisch werden verhoogd, ontstonden er, eerst op de Lenin-werf in Gdansk, later ook elders, proteststakingen. De stakers kwamen met een hele reeks eisen, zoals de vorming van vrije vakbonden, bevriezing van de vleesprijzen, vervroegde pensionering en het recht van staking. Daar waren punten bij die in een communistisch land als Polen ongehoord waren. De regering weigerde er op in te gaan. Een van de arbeiders van de Leninwerf, Lech Walesa, werd de leider van het protest. Met zijn onwrikbare houding wist hij te bereiken dat de regering toch steeds meer moest toegeven. Partijleider Gierek en premier Babiuch traden zelfs af. Uiteindelijk kwamen de 'akkoorden van Gdansk' tot stand. De stakers kregen op vrijwel alle punten hun zin en Lech Walesa werd dé held van het volk. De vakbond Solidarnośc werd opgericht. Uiteraard hielden de Russen de ontwikkelingen scherp in de gaten.
In 1980 brak een nieuwe oorlog

> Buiten de hekken van de Leninscheepswerf in Gdansk biechten stakende arbeiders, augustus 1980. Stakingsleider was Lech Walesa, die overal als een held werd binnengehaald (onder).

uit, die lang zou duren en talloze doden zou kosten. Het was een oorlog tussen Iran en Irak, ook wel genoemd de Golfoorlog, vanwege de ligging van beide landen aan de Perzische Golf. Sinds Khomeini aan de macht was in Iran, boterde het al niet meer tussen de twee buurlanden. De strijd die ontstond werd door Khomeini 'heilige oorlog' genoemd. Irak viel Iran aan en leek snel te gaan winnen, maar Iran hield stand. Over en weer vonden bombardementen plaats en Irak schoot de olieraffinaderij van Iran in Abadan in brand. De hele wereld merkte de gevolgen van de oorlog, want de olietoevoer raakte geblokkeerd. En toen waren er de presidentsverkiezingen in de VS. De democraat Carter had weliswaar successen geboekt bij besprekingen tussen Israël en Egypte, maar had met de mislukte bevrijdingsactie van de ambassade in Iran laten zien dat hij soms weinig doortastend was. De Amerikanen lieten hem dan ook vallen. Het was hoogst zelden voorgekomen dat een zittend president zijn herverkiezing verloor. De nieuwe president werd Ronald Reagan, voormalig filmster en republikeins gouverneur van Californië. Reagan sloeg harde taal uit en niet voor niets vreesden velen dat hij de verhouding tussen Oost en West nog killer zou maken. Heel wat vrediger was het werk van ex-Beatle John Lennon. Samen met zijn vrouw Yoko Ono hield hij zich al jaren bezig met streven naar vrede. Bij vrijwel elke vredesbetoging werden zijn teksten gezongen, zoals 'All we are saying is: give peace a chance'. Uitgerekend deze vredesapostel kwam door geweld om. Op 8 december werd hij voor zijn flat in New York door een geestelijk gestoorde fan doodgeschoten.

V *In Suriname vond in 1980 een militaire staatsgreep plaats. Op de foto de nieuwe Nationale Militaire Raad onder leiding van Desi Bouterse (tweede van links), de nieuwe 'grote man' van Suriname.*

VREDE?

OPSTAND, REVOLUTIE, TERRORISME

Mensen zijn het niet altijd met elkaar eens. Daar zijn we mensen voor. We kunnen denken, voelen, we hebben een eigen wil. Daarom hebben we vrijheid nodig. Vrijheid om te kunnen denken en voelen en doen wat we zelf willen. Dat is niet altijd gemakkelijk. Mensen hebben moeten leren hoe ze de maatschappij moesten inrichten om voor iedereen 'vrijheid, gelijkheid en broederschap' te bereiken. In de loop van de geschiedenis is daar oneindig over gefilosofeerd – en omdat mensen het nu eenmaal niet altijd met elkaar eens zijn, kwamen daar verschillende theorieën uit tevoorschijn. De vrijheid, gelijkheid en broederschap van Marx zijn anders dan die van mensen die geloven in wat je de Westerse democratie zou kunnen noemen. Maar beide theorieën zijn goed bedoeld. De praktijk is echter vaak moeilijker dan een theorie wil doen geloven. Zoals het communisme in de Sovjet-Unie wordt geïnterpreteerd kan niet de bedoeling van Marx zijn geweest. En democratie? Heb je als vrij mens werkelijk veel te zeggen als je elke vier of zes jaar een vakje rood mag maken?
Een ideale samenleving be-

> In Parijs brak in 1968 een opstand uit onder studenten die de hele stad op stelten zette en spoedig oversloeg naar andere delen van het land en ook naar andere landen van Europa. De belangrijkste eis was een verregaande democratisering van de maatschappij.

Mao Tse-toeng in 'Het Rode Boekje'

'Het volk, en alleen het volk, is de drijvende kracht die geschiedenis maakt.'

staat niet. Maar in grote delen van de wereld wordt het tenminste geprobeerd. Er zijn ook landen waar de rechten van de mens met voeten worden getreden. Landen waar een dictatuur heerst, of een schijndemocratie waar je wel mag stemmen maar slechts één kandidaat kunt 'kiezen'. Er zijn ook landen die je niet werkelijk een dictatuur kunt noemen, maar die evengoed niet deugen. Zuid-Afrika bijvoorbeeld, of andere landen waar grote groepen van de bevolking worden onderdrukt, terwijl voor een klein deel van de bevolking een democratie heerst.

In landen waar gekozen is voor een werkelijke democratie, heerst relatief de grootste vrijheid. Maar zelfs daar zijn mensen die het anders willen. Misschien omdat ze tegen het kapitalisme zijn dat in democratieën gewoonlijk wordt aangehangen. Misschien omdat ze geloven in anarchisme, nationaal-socialisme of wat voor filosofie ook die in strijd is met de democratie. Misschien ook omdat ze vinden dat de democratie niet ver genoeg gaat en dat er nog altijd ongelijkheid is.

Zulke mensen zullen kiezen voor buitenparlementaire actie. Binnen het democratische systeem proberen ze het parlement met acties te beïnvloeden. Ze gaan de straat op: om te staken, om gebouwen te bezetten, om acties te voeren. Vaak gaat het er alleen maar om, om aandacht te krijgen voor hun zaak. Maar meestal is dat niet genoeg.

Mensen die in opstand

wegingen zijn er, op veel kleinere schaal, in Schotland, Bretagne, Friesland. Stuk voor stuk gebieden met een sterk nationalistisch gevoel, een eigen cultuur, vaak een eigen taal.
De Verenigde Staten vormen een verhaal apart. Daar is uit de jongerenbeweging geen echt terrorisme voortgekomen. De maatschappij is daar ook totaal anders dan in West-Europa. Het socialisme is er nooit doorgedrongen en wordt er vaak op één lijn gezet met het communisme. De Democratische Partij is alleen maar een beetje minder rechts en behoudend dan de Republikeinse Partij. Maar opstand kennen de VS wel degelijk. En op zeer grote schaal. Van negers, Indianen, Puertoricanen. Onderdrukte bevolkingsgroepen die voor hun rechten opkomen. Het is vaak geweldloos geprobeerd. Martin Luther King geloofde daarin. Maar geweldloos blijven is niet eenvoudig en lukte dus ook niet. Malcolm X zei: 'De wereld heeft respect voor geweld; soms denk ik dat geweld het enige is waar de wereld respect voor heeft' – een bittere uitspraak, en Malcolm X koos vervolgens zelf voor geweld. Ook de Indianen bleven niet geweldloos. De herdenking van een bloedbad bij Wounded Knee liep uit de hand.
De kans is groot dat zowel West-Europa als de VS in de toekomst te maken zullen krijgen met golven van geweld, afkomstig van minderheden. 'Als onderdrukte mensen in opstand komen, dan zullen ze winnen, hoe lang dat ook mag duren,' zeggen de zwarten in Zuid-Afrika. Wie weet.
Vanuit het noorden heeft Afrika zich ontworsteld aan blanke overheersing. Dat ene kleine bolwerk helemaal in het zuiden houdt het wellicht niet lang meer.
Er is een verschil tussen revolutie en opstand. Misschien zou je kunnen zeggen dat opstand emotioneler is,

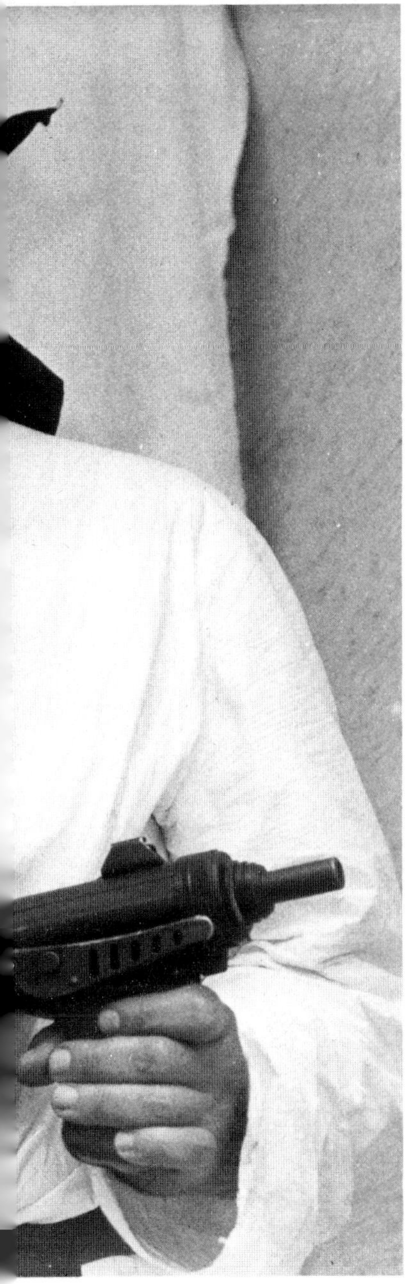

< Ook Spanje had zijn afscheidings- en terreurorganisatie, de ETA. Zij streefde naar een onafhankelijk Baskenland en schuwde daarbij geweld niet.

V Gewelddadigheden waren aan de orde van de dag in Noord-Ierland waar op 'Bloody Sunday', 30 januari 1972, dertien doden vielen toen Britse militairen het vuur openden op een verboden demonstratie van katholieken.

minder voorbereid, meer uit directe wanhoop is ontstaan en minder kans van slagen heeft.
Vooral Oost-Europa heeft sinds de Tweede Wereldoorlog een fors aantal opstanden meegemaakt. Allemaal waren ze gericht tegen de Sovjet-overheersing. De DDR had haar opstanden, net als Hongarije, Tsjechoslowakije en Polen. Stuk voor stuk mislukten ze. In de DDR houdt men zich rustig omdat men er weet dat het land rijker is dan de Sovjet-Unie zelf – of men vlucht naar het Westen. Hongarije houdt zich ook rustig, men weet dat men er in de 'vrolijkste barak van het kamp' leeft en dat een tweede opstand alle welvaart verloren zou doen gaan. Daar komt bij dat de opstand van 1956 een sterk fascistisch karakter had en daar zijn de Hongaren ook niet dol meer op. In Tsjechoslowakije rommelt het ergens diep onder de grond, maar een nieuwe opstand zit er niet in. Alleen de Polen laten zich niet zomaar plattrappen. De vakbond Solidariteit is verboden, maar blijft bestaan en de mogelijkheid van een nieuwe opstand is er nog steeds.
Met de DDR is wel iets anders aan de hand, maar opstand is dat niet. Het lijkt erop dat het land nauwere banden wil met West-Duitsland, maar niet goed durft omdat de Russen het niet goed vinden.
Voor ware revoluties moet je in Latijns-Amerika zijn. De ene staatsgreep na de andere. Het is een voortdurend gevecht

> Russische tanks maakten in augustus 1968 een abrupt einde aan de 'Praagse lente'.

tussen democratie en dictatuur, tussen links en rechts. Nergens ter wereld hebben militairen zoveel macht als in Latijns-Amerika. Hun methoden hebben ze geleerd van Duitse nazi's, die na de Tweede Wereldoorlog wisten te ontsnappen. Nergens ter wereld worden de rechten van de mens zo ernstig aangetast, dan wel ontkend.
Geen wonder dat er verzet kwam (en nog is). Verzet in Brazilië sinds 1969. Zes jaar later had het leger het verzet onderdrukt en waren er niet minder dan 15 000 doden gevallen.
Verzet in Chili. Allende vermoord door het leger, maar niet als enige: naar schatting werden er na 1973 meer dan 100 000 mensen vermoord. Een miljoen Chilenen ontvluchtte het land.
Verzet in El Salvador. Doodseskaders die de guerrilla moeten onderdrukken – en dagelijks worden er verminkte lijken gevonden.
Verzet in Guatemala, 1978. Veertig doden, minder dan bij het verzet in de jaren '60, toen er 30 000 politieke moorden werden gepleegd. De guerrilla is gebroken.
Verzet in Nicaragua. En eindelijk een overwinning. Dictator Somoza heeft het niet gered, maar wel een spoor van vernielingen achtergelaten. Tienduizenden doden, een bombardement op de stad Matagalpa. De Sandinisten wonnen. Maar er ontstond weer verzet.
Verzet op Cuba. Ook daar een overwinning. De socialistische republiek van Castro werd de eerste volksdemocratie in Latijns-Amerika en is sinds zijn ontstaan een sterke stimulans voor andere guerrillagroepen.
Verzet in Argentinië. Terugkeer van de democratie. Een geschokt volk dat niet-begrijpend toekijkt hoe het ene massagraf na het andere wordt opengelegd en een ex-generaal die met een mes uitvalt naar

mensen die hem met reden uitschelden voor moordenaar. Er is nog een lange weg af te leggen voordat Latijns-Amerika bevrijd is van de militairen. Maar zoals de zwarten in Zuid-Afrika zeggen: vroeg of laat moet het lukken.
Een revolutie begin je niet zomaar even. Revolutie is de meest verspillende, duurste en moeilijkste weg naar sociale verandering. Maar ook de krachtigste. Revolutie is het uiterste middel. Is een omwenteling zonder geweld niet mogelijk, dan blijft alleen de echte revolutie over. Bestaat er geen democratie, dan heb je niets in te brengen. De regerende elite zorgt ervoor dat geweldloos verzet niet mogelijk is. Wat doe je dan? Je kunt voor geweld kiezen, om de regering duidelijk te maken dat je een ander systeem wilt, of zelfs om de regering te doen verdwijnen zodat er een ander systeem kan ontstaan.

V *In de jaren '80 kwamen de Polen in verzet onder aanvoering van vakbondsleider Lech Walesa.*

Na een jarenlange guerrilla-oorlog werd in 1979 dictator Somoza uit Nicaragua verjaagd door de Sandinistische rebellenlegers. De strijd had vele mensenlevens geëist maar de bevolking scheen te wennen aan het geweld en liet de doden rustig liggen.

Tegenover revolutie staat de staatsgreep. Een revolutie is altijd vanuit een grote groep gericht tegen de elite. Een staatsgreep is een middel van de elite om de grote groep in het gareel te krijgen.
Soms wordt een revolutie geleid door een voorhoede die het volk achter zich probeert te krijgen. In West-Europa is dat dus niet gelukt en liep de revolutie op niets uit. Soms lukt het ook wel om het volk mee te krijgen, maar het gevaar bestaat dan dat zodra de revolutie is geslaagd, de voorhoede een nieuwe elite gaat vormen.
Trotski had dat lang geleden al voorzien. Hij ontwikkelde daarom het begrip van de permanente revolutie. Zo moet het volgens Trotski zijn: nadat een revolutie is geslaagd moeten arbeiders en boeren voortdurend impulsen voor sociale verandering geven aan de regering. Zo wordt een land vanuit de basis bestuurd. Voortdurende emancipatie van groepen kan voorkomen dat er opnieuw klassen ontstaan. De revolutie moet elke dag doorgaan en mensen die de toestand willen bevriezen zijn contra-revolutionairen. Aldus Trotski. Maar waar ter wereld zijn die ideeën in de praktijk gebracht? In de Sovjet-Unie in elk geval niet. Daar is de revolutie wel degelijk bevroren en is er een nieuwe elite ontstaan. Arbeiders en boeren zullen het wel uit hun hoofd laten tegen de regering te zeggen dat ze sociale veranderingen willen. Dat doen de arbeiders in Polen – en kijk hoe de regering erop reageert. Misschien was Trotski te veel een idealist. Maar hoe dan ook: in het communistische China

zijn toch wel sporen van zijn theorie terug te vinden.
Van de wereldrevolutie is nog niet veel terecht gekomen. Zelfs de Russen hebben het idee dat het communisme het vroeg of laat automatisch wint van het kapitalisme losgelaten. Alleen terroristen blijven hopen en plegen weer eens een aanslag of blazen een vliegtuig op om angst en verwarring te zaaien.
Er moet ook wel een reden zijn voor revolutie. In het geval van een voorhoede die de massa met zich meetrekt kan de revolutie slagen – als de massa maar meedoet. Een heel duidelijke reden voor een revolutie doet zich voor als het volk vindt dat het peil van welvaart en welzijn zo laag is geworden dat het niet langer aanvaardbaar is. Zo zijn er hongeroproeren en revoltes tegen prijsverhogingen ontstaan. De regering wordt dan ter verantwoording geroepen en zal in veel gevallen moeten vertrekken omdat er niet goed geregeerd is.
Er is nog een mogelijkheid voor revolutie: als het bewind uit zichzelf opstapt omdat het streven niet verwezenlijkt kan worden en het volk mort. Bij militaire dictaturen gebeurt dat soms.
Revoluties zijn ook op een andere manier van elkaar te onderscheiden. Zo is er de revolutie die berust op een kansberekening: hoe groot is de kans dat het lukt? Groot genoeg? Dan doen we het. Zo ontstond de Russische revolutie.

∧ *In Chili gooiden militairen onder aanvoering van Pinochet in september 1973 het democratische bewind van president Allende omver. Na de machtsovername beheersten militairen het straatbeeld in de hoofdstad Santiago.*

Maar er zijn ook spontane revoluties, die zomaar ineens ontstaan. Hoewel je zou kunnen zeggen dat dat geen echte revoluties zijn, maar opstanden.

∧ *In een kamp van de Palestijnse bevrijdingsorganisatie PLO, vlak bij Beiroet, ging de opleiding van vrijheidsstrijders gewoon door en werden ook vrouwen vertrouwd gemaakt met de werking van automatische wapens.*

< *Acht commando's van de Palestijnse verzetsorganisatie 'Zwarte September' gijzelden elf Israëlische sportlieden tijdens de Olympische Spelen in 1972.*

Een enkele keer komt een stille revolutie tot stand. Er is dan niet of nauwelijks sprake van geweld. Dat is in Spanje gebeurd nadat dictator Franco overleed. In stilte werd er afgerekend met het verleden. Het verliezen van een oorlog kan ook aanleiding zijn voor een revolutie. In 1968 speelde oorlog een grote rol in Algerije en Vietnam. Nog duidelijker was het in Argentinië, nadat het land de Falkland-oorlog had verloren. Zolang het Argentijnse leger aan de win-

nende hand leek te zijn, werd de junta toegejuicht door het volk. Maar zodra het misging reageerde het volk woedend en werden de generaals gedwongen op te stappen. Opstand, revolutie, terrorisme: het gaat bijna altijd gepaard met geweld. Mag dat? Er zullen weinig mensen zijn die achter terrorisme staan, om welke zaak het ook gaat. Maar hoe ligt dat bij opstand en revolutie? Gandhi en King (en anderen) hebben laten zien dat je ook zonder geweld veel kunt bereiken. Het is alleen niet de snelste methode. Mensen in wanhoop zijn weleens geneigd naar wapens te grijpen. Wie honger heeft en zijn kinderen ziet doodgaan, kiest misschien toch maar voor gewapend verzet – al is hij er misschien tegen. Een man wiens gezin is uitgemoord trekt misschien met wat medestrijders het bos in om een guerrilla-oorlog te voeren, in de hoop dat er een eind kan worden gemaakt aan de onderdrukking, en wel zo snel mogelijk.

Het valt niet altijd mee om tegen geweld te zijn. Het is gemakkelijk om te zeggen: 'geweld mag niet', als je in een warme kamer achter je bureau zit te schrijven. Zo'n zin staat zo op papier, geen probleem. Geweld mag niet. Maar als een terrorist je huis binnendringt en je kinderen dreigt dood te schieten, zeg je dan nog: geweld mag niet? Waarschijnlijk hoop je dat iemand die terrorist doodschiet.
Albert Einstein zei ooit, en Martin Luther King heeft de uitspraak aangehaald: 'De wereld is te gevaarlijk om op te leven; niet omdat er kwaadwillende mensen zijn, maar omdat er mensen zijn die blijven zitten en het maar laten gebeuren.'
Goed – je moet iets doen, maar wat? Dat moet iedereen voorlopig maar voor zichzelf uitmaken. Tot er ooit misschien een antwoord komt op de vraag hoe we geweld, hoe we oorlog voorgoed kunnen beteugelen. We hebben de pest uiteindelijk ook overwonnen.

1981-1985

VREDE?

1981 Op 20 januari werd Ronald Reagan geïnstalleerd als president van de VS. Een dag eerder was bekend geworden dat de 52 mensen die al sinds 4 november 1979 in de Amerikaanse ambassade in Teheran werden gegijzeld, eindelijk zouden worden vrijgelaten. De Amerikaanse regering had daar acht miljard dollar voor moeten betalen. De eer ging een beetje naar Reagan, niet terecht, want alles was nog onder Carter geregeld.
De weduwe van Mao Tse-toeng en ex-vice-premier Zhang Chunqiao van China hoorden op 25 januari de doodstraf over zich uitspreken. Zo rekende China af met de 'contra-revolutionaire kliek' van de Bende van Vier. De straffen werden overigens niet voltrokken.
Nieuwe onrust in Spaans Baskenland. Begin februari ging koning Juan Carlos erheen; toen hij in het Baskische parlement een rede wilde houden werd hij aanvankelijk weggeschreeuwd. In diezelfde dagen werden er in Madrid

> Nadat hij tijdens de verkiezingen de zittende president Carter overduidelijk had verslagen werd de republikein Ronald Reagan de veertigste president van de VS. Op 20 januari 1981 legde hij ten overstaan van opperrechter Warren Burger de eed op de grondwet af. Elf maanden later, 12 november, werd vanaf Cape Canaveral voor de tweede maal de Spaceshuttle 'Columbia' gelanceerd met twee astronauten aan boord (geheel rechts).

Nobelprijs voor de Vrede 1981

Hoge Commissariaat voor de Vluchtelingen van de VN (UNCHR), gevestigd te Genève, dat ook al in 1954 op dezelfde wijze onderscheiden was. Het werk van het Commissariaat heeft zich sindsdien sterk uitgebreid, vooral in Azië en Afrika.

Nobelprijs voor de Vrede 1982

Alva Myrdal-Reimer, Zweeds politica en sociologe, die al jaren strijdt voor vrede en vrouwenrechten. In 1966 werd zij als eerste ter wereld minister van Ontwapening. Zij deelde haar prijs met Alfonso García Robles.

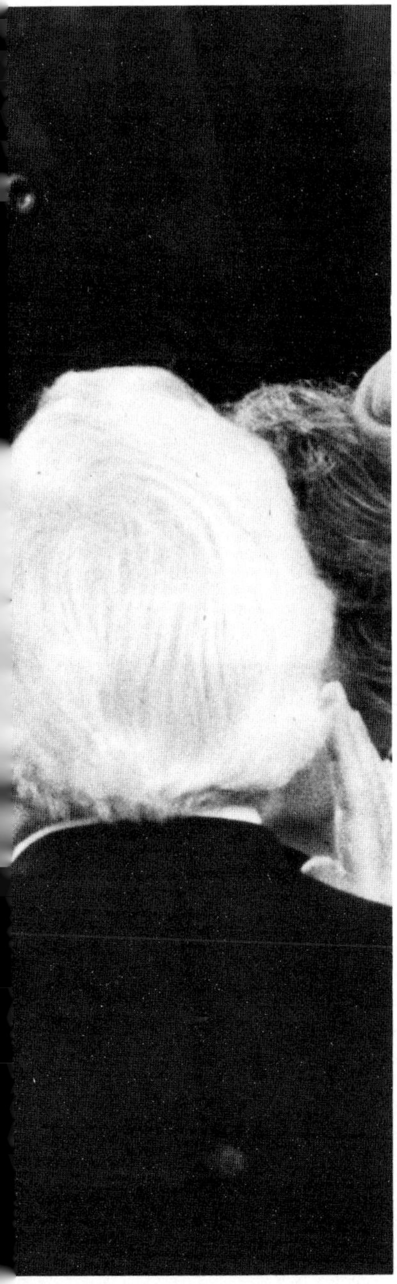

Nobelprijs voor de Vrede 1982

Alfonso García Robles, Mexicaans diplomaat en ontwapeningsdeskundige. Hij was o.a. belangrijk als voorzitter (1971-1975) van de Groep van 77 (ontwikkelingslanden). Sinds 1977 neemt hij deel aan de Geneefse ontwapeningsconferenties. Hij deelde zijn prijs met Alva Myrdal.

Nobelprijs voor de Vrede 1983

Lech Walesa, Pools vakbondsleider. Bij de oprichting van de vrije vakbond Solidariteit werd hij de voorzitter die met groot charisma de leden won voor zijn plannen. Hij was belangrijk als strateeg en onderhandelaar in de grote conflicten met de Poolse regering.

drie leden van de afscheidingsbeweging ETA opgepakt. Een van de vier was negen dagen later dood: doodgemarteld, concludeerden velen. De begrafenis van de man liep uit op een geweldige demonstratie en een algemene staking. Spanje bleef in het nieuws. Op 23 en 24 februari vond er in het parlement een gijzeling plaats onder leiding van luitenant-kolonel Tejero de Molino, die al eerder een staatsgreep had willen plegen. Met 150 leden van de Guardia Civil hield hij leden van regering en parlement in bedwang terwijl hij van de koning eiste dat die een militaire regering zou samenstellen. Juan Carlos weigerde en Tejero gaf zich over. De democratie was weer gered. Vier dagen later hielden Spanjaarden een massale demonstratie voor de democratie. Grote schrik toen op 30 maart 1981 een aanslag werd ge-

> De jonge Turk Ali Agca schoot op 13 mei 1981 paus Johannes-Paulus II neer op het Sint-Pietersplein in Rome. Toeschouwers overmeesterden de dader. Pas na enkele dagen was de paus buiten levensgevaar.

> Nadat overleg tussen de Poolse regering en Solidariteit over de voorgenomen vermindering van de voedselrantsoenen was vastgelopen, legden demonstranten begin augustus 1981 het verkeer in Warschau lam.

Nobelprijs voor de Vrede 1984

Desmond Tutu, Zuidafrikaans anglicaans geestelijke. In 1976 werd hij bisschop van Lesotho en in 1977 secretaris-generaal van de Zuidafrikaanse Raad van Kerken. Hij is een van de belangrijkste pleiters tegen de Apartheidspolitiek van zijn regering.

pleegd op president Reagan, toen die het Hilton hotel in Washington verliet. Een geestelijk gestoorde jongeman wist de president licht te verwonden. Diens woordvoerder James Brady was er erger aan toe.
In april laaide voor de zoveelste maal de strijd in Libanon op. Palestijnen en de christelijke militie van majoor Haddad beschoten elkaar en de Syrische vredesmacht, die de vechtenden had moeten scheiden, schoot mee. Later kwamen de Israëli's Haddad te hulp met luchtaanvallen. Toen er eind april een bestand werd bereikt, waren er honderden doden gevallen.
Londen was in april het toneel van hevige rassenrellen. De uit veel Westindiërs bestaande bevolking van de wijk Brixton kreeg het aan de stok met de politie. Veel gewonden, veel schade en bijzonder hoog opgelopen emoties.
Ruimtevaartsucces voor de VS in april. Voor het eerst ging er een Spaceshuttle, de Columbia, de lucht in. Na drie dagen landde het toestel keurig in de Mojave-woestijn. Het was de eerste keer dat een ruimtevaartuig voor hergebruik in aanmerking kon komen.
Gevangen leden van de Noordierse IRA gingen in hongerstaking om de status van politieke gevangene te krijgen. De eerste hongerstaker, Bobby Sands, overleed na twee maanden; anderen namen het van hem over en overleden ook. Er veranderde niets.

∧ In 1980 begon de Golfoorlog tussen Irak en Iran. Deze loopgravenoorlog kostte aan tienduizenden het leven. Irak zou ook gebruik maken van verboden chemische wapens waardoor veel Iraniërs een gruwelijke dood stierven.

In Frankrijk verloor Giscard d'Estaing de verkiezingen. Het nieuws sloeg in als een bom, vooral omdat de winnaar een socialist was: François Mitterrand. Voor hem betekende het

wel onderhandelen, maar dat wees Iran van de hand. Groot-Brittannië en Argentinië waren inmiddels met elkaar in conflict geraakt over de Falkland Eilanden, een paar speldeknopjes voor de Argentijnse kust die door de Britten werden bestuurd. Het conflict ontaardde in een complete oorlog. Argentijnse militairen landden op 1 april op de eilanden en namen de Britse militairen aldaar gevangen. De Argentijnse bevolking juichte. Groot-Brittannië stuurde er onmiddellijk een dertig schepen sterke vloot op af. De strijd duurde zes weken en kostte meer dan duizend doden. De Britten bombardeerden een vliegveld en brachten de

> Argentijnse troepen begonnen op 2 april 1982 met de 'herovering' van de Falkland Eilanden, die bij Groot-Brittannië hoorden. De Britten zonden onmiddellijk een oorlogsvloot en versloegen de Argentijnen.

kruiser Generaal Belgrano tot zinken, waarbij honderden mensen omkwamen. Uiteindelijk wonnen de Britten de strijd. Op 15 juni 1982 gaven de Argentijnen zich over. Een zware slag voor het dictatoriale bewind. Op 1 juli vertrok president Galtieri om te worden opgevolgd door generaal Bignone.

In april droeg Israël de bezette Sinaï-woestijn over aan Egypte. Rellen waren er rond de ontruiming en sloop van een Israëlische nederzetting in het gebied.

Iran boekte nieuwe successen tegen Irak, onder andere door de oliehaven Chorramshar te heroveren.

Op 3 juni werd de Israëlische ambassadeur in Groot-Brittannië vermoord door Arabieren: een schending van het bestand, vond Israël en trok vervolgens Libanon binnen. Het leger hield pas stil bij de hoofdstad Beiroet. Duizenden mensen kwamen om.

In New York werd een ontwapeningsconferentie van de VN gehouden; tegelijkertijd vond

< De Britse premier Thatcher werd naar aanleiding van de Falkland-oorlog in de Argentijnse pers afgeschilderd als zeepiraat en moordenares. De strijd om de eilandengroep kostte aan zo'n 1000 mensen het leven.

< Libanon was in de jaren '80 het strijdtoneel van een bloedige burgeroorlog. Vooral in en rond de hoofdstad Beiroet bestreden de burgermilities elkaar op leven en dood.

er een ongekend grote betoging plaats voor de vrede: zo'n 700 000 mensen demonstreerden tegen kernwapens.
Iraanse troepen trokken verder, Iraaks grondgebied op. Khomeini kwam er rond voor uit wat zijn bedoeling was: Irak totaal verslaan en vervolgens verder trekken om Jeruzalem te 'bevrijden'.
Het antisemitisme nam in hevigheid toe. Op 9 augustus werd er een aanslag gepleegd in een joodse wijk van Parijs: zes doden en tweeëntwintig gewonden. Verantwoordelijk was vermoedelijk de Palestijn Abou Nidal, die ook achter de aanslagen op de Weense synagoge en de Israëlische ambassadeur in Londen zou hebben gezeten. Begin reageerde furieus: hij vond dat de Franse regering de joodse burgers beter moest beschermen.
De Amerikaanse onderhandelaar Habib deed verwoede pogingen een nieuw bestand in Libanon tot stand te brengen. De strijd duurde voort en Beiroet had het zeer zwaar te verduren. Israël voerde hevige bombardementen uit. Op 19 augustus kwam er toch een akkoord uit de bus. Resultaat: het vuren werd gestaakt en een internationale vredesmacht van Fransen, Amerikanen en Italianen trok Beiroet binnen. De Palestijnen verlieten de stad en vertrokken naar Cyprus, Syrië, Irak, Griekenland, Jordanië, Tunesië, Jemen en Soedan.
Op 31 augustus, toen Solidariteit twee jaar bestond, waren er weer demonstraties in Polen. Leger en politie grepen hard in. Er vielen doden.
Op 14 september ontplofte er een bom in het hoofdkwartier van de christelijke falangisten in Beiroet. Er vielen 26 doden, onder wie de kersverse president van Libanon, Bechir Gemayel. Israël vreesde een nieuwe uitbarsting van geweld en verbrak het bestand door West-Beiroet binnen te trekken. De nieuwe president was een broer van de vermoorde, Amin Gemayel.
Op 16 september gebeurde er een ramp. Israëli's lieten christelijke milities toe tot de Palestijnse vluchtelingenkampen Sabra en Chatila, waar vervolgens ronduit waanzinnige bloedbaden werden aangericht. In bijna drie dagen tijd werden er honderden vluchtelingen afgeslacht, onder wie vrouwen, kinderen, bejaarden. Al die tijd deden Israëlische militairen niets om het moorden te stoppen. De wereld reageerde geschokt. In Israël zelf vond ook een enorme protestdemonstratie plaats. Het gerucht deed de ronde dat minister van Defensie Sharon zelf opdracht had gegeven tot het zuiveren van de kampen. Begin en Sharon voelden zich echter in het geheel niet verantwoordelijk.
De sociaal-democratische bondskanselier Helmut Schmidt kwam ten val na een motie van wantrouwen van het Westduitse parlement. Zijn opvolger werd de christendemocraat Helmut Kohl, die in veel opzichten net zo behoudend was als Reagan.
Bolivia: een staatsgreep. Eindelijk kwam er een eind aan de tijden van militaire junta's. Op 17 september trad er een burgerregering aan en vanaf dat moment kon de democratie worden hersteld.
In Argentinië werden massagraven ontdekt. In de periode 1976-1980, die achteraf 'vuile oorlog' werd genoemd, waren waarschijnlijk niet minder dan 20 000 Argentijnen verdwenen – vermoord, zeg maar. De regering van generaal Bignone kwam door de ontdekking van

de graven in grote problemen. Op 11 november overleed Leonid Brezjnev, 75 jaar oud. De dag erna werd Joeri Andropov de nieuwe partijleider. Ruim een half jaar later ook president.
Op 12 november 1982 werd, na elf maanden gevangenschap, vakbondsleider Lech Walesa vrijgelaten. Maar tienduizend anderen verbleven nog in gevangenissen.

< In de Palestijnse vluchtelingenkampen Sabra en Chatila vond, met medeweten van de Israëli's, een massale afslachting plaats door christelijke milities op 16 september 1982. Leden van het Rode Kruis hadden hun handen vol aan het afvoeren van de ruim 1 500 slachtoffers.

V In januari 1983 maakte de Nigeriaanse regering bekend dat alle buitenlandse werknemers binnen veertien dagen het land moesten verlaten. Een chaotische uittocht was het gevolg.

1983 Op 17 januari hoorden de twee miljoen buitenlandse werknemers in Nigeria, van wie de helft Ghanees was, dat ze het land binnen twee weken moesten verlaten. Omdat de regering bang was dat zij betrokken waren geweest bij religieuze rellen die kort daarvoor hadden plaatsgevonden. Dat zei men tenminste. In werkelijkheid was de enorme werkloosheid in Nigeria een belangrijker factor. Te voet trokken de vluchtelingen door Benin en Togo, naar Ghana. Velen werden het slachtoffer van honger, uitputting of agressie van inwoners van Benin en Togo.
In Israël had een commissie onderzoek verricht naar de bloedbaden van Sabra en Chatila. Op 8 februari kwam de commissie met een rapport. Daarin stond dat Sharon wel degelijk verantwoordelijk was. Ook Begin had beter moeten opletten, evenals minister van Buitenlandse Zaken Shamir. Begin wilde het rapport naast zich neerleggen, maar daar kwamen zoveel protesten tegen, dat hij uiteindelijk toch Sharon ontsloeg, althans als minister van Defensie, want hij bleef, als minister zonder portefeuille, in het kabinet.
In de Indiase deelstaat Assam braken onlusten uit tussen de oorspronkelijke, Hindoestaanse bewoners, en islamitische immigranten uit Bangla-Desh en Nepal. Over en weer werd gemoord en geplunderd en uiteindelijk vielen er 3 500 doden. Veel van de immigranten gingen er vandoor.

Joshua Nkomo, oppositieleider in Zimbabwe, vluchtte naar Londen nadat militairen een aanval hadden gedaan op zijn huis. Nkomo dacht dat premier Moegabe hem zou willen vermoorden. Ooit hadden Nkomo en Moegabe samen tegen Ian Smith gestreden, nu waren ze vijanden.
De voorzitster van de Salvadoriaanse Commissie voor de Mensenrechten, Marianellas García Villas, werd op 14 maart 1983 vermoord door het leger. Volgens het leger hoorde ze bij een groep guerrillastrijders.
Rond Vietnam werd weer eens gevochten. Vietnamese militairen trokken het noorden van Cambodja binnen, op zoek naar guerrillastrijders. Cambodjaanse burgers vluchtten naar Thailand, achternagezeten door Vietnamezen, die het vervolgens aan de stok kregen met Thaise militairen. Ook langs de grens met China raakte Vietnam in gevecht.
Op 18 april 1983 vond er een aanslag plaats op de Amerikaanse ambassade in Beiroet. Het gebouw stortte grotendeels in en er vielen meer dan vijftig doden.
Zweden had last van vermoedelijk Russische duikboten voor zijn kust. Volgens een rapport hadden Russische onderzeeërs de Zweedse wateren in 1982 veertig maal geschonden. De Russen haalden hun schouders op over de beschuldigingen.
Op 17 mei werd er een akkoord bereikt tussen Libanon en Israël over de terugtrekking van Israëlische troepen. Helaas kwam er in de praktijk niets van terecht, want Israël eiste dat ook alle Syrische en PLO-militairen het land zouden verlaten; Syrië wilde dat niet.
China kreeg een nieuwe president: Li Xiannian.
De paus ging naar Polen, tot ongenoegen van de Poolse regering. De paus stond erop Lech Walesa te spreken, wat eerst niet mocht maar later toch doorging.
Op 22 juli 1983 werd in Polen de staat van beleg opgeheven. Maar wel werd de censuur nog iets heviger. Er werd een aantal gevangenen vrijgelaten.
President Rios Montt hield het niet lang vol in Guatemala. Op 9 augustus werd hij verdreven door generaal Humberto Meji Victores – vermoedelijk met hulp van de VS.
Voor het eerst waren er vrije verkiezingen in Nigeria. De democratie overleefde deze krachtproef en president Shagari werd winnaar.
In Tsjaad was een burgeroorlog begonnen tussen regeringstroepen en rebellen, die vanuit het noorden kwamen en werden gesteund door Lybië. Tsjaad was vroeger een kolonie geweest van Frankrijk, dat zich nu geroepen voelde om in te grijpen. Vechten deden de Franse militairen niet; ze namen alleen strategische posities in. Ook Lybië had weinig zin om aan de gevechten mee te doen; het land ontkende overigens er iets mee te maken te hebben. Er was wel wat diplomatiek overleg over de toekomst van het noorden van Tsjaad, maar verder gebeurde er weinig.
Vreemde gebeurtenissen op de Filippijnen: oppositieleider Aquino keerde terug uit ballingschap om een confrontatie aan te gaan met president Marcos. Bij zijn aankomst op het vliegveld werd hij doodgeschoten, waarschijnlijk door militairen. Marcos zei er niets mee te maken te hebben. De begrafenis van Aquino werd een massale demonstratie. Daarna vonden er gevechten plaats waarbij doden vielen.
Moe en ziek trok Menachim Begin zich op 28 augustus 1983, onverwacht, midden in zijn regeringsperiode, terug als premier van Israël. Shamir werd zijn opvolger.
Op 1 september werd bekend dat Russische jagers een Zuidkoreaans verkeersvliegtuig hadden neergeschoten. Alle 269 inzittenden kwamen om. De verwarring was groot. De

< Eind 1981 greep opstandelingenleider Hissène Habré de macht in Tsjaad. De verdreven president Goukouni Queddei vormde echter met Lybische hulp een strijdmacht en een nieuwe burgeroorlog ontbrandde. Foto: een aanhanger van Habré in 1981.

Russen draaiden zich in alle mogelijke bochten om zich aan enige schuld te onttrekken. De Boeing zou hebben gespioneerd, was de uiteindelijke verklaring, en het Russische luchtruim hebben geschonden. Dat leek aanvankelijk een sterk verhaal, maar later bleek er op zijn minst een kern van waarheid in te zitten. Op dat moment echter steeg er in de Westerse wereld een gehuil op onder aanvoering van president Reagan. De verhoudingen tussen Oost en West, toch al verslechterd, daalden naar een niveau dat sinds 1945 nog nauwelijks was bereikt. De Koude Oorlog sloeg weer in alle grimmigheid toe.
Op 11 september was Pinochet tien jaar dictator van Chili – en dat feit was voldoende voor het doen ontstaan van enorme rellen in het land. De oproerpolitie greep zeer hardhandig in en Pinochet bleef in het zadel.
De Nobelprijs voor de Vrede ging in 1983 naar Lech Walesa. De Poolse regering protesteerde daartegen want de toekenning van de prijs zou een bemoeienis met Poolse binnenlandse aangelegenheden zijn. Walesa's vrouw Danuta nam de prijs in Oslo in ontvangst. Walesa droeg het geldbedrag over aan een kerkelijk hulpfonds voor de landbouw in Polen.
In Libanon werd het weer onrustiger. Zoals zo vaak al was gebeurd, stonden er in september talloze gewapende groeperingen tegenover elkaar: Israël in het zuiden, Syrië in het noorden, respectievelijk met steun van de VS en de USSR; verder werd er gevochten door christelijke falangisten, Druzen, Palestijnen die het onderling zelfs niet eens waren, een rege-

> Vlak na een staatsgreep op Grenada vielen Amerikaanse troepen op 25 oktober 1983 het Caribische eiland binnen om er orde en rust te herstellen. Overal werden huiszoekingen verricht, desnoods met geweld.

ringsleger en de vredesmacht van de VN. Op 23 oktober werden er aanslagen gepleegd op gebouwen van de Amerikaanse en de Franse vredesmacht: 220 doden. Voorlopig echter trokken de Fransen en Amerikanen zich niet terug – en de strijd duurde voort.
In oktober vonden er weer overal in Europa massale demonstraties plaats tegen de plaatsing van nieuwe kruisraketten. Brussel beleefde de grootste demonstratie van haar geschiedenis en er waren ook honderdduizenden op de been in onder andere Londen, Rome, Madrid, Bonn, Stuttgart, Stockholm, Gotenburg en Den Haag. De aantallen demonstranten waren in alle gevallen enorm. Voorbeelden: Londen 250 000, Rome 500 000, Den Haag 550 000. Opvallend in de laatste stad was de aanwezigheid van prinses Irene, die de menigte toesprak.
Een mini-oorlogje speelde zich af toen op 25 oktober 1983 Amerikaanse troepen landden op het Caribische eilandje Grenada. Waarom? Maurice Bishop was na een linkse coup afgezet en vermoord. Reagan zei dat er op Grenada een militaire basis zou komen, met steun van Cuba en de Sovjet-Unie. Vandaar het ingrijpen. De strijd verliep moeizaam, omdat Cubanen zich hadden verschanst in het oerwoud. Internationaal werd de invasie overigens veroordeeld, omdat een dergelijk ingrijpen volgens het Handvest van de VN alleen mag als de zittende regering daar om vraagt – en dat was niet gebeurd.

< Op 1 september 1983 werd een Zuidkoreaanse Boeing door een Russische straaljager neergeschoten. Het passagiersvliegtuig vloog enkele uren boven Russisch grondgebied nadat het uit de koers geraakt was. Bij het incident kwamen alle 269 inzittenden om het leven. De droefenis was groot en de hele wereld reageerde verontwaardigd. Volgens de Russische maarschalk Ogarkov (rechts) was er sprake geweest van een spionagevlucht en omdat de Boeing niet op waarschuwingsschoten reageerde, werd het vernietigd.

Op 30 oktober vierde Argentië feest: de verzwakte militaire regering had zich teruggetrokken en nu waren er verkiezingen. Raoul Alfonsin, leider van de radicale partij, won van de peronistische partij. Alfonsin zei dat hij de democratie volledig zou herstellen en ernaar zou streven dat het land, dat op de rand van de financiële afgrond stond, er weer bovenop zou komen.
Nadat de Palestijnen Libanon hadden verlaten, waren ze er langzamerhand weer teruggekeerd. Maar Arafat had binnen de PLO tegenstanders gekregen. Men vond hem niet radicaal genoeg. Arafat trok zich terug in Tripoli, waar hij met een aantal aanhangers de aanvallen van zijn tegenstanders probeerde af te slaan. De gevechten rond Tripoli kostten duizenden mensen het leven. Uiteindelijk kwam er een akkoord: alle Palestijnse troepen zouden Tripoli verlaten. Arafat en zijn aanhangers werden met schepen naar Tunis en Noord-Jemen overgebracht.
In Genève werden nog altijd onderhandelingen gevoerd over de vermindering van kernwapens. Maar de Russen hadden al gedreigd op te stappen zodra er in West-Europa nieuwe kruisraketten zouden worden geplaatst. Ze voegden de daad bij het woord. Op 22 november 1983 stemde de Westduitse Bondsdag vóór de plaatsing; op 23 november verlieten de Russen Genève; op 24 november kondigden zij aan dat ook de Sovjet-Unie nieuwe kernwapens zou plaatsen. Ook Groot-Brittannië en België gingen akkoord met de plaatsing van nieuwe wapens. Een nieuwe bewapeningsrace begon en over vrede werd niet meer gepraat.

1984 Dit jaar gaf een voortzetting te zien van 'lopende zaken'. De Golfoorlog ging onverminderd verder. Iran werd beschuldigd van het gebruik van chemische wapens en Irak van het plaatsen van mijnen in de drukbevaren Perzische Golf.
Ook het geharrewar tussen Oost en West ging voort. In de VS ontmoetten hooggeplaatste Amerikanen, onder wie president Reagan, de Russische minister van Buitenlandse Zaken Gromyko (Andropov was overleden en vervangen door Tsjernenko). Eindelijk was er weer een – voorzichtig – contact. Reagan, met de verkiezingen in het vooruitzicht, sloeg opeens een vredelievender toon aan dan men van hem gewend was. De Russen reageerden koeltjes.
De kernbewapening ging onverminderd voort, al bleef onduidelijk waar de Russen nu eigenlijk mee bezig waren. Volgens sommige Amerikanen werd er ook daar nog volop geplaatst, volgens anderen niet. Dat wel- of niet bijplaatsen in de Sovjet-Unie was van belang voor het Nederlandse besluit omtrent plaatsing: dat hing af van de vraag of er tot 1 november 1985 meer SS-20's geplaatst zouden worden. Wel hebben de Russen aangekondigd dat o.a. onderzeeërs met raketten worden uitgerust. Wat er intussen in de ruimte precies gebeurt is niet geheel duidelijk, maar het ziet er naar uit dat de wereld onderhand klaar is voor ware 'Star Wars'.
De hereniging van de twee Duitslanden was weer eens onderwerp van discussie. Nerveus gedoe rond een bezoek dat de Oostduitse leider Honecker aan Bonn zou brengen maar dat uiteindelijk (wens van de Sovjet-Unie?) niet doorging. Grote leningen van West- aan Oost-Duitsland. Kritiek vanuit Italië op het herleefde groot-Duitse denken. Woedende reactie daarop van bondskanselier Kohl en vervolgens excuses vanuit Italië. Wie wel een bezoek bracht aan West-Duitsland was de Roemeense leider Ceaucescu, die nog steeds geen Nobelprijs voor de Vrede heeft gekregen, maar wel al tientallen jaren pleit voor allerlei vormen van ontwapening en voor een beter contact tussen Oost en West.
Amerika bereidde zich voor op de presidentsverkiezingen van november. Reagan en vicepresident Bush moesten het opnemen tegen Walter Mondale, die bij de voorverkiezingen Gary Hart en Jesse Jackson versloeg. Als 'tweede man' koos Mondale een vrouw, Geraldine Ferraro, de eerste vrouwelijke kandidaat voor het vice-presidentschap.
Geen wezenlijke veranderingen in Zuid-Afrika, al waren er schokkende feiten genoeg. Er werden verkiezingen uitgeschreven waarbij blanken alles, kleurlingen een beetje,

> President Mitterrand van Frankrijk (links) en de Duitse bondskanselier Kohl luisterden op 22 september 1984 hand in hand naar elkaars volksliederen bij de herdenking van de Slag bij Verdun (1916).

en zwarten niets hadden in te brengen. Er waren zeer hevige rellen. Er was een zoveelste veroordeling van de Veiligheidsraad van het Zuidafrikaanse ingrijpen in Angola. De 'dissidente' blanke dominee Beyers-Naudé werd van zijn huisarrest en zwijgplicht ontheven. Voor de zwarte meerderheid vond in oktober een belangrijke gebeurtenis plaats: de zwarte bisschop Tutu kreeg de Nobelprijs voor de Vrede voor zijn niet-aflatende strijd tegen de Apartheid.

Het was ook weer het jaar van de Olympische Spelen – en dus per traditie het jaar van de boycots. De Russen kwamen niet naar Los Angeles en een aantal satellietstaten volgde dat voorbeeld. Het werd dan ook een vrijwel volledig Amerikaanse gebeurtenis.

Terwijl in Midden-Amerika de landen zich verenigden in de Contadora-groep en daarmee een sterker zelfbewustzijn demonstreerden, ging in El Salvador president Duarte praten met de opstandelingen. Hij werd daarom door de beruchte Doodseskaders vogelvrij verklaard. Er werd een vredescommissie in het leven geroepen.

In Polen werd aan de meeste politieke gevangenen amnestie verleend. Maar Solidariteit was nog altijd niet verdwenen, zoals bijvoorbeeld op 14 augustus bleek bij een herdenking in Gdansk.

Voor de Belgische kust werd het Franse schip Mont Louis

> Op 28 september 1984 ontmoette de Amerikaanse president Reagan voor het eerst in zijn ambtstermijn een hooggeplaatste Russische politicus, en wel de minister van Buitenlandse Zaken Gromyko. Een teken van ontspanning of een verkiezingsstunt?

< *Tijdens de officiële herdenking van D-day, op 6 juni 1984, waren ook de staatshoofden en regeringsleiders van de betrokken landen aanwezig, v.l.n.r.: Canada, Nederland, Zweden, België, Frankrijk, Groot-Brittannië, Luxemburg en de VS.*

Λ *In Brussel vond in maart 1983 een vrouwen-vredesdemonstratie plaats. De leuze van de betoging was 'pak de jongens hun speelgoed af', zoals op het spandoek in het Engels te lezen was.*

aangevaren, waarbij vaten met radio-actieve stoffen naar de zeebodem verdwenen. Paniek en pogingen om een en ander in de doofpot te stoppen. Volgens de milieu-organisatie Greenpeace worden er zelfs per veerboot regelmatig dergelijke transporten georganiseerd. De vaten werden geborgen, maar er werd nog lang over gepraat.
In Groot-Brittannië escaleerden de zaken. Er brak een mijnstaking uit die zich maandenlang voortsleepte. Het was een rechtstreeks conflict tussen premier Thatcher en de vakbonden.
In oktober ontsnapte Thatcher op het nippertje aan een bomaanslag, gepleegd in het hotel in Brighton waar zij, plus een aantal andere leden van de conservatieve partij, gedurende een congres logeerde. Er vielen doden en gewonden, maar Thatcher kwam grimmig uit de puinhopen te voorschijn en pleitte in één moeite door voor herinvoering van de doodstraf. De aanslag was gepleegd door de IRA, die meldde dat dit het begin was van een grootscheeps herfstoffensief.
En toen de presidentsverkiezingen in de VS. Reagan leek al vanaf het begin onverslaanbaar. De vraag was wat Reagan zou gaan doen als hij herkozen werd: zijn nieuwe, vredelievender toon vasthouden, of weer als een havik zijn klauwen uitslaan. Voor de vrede zou het beter zijn als Mondale won, meenden velen. Reagan won echter op een wijze die niets aan duidelijkheid te wensen overliet: met 525 van de 538 kiesmannen achter zich.
Laatste nieuws uit 1984: de Indiase premier Indira Gandhi werd vermoord door Sikhs uit haar eigen lijfwacht. Haar zoon volgde haar op.
Afrika beleefde de ergste hongerramp aller tijden. Veel te laat kwamen er internationale hulpacties op gang voor onder andere Ethiopië.
De Poolse priester Popieluszko werd vermoord. Hij was een aanhanger van de verboden vakbond Solidariteit. Achter de moord zaten onder andere mensen van de geheime dienst, die meenden dat de regering hun daad zou toejuichen.
Tegen het eind van het jaar waren er diverse giframpen. Verreweg de ernstigste vond plaats in de Indiase stad Bhopal, waar 2500 mensen de dood vonden toen er bij het Amerikaanse bedrijf Union Carbide een gifwolk ontsnapte.
Ten slotte leek er toch een beetje dooi op komst te zijn tussen Oost en West: in 1985 zouden er weer ontwapeningsgesprekken komen.

VREDE?

WERKEN AAN DE VREDE

pax christi

Het lijkt soms of er in de jaren van 'vrede' na de Tweede Wereldoorlog alleen maar krachten aan het werk zijn geweest, die de vrede wilden verstoren. De geschiedenis van de afgelopen veertig jaar is weinig vredig en dat is iets om somber over te zijn. Maar lang niet iedereen laat het allemaal lijdzaam over zich heen gaan. Over de hele wereld hebben zich letterlijk miljoenen mensen ingezet voor vrede. Sommigen hebben er hun werk van gemaakt. Er zijn vredesinstituten, de vredeswetenschap (polemologie) is opgekomen, mensen zijn werkzaam bij het vredesberaad van kerken. Talloze anderen hebben meer dan eens, bijvoorbeeld in protestdemonstraties, laten zien dat ze eindelijk vrede willen. Pacifistische partijen werden opgericht. En veel meer activiteiten waren en zijn er vanuit 'de basis'.
Het is onzinnig om te denken dat het daarbij altijd gaat om een strijd tussen 'de gewone mensen' en de regeringen. Regeringen zijn niet altijd van slechte wil; menig regeringsleider is onverkort voor de vrede maar is verstrikt geraakt in internationale ontwikkelingen.
Na de Eerste Wereldoorlog gingen er al stemmen op die zeiden: dit nooit weer. Met het oog daarop werd de Volkenbond opgericht. Het Volkenbondsverslag van 1920 begon zo: 'Om de internationale samenwerking te bevorderen en internationale vrede en veiligheid te bereiken...' Goedbedoelde woorden van

President Franklin D. Roosevelt in een nooit uitgesproken rede, geschreven vlak voor zijn dood in 1945

'Nu staan wij oog in oog met de onontkoombare plicht, willen wij dat de beschaving blijft bestaan, om de wetenschap van de intermenselijke relaties tot ontwikkeling te brengen. Dat wil zeggen: alle volken, van welke huidkleur of religie dan ook, in staat te stellen op deze ene wereld te zamen in vrede te leven en te werken.'

een soort die nog dagelijks worden uitgesproken. Maar twintig jaar later stond de wereld in brand. Men kwam tot de conclusie dat de Volkenbond te vrijblijvend was. Een land als Duitsland stapte er simpelweg uit als het een beschikking niet wenste uit te voeren.
De Tweede Wereldoorlog was zo verschrikkelijk dat al in 1941 bij vrijwel alle grote landen een eerlijke hang naar vrede ontstond. Zodra nazi-Duitsland en Japan waren verslagen moest

∧ Jane Fonda speelde een hoofdrol in de film 'China Syndrome' waarin een kernreactor oververhit raakt met dramatische gevolgen. Meer mensen raakten overtuigd van het gevaar van kernenergie en hielden anderen de keus voor: actief vandaag of radioactief morgen...

de wereld een lange, liefst eindeloze periode van vrede tegemoet gaan. Het idee van de Verenigde Naties ontstond. Een eerste stap op weg naar de VN was het Atlantisch Handvest van 1941, ondertekend door de VS en Groot-Brittannië. Zij respecteerden elkaars gebieden en ook het recht van alle volkeren om zelf de vorm van regering te kiezen waaronder ze wilden leven. Het gebruik van geweld moest verdwijnen. Bewapening van landen die agressie uitoefenden buiten hun grenzen, moest worden ontmanteld. Imperialisme zou worden tegengegaan. Er mocht nooit een tweede Hitlerrijk meer

∧ Ook Nederlandse militairen namen deel aan de VN-strijdmacht in Zuid-Libanon. Met jeeps en al werden 'onze jongens' ingescheept.

kunnen ontstaan.
In 1942 volgde de Declaration by United Nations, ondertekend door 26 landen, waaronder de VS, de Sovjet-Unie, China, Groot-Brittannië, België en Nederland. In de periode 1942-1945 kwamen daar nog 21 landen bij.

In de zogeheten Moskou-verklaring betreffende algemene veiligheid in 1943 stond dat er zo snel mogelijk een internationale organisatie van naties zou moeten komen. De verklaring werd ondertekend door de VS, de Sovjet-Unie, China en Groot-Brittannië.
In 1944 hielden dezelfde vier landen de Dumberton-Oaks-conferenties. Daar werden vérgaande voorstellen gedaan voor de vorm die de organisatie moest krijgen. Helaas werd men het niet eens over de stemprocedures.
Tijdens de Jalta-conferentie in februari 1945 werd vastgesteld dat de eerste bijeenkomst van de VN zou plaatsvinden op 25 april 1945 in San Francisco. Zo gebeurde het. Van april tot juni 1945 vonden de oprichtingsconferenties van de VN plaats; precies in de periode dat de nazi's capituleerden. Vijftig landen waren er aanwezig. Het Handvest van de VN werd op 26 juni 1945 ondertekend en geheel geratificeerd op 24 oktober, toen ook Japan zich had overgegeven en de Tweede Wereldoorlog voorbij was.
De VN stelden zich ten doel: het handhaven van internationale vrede en veiligheid, het nemen van doelmatige gezamenlijke maatregelen voor het voorkomen en verwijderen van bedreigingen van de vrede, het onderdrukken van daden van agressie en het schikken van internationale conflicten. De nadruk lag vooral op het regelen van conflicten, later kregen ook situaties die de vrede kunnen bedreigen meer aandacht.

∧ De werkelijkheid zag er zo uit: SALT-besprekingen in Moskou in april 1978 met onder meer Brezjnjev en Gromyko (eerste en tweede van links) en Cyrus Vance (uiterst rechts).

> Een spotprent uit de 'Boston Post' geeft het gevecht weer tussen Amerika en Rusland over beheersing van de wapenwedloop.

Toen de dekolonisatie op gang kwam en meer en meer Afrikaanse landen lid werden van de VN, kwam de nadruk sterker te liggen op de kloof tussen rijk en arm, op onrechtvaardige situaties die de vrede kunnen bedreigen.
Landen die lid waren van de VN moesten (en moeten) daarvoor betalen, want het is een dure organisatie. De kleinere landen droegen elk 1% van de kosten. Canada betaalde 3,20%, India 3,25%, China en Frankrijk 6%, de Sovjet-Unie 6,34%, Groot-Brittannië 11,27% en de VS 39,79%. Opmerkelijk is het enorme verschil tussen de Sovjet-Unie en de VS. Het laatste land deed er alles aan om de rol van beschermer van de wereldvrede te kunnen spelen. Niet voor niets werden de VN vrijwel geheel in New York gevestigd. De VS beschikten inmiddels over de atoombom. Daarover stond niets in het Handvest van de VN, dat kort voor Hirosjima was ondertekend. In 1946 werd een commissie geïnstalleerd die de problemen rond kernenergie moest bespreken. Werkelijk ongerust maakte men zich niet: men zag de atoombom als een wapen dat nu tweemaal was gebruikt – en daar zou het wel bij blijven. Niemand die dacht aan een wapenwedloop. Men dacht dat het mogelijk zou zijn om een internationaal controlesysteem op te zetten, zodat alle atoomwapens vernietigd konden worden. Maar men kwam er niet uit en inmiddels was er zoveel wantrouwen ontstaan tussen de VS en de Sovjet-Unie dat het plan van tafel werd geschoven en de wapenwedloop kon beginnen. Daarmee faalde het hele idee voor de VN grandioos, nog maar een paar jaar na de oprichting.
In 1948 werd aan het Handvest de Universele Verklaring voor de rechten van de Mens toegevoegd: ieder mens is vrij geboren en gelijk in waardigheid en rechten; er is geen onderscheid naar ras, kleur, geslacht, taal, religie, politieke of andere opvattingen, land van herkomst, bezit, geboorte of andere status; iedereen heeft recht op leven, vrijheid en persoonlijke vrijheid; slavernij mag niet; iedereen is voor de wet gelijk; niemand mag bij willekeur worden gearresteerd of verbannen; iedereen heeft het recht asiel te zoeken en te krijgen in een ander land; iedereen heeft het recht op vrij huwelijk, vrijheid van denken, geweten en religie; er is vrijheid van mening en meningsuiting, recht op werk, recht op vakbonden, recht op rust en ontspanning, recht op vrij te kiezen onderwijs en recht op voldoende welvaart.
Een enorme waslijst waarin aan alles lijkt te zijn gedacht. Zoals zo vaak waren de bedoelingen goed, maar is er in werkelijkheid bitter weinig van terecht gekomen.
Dat geldt ook voor het in 1945 opgerichte Internationale Hof van Justitie, gezeteld in Den Haag. Voor dat hof kunnen landen worden gedaagd. Maar in de praktijk zijn veel landen niet komen opdagen of werden uitspraken domweg genegeerd.
In feite zijn de VN gebaseerd op de goede wil en de inzet van de leden. Dat is gevaarlijk. Geen land kan ergens toe worden verplicht.
Een heel enkele keer zijn er niet-militaire sancties van de VN geweest. In 1966 werd besloten een wapen- en olie-embargo tegen het door een blanke minderheid geregeerde Rhodesië af te kondigen. Groot-Brittannië moest zelfs als dat nodig was met geweld tankers die onderweg waren naar Rhodesië, tegenhouden. Later werd ook tegen Zuid-Afrika zo'n maatregel afgekondigd.
De VS en West-Europa wilden over de hele wereld in vaste bases VN-vredestroepen vestigen. Maar de Russen waren ertegen omdat zij vreesden dat dit een bron van politieke druk zou worden. De bases zijn er nooit gekomen. Wel werden er, ondanks het feit dat veel landen er weinig voor voelden, zo nu en dan vredestroepen ingezet, met name in het Midden-Oosten.
De VN hebben zelden invloed gehad op oorlogen en andere conflicten. Sinds de oprichting zijn er honderden conflicten geweest; de VN hebben daar niets tegen kunnen doen. Wel zijn er verschillende keren kleine brandjes geblust, maar dat was eerder te danken aan de autoriteit van de secretaris-generaal dan aan de macht van de VN. De secretaris-generaal kan door middel van pendeldiplomatie nog weleens iets doen. Om hem wereldpresident te noemen, wat sommigen doen, gaat toch wat te ver, want zo groot is de invloed van de VN niet.
Talloze vredesbesprekingen en onderhandelingen over wapenvermindering zijn er geweest sinds 1945, ook buiten de VN om. Resultaat uiteindelijk: nihil. De VS en de Sovjet-Unie praten niet meer met elkaar. De wapenwedloop neemt ongekende vormen aan. Doen de Russen een voorstel tot vermindering van kernwapens in Europa, dan zegt de VS: prima, maar dan mogen de kernwapens van Groot-Brittannië en Frankrijk

∨ De Amerikaanse president Jimmy Carter wuift blijmoedig, evenals zijn Russische collega Brezjnjev. De omarming betekende echter niet een echte ontspanning tussen beide grootmachten: de wapenwedloop ging onverminderd voort.

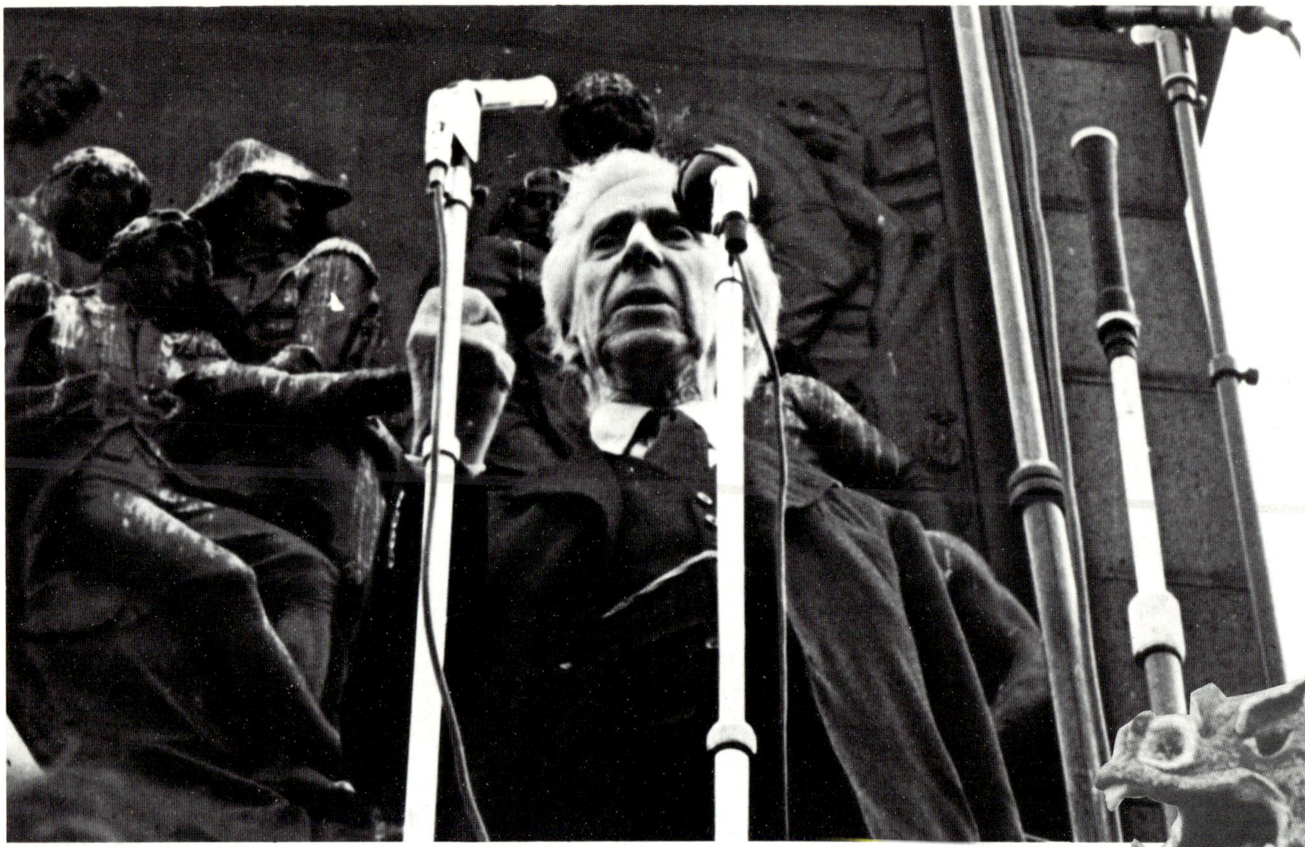

/\ *De atoompacifist Bertrand Russell sprak in 1960 op 88-jarige leeftijd de betogers tegen nucleaire bewapening in Londen gloedvol toe. In het New Yorkse Central Park verbeeldden enkele demonstranten letterlijk de oorlogsdraak.*

plaats van technisch denken. Het tijdvak van het geweten. De beweging is al te sterk om hem te kunnen ontkennen. Het zijn vooral de Kerken die wat dat betreft een leidende rol hebben. De rol van het geweten. Men bezint zich op de diepste waarden en weigert om gevestigde machten te steunen.

De profeet Jesaja voorspelde al, toen hij de komst van Jezus aankondigde: 'Dan zullen zij hun zwaarden tot ploegscharen omsmeden en hun speren tot snoeimessen; geen volk zal tegen een ander volk het zwaard opheffen, en zij zullen de oorlog niet meer leren.'

Is daar dan al die eeuwen overheen gelezen? Blijkbaar. Hoeveel landen hebben, toen zij ten strijde trokken, niet geroepen dat zij God aan hun zijde hadden?

Nee, zeggen de Kerken nu. Het gebruik, zelfs het bezit van kernwapens is in strijd met het evangelie. Oorlog mag niet. Bewapening mag niet.

Het christendom is niet de enige beweging die tegen bewapening en oorlog is. Er is ook het pacifisme, dat weliswaar niet vanuit de bijbel denkt, maar tot dezelfde conclusies komt.

Het pacifisme beschouwt elke vorm van geweld als een kwaad dat moet worden bestreden en kan worden opgeheven. Het pacifisme roept op tot dienstweigeren. Behalve in de VS en Groot-Brittannië bestaat er overal in het Westen dienstplicht. Je moet het leger in, of je wilt of niet. In sommige landen zijn gewetensbezwaren erkend en mag je vervangende dienst verrichten. Welke gewetensbezwaren dat zijn is officieel vastgelegd; wie het daar niet mee eens is, is totaalweigeraar en gaat de gevan-

genis in. In andere landen gaat elke dienstweigeraar, gewetensbezwaren of niet, voor een aantal jaren achter slot en grendel. Het is strafbaar om tegen geweld te zijn. Maar het pacifisme volhardt en noemt de dienstweigeraars de politieke gevangenen van het Westen.
Het pacifisme heeft vaak onder zware druk gestaan, vooral vlak na de Tweede Wereldoorlog. Het gebeurde zelfs dat de pacifisten de schuld kregen van de oorlog, omdat men zich niet weerbaar had opgesteld. Met die oorlog nog in gedachten en de angst voor het communisme als een zwarte schim voor ogen, zag men de pacifisten als een stel gevaarlijke gekken die een utopie nastreefden.
Maar het pacifisme won aan invloed toen de atoomwedloop op gang kwam. Meer mensen zagen in dat het zogenaamde evenwicht in bewapening nooit een evenwicht kan zijn. Vrede door te dreigen met geweld, dat is geen vrede. Vrede door te zorgen dat elke partij met precies evenveel geweld dreigt, dat is al bijna oorlog. Ontwapenen is de enige manier om te overleven.
Het pacifisme, met name het atoompacifisme, wint terrein binnen de Europese sociaaldemocratische partijen. Zelfs binnen de Amerikaanse Democratische Partij vindt men nu, onder invloed van de Freezebeweging, dat er nu wel genoeg bewapend is.

∧ Tijdens de 'Oorlogsweek' in Haarlem, december 1969, werd een tocht door de stad gemaakt met een wagen met doodkisten die de aandacht moesten vestigen op de vele oorlogshaarden in de wereld. Op de achtergrond een kopie van Picasso's 'Guernica'.

Sommige landen zijn zelfs een bolwerk geworden van pacifistisch denken. Roemenië, nota bene een Oostblokland, komt al tientallen jaren steeds weer met nieuwe ontwapeningsvoorstellen of ideeën voor kernwapenvrije zones. Nederland is met zichzelf in een gewetensconflict verwikkeld en laat het al of niet plaatsen van nieuwe raketten

afhangen van het al of niet weer om de tafel gaan zitten van Russen en Amerikanen. Zweden, neutraal, wil minder geld gaan uitgeven aan defensie. Het is allemaal nog niet spectaculair, maar het is duidelijk dat lang niet elke regering zich blindelings laat meesleuren door mensen die nog net zo denken als nomaden in stammenoorlogen, eeuwen en eeuwen geleden.
Heel belangrijk is de rol van de kunst. Niet zelden verwoorden of verbeelden kunstenaars gedachten die pas veel later gemeengoed worden. Vaak heeft de kunst de mensheid met de neus op schokkende feiten gedrukt – iets waartoe ook de media in staat zijn.
In 1809 bracht Francisco de Goya zo'n schok teweeg met een schilderij waarop hij het fusilleren van rebellen had afgebeeld. In 1937 maakte Pablo Picasso een nog schokkender schilderij van de allereerste luchtaanval in de geschiedenis: het Duitse bombardement op het Spaanse stadje Guernica, 1937.
Veel oorlogsromans tonen niet de zogenaamde romantiek van het slagveld, maar zijn een protest tegen oorlog.
Schrijvers als de inmiddels overleden Jean-Paul Sartre, als Heinrich Böll, V. S. Naipaul, Gabriel Garcia Marquez, steunen met hun pen buitenparlementaire bewegingen. Zelfs in het Oostblok zijn er schrijvers die in hun romans misstanden aanstippen – waarmee zij zichzelf

∧ Leden van het Internationale Verbond voor Geloofsvrijheid demonstreerden in juli 1981 bij het Vredespaleis in Den Haag voor wereldvrede en ontwapening.

> In maart 1963 trok een groep zangers en dansers van het Rode Leger door Engeland en trad onder meer op voor enkele regimenten van het Britse leger. Na de voorstelling verbroederden de manschappen zich met elkaar onder het nuttigen van een goed glas bier.

tot dissident maken.
Klassieke muziek is meestal woordeloos, maar kan toch een protest zijn: het War Requiem van Benjamin Britten, de Leningrad- en Stalingrad-symfonieën van Dmitri Sjostakovitsj. De popmuziek had meer mogelijkheden. Bob Dylan: 'Hé, jullie, bazen van de oorlog, jullie die de geweren bouwen, (...) die de grote bommen bouwen, jullie (...) die je verstoppen achter bureaus: ik wil dat je weet dat ik dwars door je masker heenkijk; jullie, die nooit iets anders hebben gedaan dan bouwen om te vernietigen, jullie spelen met mijn wereld alsof het jullie speelgoedje is.' (Masters of War.)
Persfoto's van de gruwelen van oorlog kunnen de mensheid schokken. Films kunnen hetzelfde doen. Vietnam, de oorlog dan, leek opeens na de film *The Deer Hunter* nog smeriger. De angst voor de gevolgen van een kernoorlog is toegenomen dankzij films als *The Day After.*
In een democratie behoren de volksvertegenwoordigers te luisteren naar het volk. Wijzigt de publieke opinie zich, zoals nu gebeurt, dan zal dat duidelijk tot uiting moeten komen in de parlementen. De volksvertegenwoordigers zullen wel moeten: ze worden anders niet opnieuw gekozen.
Protest heeft wel degelijk zin. De vredesbeweging is klein begonnen maar is nu heel belangrijk. Het denken van de mensen is veranderd, heel geleidelijk aan, en het kan niet anders of ook de leiders gaan anders denken. Het zullen eerst de leiders van kleinere landen zijn, zoals Roemenië en Nederland, die andere geluiden zullen laten horen. In elk geval kunnen die impulsen het blokdenken verzachten. Het is in de geschiedenis al zo vaak gebleken: kleine groepen kunnen collectieve verdwazing doorbreken. Daarom heeft het wel degelijk zin om je, ook al ben je maar een gewone doorsneeburger, te roeren.
Het tijdperk van het geweten staat eraan te komen, lijkt het.

SSSR-MIROVÁ HRÁZ
CHCEME
NOVÁ VÍTĚZSTVÍ
U VE SVĚTĚ
CHCEME MÍR
NE
PEACE

/\ *In de jaren '80 vonden overal in Europa demonstraties plaats tegen de wapenwedloop. In november 1981 waren in Amsterdam ruim 350 000 mensen op de been...en twee jaar later ruim 550 000 in Den Haag.*

< *Ook in het Oostblok vonden dergelijke demonstraties plaats, onder meer in Praag (uiterst links).*

VREDE IN CIJFERS

Hoeveel gewapende conflicten zijn er geweest sinds 1945? Hoeveel doden zijn daarbij gevallen? Hoeveel geld is er uitgegeven aan bewapening?
Er zijn cijfers over. Maar de bronnen geven niet altijd dezelfde cijfers. Zelfs de simpele vraag: hoeveel conflicten waren er? is niet zomaar te beantwoorden. Want wat is precies een conflict? Waar ligt de grens tussen opstand en burgeroorlog?

< De militaire parade in Praag van de legers van het Warschaupact vormt een schril contrast met een actie in München, waar kinderen hun oorlogsspeelgoed konden kapotslaan in ruil voor vreedzaam speelgoed (december 1962).

Met enige voorzichtigheid mag je stellen dat er sinds 1945 in elk geval meer dan 300 gewapende conflicten zijn geweest. Variërend van de verzamelde rassenonlusten in de VS met relatief weinig doden (toch nog altijd 500) tot de strijd in Cambodja, waarvan het aantal doden niet eens bij benadering bekend is. Volgens bronnen die het weten kunnen waren het er tussen de 1 en 4 miljoen.

Daar wordt meteen een volgend probleem zichtbaar als je cijfers wilt noemen. Hoeveel doden zijn er in al die conflicten gevallen? Het is niet eens bij benadering bekend. In elk geval minstens 15 miljoen, maar misschien wel een aantal malen dat getal. Van enorm veel conflicten is geen dodencijfer bekend. Voorbeelden: het Palestijnse vraagstuk, de strijd tussen nationalistisch en communistisch China, de oorlog tussen Oeganda en Tanzania. Toch bepaald geen kleine conflicten; het dodental ervan is dan ook niet opgenomen in de genoemde ruim 15 miljoen, net als dat van tientallen andere conflicten.

De cijfers zijn te gigantisch om precies te kunnen zijn; sommige oorlogen duren nog voort. Het is verder belangrijk er bij stil te staan dat in geen van de conflicten sinds de Tweede Wereldoorlog kernwapens zijn gebruikt. Ook met conventionele wapens kunnen de gevolgen van oorlog verschrikkelijk zijn, zoals de Tweede Wereldoorlog zelf trouwens ook al had laten zien. Toen vielen er meer dan 55 miljoen doden; het is niet onmogelijk dat er in alle conflicten daarna nog eens zoveel doden zijn gevallen. Vandaar dat er achter '40 jaar vrede' een vraagteken moet staan.

Dat er aan bewapening enorme bedragen worden besteed, is bekend. Maar hoeveel precies is onduidelijk. Hier volgt een lijst met cijfers, maar daarbij moet worden bedacht dat m.n. de cijfers van de Sovjet-Unie en China schattingen zijn.

Een aantal conflicten met bijzonder veel gesneuvelden

1946-1949	3e burgeroorlog in China	200 000
1946-1954	Indochina, Frankrijk	1 200 000
1947-1948	India-Pakistan	800 000
1950-1953	Korea	2 000 000
1954-1957	Burgeroorlog Colombia	300 000
1954-1962	Onafhankelijkheidsstrijd Algerije	250 000
1955-1972	Burgeroorlog Soedan	700 000
1960-1975	Zuid-Vietnam	1 800 000
1960-1966	Kongo	110 000
1961-1970	Vervolging Koerden in Irak	105 000
1965	Opstand Indonesië	500 000
1967-1970	Nigeria, Biafra	1 100 000
1970-1975	Cambodja	1-4 000 000
1970	Pakistan, Bangla-Desh	1 500 000
1975-	Indonesië, Oost-Timor	250 000
1978-	Afghanistan, Sovjet-Unie	100 000
1980-	Iran, Irak	100 000

De cijfers zijn weergegeven in miljoenen VS $. Staat er dus achter een land ergens het getal 186 544, dan betekent dat in werkelijkheid 186 544 000 000 dollar!

Uitgaven bewapening (in milj. $)

	1974	*1977*	*1980*	*1983*
VS	143 656	137 126	143 981	186 544
Rest van de NAVO	97 606	103 214	112 297	120 627
Sovjet-Unie	120 000	126 100	131 500	137 600
Rest van het Oostblok	10 166	11 418	12 400	13 530
Rest van Europa	12 903	14 029	15 470	15 338
Midden-Oosten	28 481	37 256	40 695	50 000
Zuid-Azië	4 569	5 497	6 460	7 865
Verre Oosten	17 970	23 220	27 600	32 950
China	35 000	36 200	42 600	35 800
Oceanië	3 976	3 848	4 270	4 868
Afrika	9 489	12 971	13 555	14 100
Midden-Amerika	1 351	2 173	2 484	2 825
Zuid-Amerika	7 998	10 170	10 230	14 745
Wereldtotaal	*493 865*	*523 539*	*563 542*	*636 790*

Er zit een blijkbaar niet te stuiten stijging in de cijfers, alle onderhandelingen over wapenbeheersing ten spijt.

Een berekening van wat een gemiddelde Amerikaan en Rus elk jaar aan hun zogenaamde veiligheid uitgeven:

VS	Sovjet-Unie
Inwoners	
227 300 000	226 700 000
Uitgaven 1983	
186 544 milj. $	137 600 milj. $
Uitgaven per hoofd van de bevolking in 1983:	
VS	Sovjet-Unie
672,7 $	515,9 $

Voor de VS is dat bedrag ongeveer 10% van het gemiddelde inkomen per hoofd van de bevolking.

Bewapening te land, ter zee en in de lucht.

Een niet te onderschatten deel van de – voornamelijk mannelijke – beroepsbevolking in de wereld is militair, beroeps- of dienstplichtig (in werkelijke dienst). Dit zijn de landen met de grootste legers, gemeten in personeel:

aantal militairen per land

Algerije	168 000	Argentinië	180 500
Brazilië	272 900	Birma	179 000
China	4 000 000	Duitsland, Oost-	166 000
Duitsland, West-	495 000	Egypte	452 000
Ethiopië	250 500	Frankrijk	492 900
Griekenland	206 500	Groot-Brittannië	327 600
India	1 104 000	Indonesië	2 690 000
Irak	342 300	Iran	2 350 000
Italië	370 000	Japan	245 000
Korea, Noord-	784 000	Korea, Zuid-	601 600
Noorwegen	421 000	Pakistan	478 600
Polen	317 000	Roemenië	181 000
Soedan	580 000	Syrië	222 500
Taiwan	464 000	Thailand	233 100
Turkije	569 000	Sovjet-Unie	3 705 000
VS	2 116 800	Vietnam	1 029 000

Let wel: de cijfers dateren van medio 1982: hier en daar zijn situaties sindsdien gewijzigd. Er is ook bekend hoeveel militairen er in totaal op de hele wereld zijn: ongeveer 29 977 000.

< De bewapeningsrace bleef niet alleen beperkt tot de grote en rijke mogendheden. Ook arme landen als Egypte (links) gaven handenvol geld uit aan de bewapening, terwijl de eigen bevolking vaak van honger crepeerde.

Kernwapens. Steeds meer landen hebben ze. Steeds meer landen hebben de capaciteit om ze te maken. En van steeds meer landen vraagt men zich af: Kunnen ze het wel of niet? Of zullen ze het binnenkort kunnen?

De landen waarvan bekend is dat ze kernwapens hebben:
China, Groot-Brittannië, Frankrijk, India, VS en USSR.

De landen die geen kernwapens hebben, maar ze wel kunnen maken, omdat de kennis in huis is:
België, Bulgarije, Canada, Cuba, Denemarken, Duitsland (West- en Oost-), Egypte, Filippijnen, Finland, Hongarije, Italië, Japan, Joegoslavië, Mexico, Nederland, Noorwegen, Oostenrijk, Polen, Portugal, Roemenië, Spanje, Tsjechoslowakije, Turkije, Zweden, Zwitserland.
Opmerking: als er in bepaalde landen kernwapens gestationeerd zijn, wil dat nog niet zeggen dat die landen zélf kernwapens hebben. De kernwapens in bijvoorbeeld Oost-Duitsland zijn van de Sovjet-Unie.

Een aantal landen waarvan men vreest dat ze of nu al, of binnenkort kernwapens kunnen maken:
Argentinië, Brazilië, Irak, Iran, Israël, Lybië, Pakistan, Taiwan, Zuid-Afrika, Zuid-Korea.

V De discussie over de plaatsing van kruisraketten in West-Europa riep felle discussies op tussen voor- en tegenstanders van deze nieuwe stap in de wapenwedloop, met alle gevaar van escalatie van dien.

De bewapening zelf, vooral interessant als het gaat om een vergelijking tussen VS en Sovjet-Unie, tussen NAVO en Warschaupact. Deze cijfers zijn niet voor 100% betrouwbaar, omdat de deskundigen elkaar hier en daar tegenspreken. De cijfers dateren van 1980 en hebben dus inmiddels enige wijziging ondergaan.

Kernbewapening		
Soort	VS	Sovjet-Unie
lanceerinrichtingen	1 654	2 348
lange-afstandsbommenwerpers	348	950
kernkoppen	9 200	6 000

Conventionele bewapening		
Soort	NAVO	Warschaupact
tanks	7 000	20 500
pantservoertuigen	14 500	25 500
artilleriegeschut	3 000	10 000
vliegtuigen	2 350	4 000

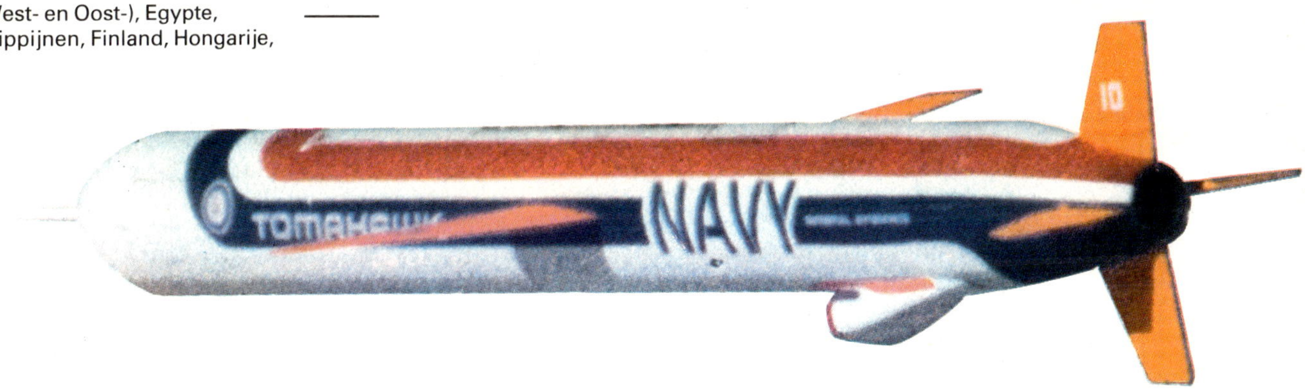

Wapenexport. Het overgrote deel van de wapens in de wereld wordt in slechts enkele landen gefabriceerd. Voor een deel gebruiken die landen hun wapens zelf, voor een ander deel worden ze verkocht, vaak aan wie ze maar wil hebben. Dit zijn de grootste wapenexporteurs ter wereld, met het percentage dat zij vertegenwoordigen in de totale export.

En waar gaan die wapens naartoe? Niet altijd naar de meest betrouwbare landen, zoals uit dit lijstje van de grootste wapenimporteurs blijkt (eveneens met het percentage van de totale handel):

Wapenexporteurs	%
VS	43,3
Sovjet-Unie	27,4
Frankrijk	10,8
Italië	4
Groot-Brittannië	3,7
West-Duitsland	3
Noorwegen	1,3
totaal	*93,5*

Geïmporteerde wapens	%		%
Iran	6	Saoedi-Arabië	5,5
Jordanië	4,5	Syrië	4
Irak	3,8	Italië	3,8
Lybië	3,7	Zuid-Korea	3,5
India	3,4	Griekenland	3,3
Israël	3,1		

40 JAAR VREDE?

IN EIGEN LAND

40 JAAR VREDE?

BELGIË

1944 Toen op D-Day 6 juni 1944 de geallieerde legers in Normandië landden, was de bevrijding van België nabij. De legers rukten vrij snel op en al op 3 september bereikten de Britten Brussel. Het zag er naar uit dat de Duitsers de havens van Antwerpen zouden gaan opblazen. Groepen uit het verzet wisten dat door middel van een gewapende aanval op de Duitsers te voorkomen. Toen de Britten Antwerpen kwamen bevrijden, hielp het verzet stevig mee. De blijdschap over de bevrijding vermengde zich met woede op Belgen die hadden samengewerkt met de bezetters. Veel van die collaborateurs kregen het bijzonder zwaar te verduren. Vooral meisjes en vrouwen die met Duitse soldaten waren omgegaan; vaak werden ze kaal geschoren en bespot, en in Antwerpen werden collaborateurs als publiek vermaak in de kooien van de Zoo gezet.
Op 5 september 1944 keerde de regering-Pierlot terug naar

∧ *In september 1944 werd praktisch geheel België bevrijd door de geallieerde strijdmachten. Een laatste Duitse wanhoopsaanval, het Ardennenoffensief, kon daar niets meer aan veranderen: tussen Verviers en Aken werden de Duitsers teruggedreven.*

België. De regering had de oorlogsjaren in Londen doorgebracht.
Koning Leopold III kwam nog niet terug. Dan kon ook niet, want de Duitsers hielden hem vast in Dresden. Anders dan de Nederlandse koningin Wilhelmina, was Leopold niet gevlucht toen de Duitsers in 1940 zijn land hadden bezet. Hij was gebleven – en dat zou hem later nog opbreken. Dat drama zou als de 'koningskwestie' de geschiedenis ingaan.
Maar er moest toch een staatshoofd zijn, zolang Leopold niet terug was. Daarom werd zijn broer prins Karel tot regent aangesteld.
Op 27 september vormde

België werd in de periode 1945-1985 geregeerd door achtereenvolgens (en van links naar rechts) Karel (prins-regent 1944-1950), Leopold III (1934-1951) en Boudewijn (sinds 1951).

∧ *De Duitse tegenaanval richtte wel enorme materiële schade aan en eiste veel mensenlevens. Deze drie mensen in Houffalize hebben de strijd overleefd.*

∧ *Bij de bevrijding van Antwerpen maakten leden van de Belgische ondergrondse een tank buit op de Duitsers. Zij gingen ermee op jacht naar sluipschutters.*

Pierlot een nieuwe regering, waarin ook communisten waren opgenomen.
Voor België leek de oorlog al voorbij. Maar dat viel tegen. Want op 16 december begonnen de Duitsers hun Ardennen-offensief. De bedoeling was dat Antwerpen weer in Duitse handen zou komen, en dat leek nog te gaan lukken ook, zo snel rukten de Duitsers op vanuit het oosten.
In Stavelot vond een volkomen zinloze massamoord plaats. Hele gezinnen werden vermoord en talloze huizen werden in brand gestoken. Honderddertig mensen kwamen om.
Het Ardennen-offensief mislukte. De Amerikanen sloegen terug en weer leek voor België de oorlog voorbij. Maar toen begonnen de Duitsers vanuit Nederland V-1's, raketten met bommen, op België af te schieten. Vooral de grote steden moesten het ontgelden. In Antwerpen bijvoorbeeld vielen tienduizend doden en gewonden.

1945 Eindelijk, op 4 februari, was geheel België bevrijd.
Op 8 februari trad de regering-Pierlot af, om op 13 februari te worden opgevolgd door de regering-Van Acker. In dat kabinet waren alle belangrijke politieke stromingen vertegenwoordigd.
In mei gaven de Duitsers zich definitief over en kon de balans van vijf jaar oorlog worden opgemaakt. België was er veel minder slecht aan toe dan Nederland. Het had de honger-

1946 Al met al was België een zeer lastig te besturen land geworden. Met name de koningskwestie deed de ene regering na de andere struikelen. In 1946 maakte het kabinet-Van Acker plaats voor een socialistisch kabinet onder leiding van Paul-Henri Spaak. Ook Spaak kwam er niet uit, en er kwam in 1946 een nieuw kabinet-Van Acker, samengesteld uit socialisten, liberalen en communisten. Ook dat was geen succes en voor de derde keer in 1946 was er een kabinetswisseling. Nu was het Huysmans, die premier werd van een regering van dezelfde samenstelling als het voorgaande kabinet.
Inmiddels was de koning nog steeds niet teruggekeerd, al wilde hij dat wel graag. Van een volksraadpleging kwam ook nog niets.
In 1946 werd met Nederland een cultureel akkoord gesloten. In 1944 was er in Londen al een douane-unie gevormd door België, Nederland en Luxemburg. Uiteindelijk zou uit deze samenwerking in 1947 de Benelux ontstaan.
In februari 1946 waren er verkiezingen. Winnaars waren de CVP en de communisten. Nieuw was de Union Democratique Belge, die een brede volksbeweging had willen worden, maar slechts één zetel kreeg.
Men vermoedde dat het Waalse extremisten waren, die in maart 1946 het IJzermonument in Diksmuide opbliezen. Het monument was een herinnering aan de slachtoffers van de Eerste Wereldoorlog. Elk jaar trok de IJzerbedevaart erheen; langzamerhand was het een bedevaart geworden waarin niet alleen de vrede centraal stond, maar ook de Vlaamse identiteit. Later zou er op dezelfde plek een nieuwe IJzertoren worden gebouwd.

1947 België bleef op vele manieren verdeeld en dat deed in 1947 het kabinet-Huysmans struikelen. Opnieuw vormde Spaak een regering, nu van de socialistische BSP en de katholieke CVP.

1948 In 1948 traden de drie Beneluxlanden toe tot de Westeuropese Unie, de voorloper van de NAVO. De andere leden waren Frankrijk en Groot-Brittannië.
De koningskwestie bleef het land bezig houden. Links was tegen zijn terugkeer, rechts vóór. Wallonië was tegen, Vlaanderen vóór. Wat weer niet wil zeggen dat Wallonië volledig links was en Vlaanderen volledig rechts.
In mei 1948 keerde Leopold met zijn vrouw Liliane en zoon Boudewijn van een reis door Amerika terug naar Europa. Maar niet naar België. Hij was even in Amsterdam en vertrok toen weer naar Genève, waar hij zolang was gaan wonen.
Merkwaardig genoeg hadden vrouwen in België nog altijd geen kiesrecht. Aan deze verouderde situatie kwam in 1948 een eind dankzij de inspanningen van de CVP, die meende dat de meeste vrouwen nu wel CVP-stemmers zouden worden.
De socialistische premier Spaak ging rond 1948 een meer op het Westen gerichte koers varen. Zo hield hij tijdens een vergadering van de VN een rede vol verwijten aan het adres van de Sovjet-Unie. Spaak was overigens een van de grote tegenstanders van koning Leopold.

V Regent prins Karel overhandigde op 4 juli 1948 aan de Amerikaanse president Harry Truman het Belgische oorlogskruis ter ere van de Onbekende Soldaat. Wie 'uitverkozen' werd tot Amerika's Onbekende Soldaat van WO II was toen nog niet bekend.

1949 Het kabinet-Spaak verdween in 1949. Spaak, die tevens minister van Buitenlandse Zaken was geweest, kreeg helemaal geen plaats meer in de nieuwe regering, want die was samengesteld uit christen-democraten en liberalen. Dus geen socialisten meer. Premier werd Gaston Eyskens.
In november 1949 was er in Brussel een bijeenkomst van communisten. Buitenstaanders hadden verwacht dat de bijeenkomst een betoging zou worden tegen Leopold, maar daar had men het niet over. Demonstratief was de bijeenkomst wel; met name Paul-Henri Spaak moest het ontgelden, vooral omdat hij zich meer naar het Westen had gekeerd.
Sommigen waren bang dat België de kolonie Kongo zou gaan verliezen. De dekolonisatie was tenslotte al aardig op gang gekomen. Daarom werd er van alles gedaan om de bevolking van Kongo te vriend te houden. In 1947 was er al een Fonds voor Inlands

∧ Pas in 1948 krijgen ook de Belgische vrouwen stemrecht, en op 26 juni van dat jaar waren er verkiezingen. Koningin Elisabeth, weduwe van koning Albert, bracht toen voor de eerste keer haar stem uit.

< De socialistische leider Paul-Henri Spaak was een van de leden van het eerste naoorlogse kabinet en een fel tegenstander van terugkeer van koning Leopold III.

Welzijn opgericht en in 1949 kwam men met een Tienjarenplan voor de economische en sociale ontwikkeling van Belgisch Kongo.
In 1949 werd de NAVO opgericht. België werd lid.
En de Belgische frank devalueerde.

1950 De oorlog was al vijf jaar achter de rug. Maar in België heerste een allesbehalve vredige situatie. De koningskwestie, aangescherpt door de Waals-Vlaamse tegenstellingen, dreigde zelfs te gaan ontaarden in een ware burgeroorlog. In 1950 bereikte de kwestie zijn dramatische hoogtepunt.
Zo fel als Spaak tegen de terugkeer van Leopold was geweest, zo fel was zijn opvolger op Buitenlandse Zaken, Paul van Zeeland, daarvóór. Van Zeeland had er alle vertrouwen in dat de volksraadpleging, waar Leopold om had gevraagd, gunstig zou uitpakken. Het moest er dan maar van komen. Op 12 maart 1950 stemden de Belgen over de toekomst van hun koning, die vijf jaar na de oorlog nog geen voet op Belgische bodem had mogen zetten. Maar de uitslag gaf weinig houvast. Een kleine meerderheid van 57,68% wilde de koning terug. 72% van de Vlamingen was vóór terugkeer, maar van de Franssprekenden was slechts 42% voor. Zou Leopold terugkeren, dan konden er zeker vanuit Wallonië problemen worden verwacht.
Onmiddellijk na de volksraadpleging vertrok premier Eyskens naar Genève om de zaak met Leopold zelf te bespreken. Zonder oplossing moest hij weer terugkomen. In april werd een rondetafelconferentie gehouden over de zaak. Dat was in april. De drie partijen, katholieken, socialisten en liberalen, kwamen er niet uit. Zo was in april nog lang geen oplossing van de koningskwestie in zicht.
Toen waren er, op 4 juni, verkiezingen. De CVP won en er kwam een nieuw kabinet dat geheel uit leden van de CVP bestond, onder leiding van de Waal Duvieusart. Het kabinet zat nog maar net, toen het eindelijk koning Leopold terugriep. Dat was op 20 juli 1950. Dezelfde dag nog eindigde het regentschap van prins Karel.
Op 22 juli zette koning Leopold voor het eerst na de oorlog voet op Belgische bodem. Hij werd bij zijn paleis toegejuicht. Maar al heel snel bleek dat hij niet alleen aanhangers had. Onmiddellijk braken er rellen uit, vooral in Brussel en Luik. In de laatste stad werd de uitzonderingstoestand uitgeroepen. Zo kon het niet verdergaan. Een té groot deel van het volk zou Leopold nooit meer accepteren.
Premier Duvieusart overlegde met Leopold over wat er moest worden gedaan. Inmiddels waren de eerste doden onder de demonstranten gevallen. Leopold kon eigenlijk geen kant meer op. Daarom kondigde hij op 1 augustus aan dat hij afstand zou doen van de troon. Hij was toen nog maar nauwelijks een week terug in België. Zijn oudste zoon, de nog maar 19 jaar oude Boudewijn, zou de nieuwe koning worden. In 1951 zou Leopold voorgoed afstand doen van de troon, maar Leopold droeg al op 11 augustus 1950 de feitelijke macht over aan Boudewijn.
De plechtigheid rond de eedaflegging zou een dramatisch staartje krijgen. Tijdens de beëdiging van Boudewijn riep de communistische leider

∧ Koning Leopold III was tijdens de oorlog in België gebleven en bovendien hertrouwd met Liliane Baels, hetgeen hem door veel Belgen kwalijk genomen werd. Zij eisten 'troonsafstand'. Na de oorlog verbleven Leopold en Liliane (boven) enkele jaren in ballingschap in Zwitserland.

Elle était la princesse de légende, venue des lointains pays du Nord. Le peuple aimait l'arrière-petite-fille de Bernadotte, appréciait son charme, chérissait son maternel sourire.

∧ Ondertussen werd in België, waar Leopolds broer Karel regent was, heftig gediscussieerd over de vraag of Leopold mocht terugkeren. Volgens sommigen 'ja', volgens anderen 'non'. Het affiche maakt duidelijk dat Leopold, door te hertrouwen, de legende van de mateloos populaire koningin Astrid, die in 1935 verongelukte, verstoorde. Niemand mocht de plaats van de aanbeden koningin innemen!

Julien Lahaut opeens: 'Vive la république!' Dat had hij beter niet kunnen doen. Een week daarna werd hij vermoord. Door wie is nooit bekend geworden.
Premier Duvieusart had zijn gezicht verloren; hij werd opgevolgd door Pholien. De CVP bleef voorlopig de enige regeringspartij, maar bij de verkiezingen in 1954 zou blijken dat ook de partij als geheel haar gezicht had verloren met de koningskwestie. De rust in het land kon terugkeren. Maar de kiem voor een nieuw verscheurend conflict werd al in 1950 gelegd. Door de CVP. Nu die katholieke partij toch aan de macht was, maakte ze van de gelegenheid gebruik door het katholieke onderwijs behoorlijke subsidies te geven. Daar zou enkele jaren later een schoolstrijd van komen.

∧ Belgische vrijwilligers scheepten in om deel te nemen aan de strijd in Korea (1950-1953).

Vrijheid en Democratie opgericht. Dat wilde in Brussel een protestmars organiseren, maar de burgemeester verbood de mars. Daar trok men zich niets van aan: op 26 maart 1955 trokken tienduizenden door Brussel om te protesteren tegen het onderwijsbeleid van de regering. Onder de demonstranten waren vele katholieke studenten.
Op 20 juli werd er in het parlement gestemd over de wet-Collard. De wet werd aangenomen met 90 stemmen vóór en geen tegen; geen wonder dat er geen tegenstand was, want de leden van de CVP hadden uit protest de vergadering verlaten toen de stemming begon. Zo was er nu een wet, maar de oppositie ertegen was zó groot dat de wet geen oplossing kon worden genoemd.
In 1955 werd vastgesteld dat er het jaar daarop zou worden begonnen met de invoering van een vijfdaagse werkweek. Tien jaar na de oorlog was België ondanks alle binnenlandse perikelen bezig een welvaartsstaat te worden. Vrije tijd ging een grotere rol spelen en in de huishoudens veranderde van alles, alleen al door de komst van de televisie en allerlei elektrische huishoudelijke appartatuur. En de jeugd gaf zich over aan het ritme van de rock 'n' roll.

1956 In Belgisch Kongo gingen steeds weer stemmen op die riepen om onafhankelijkheid. Maar die verstomden enigszins nadat koning Boudewijn het land een bezoek had gebracht en er enthousiast was onthaald.
Een groep radicale Kongolezen bedacht een dertigjarenplan dat moest leiden tot politieke ontvoogding. Het plan werd in 1956 gepubliceerd in het tijdschrift 'Conscience Africaine'.
In het Waalse Marcinelle vond op 8 augustus 1956 de ergste mijnramp uit de Belgische geschiedenis plaats. Waarschijnlijk door kortsluiting ontstond meer dan 700 meter onder de grond brand in de mijn 'Le Casier des Charbonnages d'Amercoeur'. Liefst 261 mijnwerkers vonden de dood.

< *Van de mogelijkheid om affiches op te hangen werd voor de verkiezingen van 1 april 1954 ruimschoots gebruik gemaakt door de socialisten, die 18 maanden dienstplicht voldoende vonden en een oudedagsvoorziening noodzakelijk.*

1957 De Europese Economische Gemeenschap werd opgericht in 1957. Behalve België waren ook Nederland, Luxemburg, Frankrijk, West-Duitsland en Italië vanaf het eerste moment lid. Eigenlijk was de EEG een Benelux in het groot, zij het dan dat bijvoorbeeld het openstellen van de grenzen binnen de EEG minder ver ging dan binnen de Benelux. Maar alweer was er een stap gezet naar een Verenigd West-Europa; een soort Verenigde Staten moest dat worden, maar later zou blijken dat niet alleen de taalverschillen maar ook de nationale belangen te groot waren om werkelijk tot één geheel te komen.
Dezelfde zes landen ondertekenden meteen het Euratomverdrag. Dat betrof het vreedzame gebruik van kernenergie.
In 1957 werd oud-premier Paul-Henri Spaak secretaris-generaal van de NAVO.

1958 Voor het eerst sinds de Tweede Wereldoorlog slaagde een Belgische regering erin vier jaar aan de macht te blijven. Maar dat wilde niet zeggen dat er geen problemen meer waren. Er waren vele perikelen rond de Schoolkwestie en die deden uiteindelijk de coalitie van liberalen en socialisten de das om. Na de verkiezingen van 1958 bleek de CVP weliswaar net geen meerderheid te hebben behaald, maar er kon toch een CVP-minderheidskabinet worden geformeerd, onder leiding van Gaston Eyskens. De vrees bestond dat hij alle maatregelen rond de schoolstrijd weer zou gaan ombuigen in katholieke richting, maar dat viel mee. Eyskens slaagde erin de schoolstrijd te beëindigen.
Er kwam een Schoolpact. Confessionelen, liberalen en socialisten werden het eens. Er zouden in het vervolg overal in het land voldoende rijks- en vrije scholen moeten zijn, de staat zou subsidies geven en het schoolgeld werd geheel afgeschaft. Eindelijk werd het weer rustig in het onderwijs. Later in het jaar werd het tweede kabinet-Eyskens opgevolgd door een derde, nu ook met liberalen erin. Van een minderheidskabinet was nu geen sprake meer.
Meer rust in België zelf dus. Maar groeiende onrust in Belgisch Kongo. Twee Kongolezen, Loemoemba en Kasa-

< *Tijdens zijn bezoek aan Kongo kreeg koning Boudewijn op 6 juni 1955 een groot aantal speren cadeau.*

∧ In het midden van de jaren '50 brak in België een schoolstrijd los waarbij de subsidiëring van het vrije (katholieke) middelbaar onderwijs centraal stond. Demonstraties waren aan de orde van de dag, zoals deze van maart 1955.

voeboe, eisten de onafhankelijkheid van de kolonie. Loemoemba was een van de oprichters van de naar onafhankelijkheid strevende Mouvement National Congolais, Kasavoeboe was leider van de Abako-partij en burgemeester van Leopoldstad. Eyskens zag het gevaar van een dreigend gewapend verzet tegen België. Hij beloofde in november 1958 dat de Kongolezen meer over hun eigen land te zeggen zouden krijgen. Lang bleef het echter niet rustig.
De Nobelprijs voor de Vrede ging in 1958 naar de Belgische pater Georges Pire. Hij kreeg de prijs voor zijn hulp aan vluchtelingen, voor wie hij complete dorpen bouwde.

1959 In 1959 kreeg de Belgische regering het op verschillende fronten hard te verduren. Het begon al in januari. Toen waren er in Leopoldstad, Belgisch Kongo, ernstige rellen, waarbij tientallen doden vielen. Kasavoeboe werd gearresteerd en zijn Abako-partij werd verboden.
Een maand later was er onrust in België zelf. De regering was van plan onrendabele kolenmijnen te gaan sluiten, maar dat zou heel veel banen gaan kosten. In de Borinage en rond Luik brak daarom een algemene werkstaking uit.
In oktober 1959 waren er weer rellen in Belgisch Kongo. Nu in Stanleystad. Deze keer werd Loemoemba gearresteerd. Dat maakte de onafhankelijkheidsstrijder alleen maar populairder.
In november stelde minister August De Schrijver voor een ronde-tafelconferentie te houden over de onafhankelijkheid van Belgisch Kongo. En toen in december koning

< *In 1954 kwam de socialistische onderwijsminister Collard met een aantal wetsvoorstellen die bij de katholieken niet in goede aarde vielen. Premier Van Acker, eveneens socialist, verdedigde de voorstellen.*

Boudewijn plotseling naar Kongo reisde, begonnen veel Kongolezen te hopen dat de onafhankelijkheid nu echt voor de deur stond.
Sinds de Tweede Wereldoorlog was het België economisch steeds beter gegaan, maar er was wel veel werkloosheid. Daarom kwam de regering in 1959 met de regionale expansiewetten en de wet op de economische programmatie. Dankzij die wetten ging het vanaf 1960 nog beter en liep de werkloosheid snel terug.

1960 In januari en februari 1960 werd in Brussel de al aangekondigde ronde-tafelconferentie gehouden over Kongo. Loemoemba en andere Kongolese leiders werden vrijgelaten en woonden de conferentie bij. Eerst probeerden de Belgen nog van België en Kongo één federale staat te maken, maar Loemoemba slaagde erin een volledige onafhankelijkheid te bewerkstelligen.
De in Kongo wonende blanken werden angstig en velen verlieten het land.
In mei 1960 werden ter voorbereiding van de onafhankelijkheid voor het eerst verkiezingen gehouden. De partijen van Loemoemba en Kasavoeboe wonnen. Loemoemba en Kasavoeboe zouden respectievelijk premier en president worden. Op 30 juni werd het land officieel onafhankelijk. Eigenlijk was de machtsoverdracht nog tamelijk soepel verlopen. Maar de narigheid moest nog beginnen.

< *In 1958 werd in Brussel de Wereldtentoonstelling gehouden, ter gelegenheid waarvan het Atomium gebouwd werd.*

Een week na de onafhankelijkheid brak in het Kongolese leger muiterij uit. De militairen kwamen in opstand tegen hun blanke officieren, die er nog altijd waren. Het lukte ook Kasavoeboe en Loemoemba niet om de militairen tot de orde te roepen. De Belgische regering vreesde dat de blanken in Kongo gevaar liepen en daarom werd besloten het Belgische leger in te schakelen. Maar dat viel in Kongo helemaal niet in de smaak: het Belgische ingrijpen werd gezien als een inbreuk op de onafhankelijkheid. Ondertussen werd een luchtbrug ingesteld waarmee duizenden Belgen uit Kongo vluchtten. Loemoemba stapte woedend naar de VN. De diplomatieke betrekkingen met België werden verbroken. De VN stuurden een eigen leger naar de Kongo en de Belgen konden terug naar huis.
Het leger van de VN kreeg al meteen met een ander probleem te maken: de provincie Katanga had zich onder leiding van Moïse Tsjombe onafhankelijk verklaard van Kongo. Een ramp voor de nieuwe staat, omdat Katanga dankzij bodemschatten zowat de hele Kongolese economie droeg. Loemoemba maakte zich zo druk over de zaak, dat hij onder huisarrest werd geplaatst. Gizenga, aanhanger van Loemoemba, begon een tegenregering.

1961 Op 17 januari 1961 wist Loemoemba te ontsnappen. Maar begin februari werd hij dood aangetroffen in het Katangese oerwoud. Vermoord. Men had het sterke vermoeden dat Tsjombe daar iets mee te maken had. Tsjombe, leider van de afgescheiden provincie Katanga, waar blanken nog altijd de touwtjes in handen hielden. Ook in België zelf gaf de hele kwestie nogal wat problemen. Nu het land zijn kolonie kwijt was, was het ook een bron van inkomsten kwijt. Er werden daarom enorme bezuigingen aangekondigd. Premier Eyskens legde die vast in de Eenheidswet. Belastingen

gingen omhoog en uitkeringen omlaag. Dat pikten de socialisten niet. Ze gingen onder aanvoering van vakbondsleider Renard de straat op. Vooral in Wallonië werd het bijzonder onrustig. Betogingen liepen nogal eens uit op wilde gevechten met de politie. Niettemin werd de Eenheidswet door het parlement aangenomen.
In april 1961 trad er een nieuwe regering aan, een coalitie van CVP en socialistische BSP onder aanvoering van Theo

< In januari 1959 vonden in de Kongolese hoofdstad Leopoldstad ernstige ongeregeldheden plaats, waarbij tientallen doden vielen. De plaatselijke politie moest onder andere blanke kinderen beschermen.

> In het Waalse industriegebied de Borinage werd in februari 1959 gestaakt tegen de sluiting van onrendabele mijnen.

V Om de moeilijkheden in Kongo op te lossen vond in januari 1960 in Brussel een ronde-tafelconferentie plaats. Een van de aanwezigen was oppositieleider Loemoemba die uit de gevangenis van Stanleystad ontslagen moest worden. Zijn polsen waren door boeien gewond.

Lefèvre en Paul-Henri Spaak. Die coalitie was in feite de enige regeringsmogelijkheid die was overgebleven. De Eenheidswet, een creatie van de CVP, had zoveel protesten en stakingen tot gevolg gehad, dat het vertrouwen in de CVP verminderd was. De liberale partij noemde zich overigens in het vervolg de Partij voor Vrijheid en Vooruitgang, PVV. Ook de koers van deze partij werd iets bijgesteld. Belangrijk programmapunt werd nu de eenheid van België.
De taalstrijd laaide op. In 1961 werd het ministerie van Nationale Cultuur en Opvoeding gesplitst: voor elke taal een eigen ministerie. Dat was een belangrijk programmapunt van de nieuwe regering, die er niet voor terugschrok om de taalproblemen nu eens echt aan te pakken. Maar dat viel niet mee. Het woord 'taalgrens' viel. Een bijzonder emotioneel geladen woord. Want hoe zat dat met Brussel? Zou de taalgrens er komen, dan zou Brussel midden in het Nederlandstalige gebied komen te liggen. Het Vlaamse Comité voor Brussel en Taalgrens organiseerde op 21 oktober 1961 de Mars op Brussel. Honderdduizenden Vlamingen namen daaraan deel. Men wilde dat er een taalgrens zou worden vastgesteld, dat het Nederlandstalige deel van België vooral economisch volkomen gelijk werd gesteld aan het Waalse deel én dat Brussel een Vlaamse stad zou worden. Daar kwam snel een Waalse reactie op. De Mouvement Populaire Wallon hield tegenbetogingen. De Walen waren tegen een unitaire Belgische staat en vóór een federatieve staat.
In augustus begonnen de VN-troepen in Kongo met pogingen om Tsjombes afscheiding van Katanga ongedaan te maken. Op 18 september was de secretaris-generaal van de VN, Dag Hammerskjöld, op weg naar Tsjombe om vredesbesprekingen te houden. Bij de grens van Zambia met Kantanga stortte het vliegtuig waarin hij zat neer; alle inzittenden kwamen om. Het werd nooit bewezen, maar velen

vermoedden dat er sabotage in het spel was.
Op 10 december 1961 was er in Brussel een betoging tegen het optreden van de VN-troepen in Katanga. De betogers waren voor het grootste deel Belgen die in Kongo hadden gewoond en die sympathiseerden met het in feite nog steeds door blanken beheerste Katanga.

∨ Op 30 juni 1960 werd Kongo een onafhankelijke republiek. In traditionele kleding namen allerlei stammen deel aan de onafhankelijkheidsfeesten. De feestelijkheden duurden kort. Op 5 juli was een opstand van het politiekorps, uit protest tegen slechte arbeidsomstandigheden en de blanke leiding, het begin van een lange periode van onlust en geweld.

1962 Op 20 juli 1962 overleed vakbondsleider Renard, oprichter van de Mouvement Populaire Wallon. Talloze Walen woonden zijn begrafenis bij.
De taalgrens werd definitief vastgelegd, maar de situatie rond Brussel was nog niet duidelijk. Er waren wat provinciale herindelingen. Zo ging bijvoorbeeld de Voerstreek van Luik naar Limburg, dus van Frans- naar Nederlandstalig. Dat gaf de nodige protesten.
Op 14 oktober 1962 werd een tweede Mars op Brussel gehouden. De Vlaamse betogers werden uitgejouwd door Walen, die op spandoeken smalende kreten toonden als 'Keer naar uw dorp'. Daar stond tegenover dat er een Vlaams spandoek met 'Eet meer Walen' kon worden gesignaleerd. Er braken gevechten uit en de politie deed mee, volgens de Vlamingen nogal pro-Waals.
Eind 1962 wisten de VN-troepen een eind te maken aan de afscheiding van Katanga en Tsjombe vluchtte naar het buitenland om pas terug te keren in 1964, toen de VN-troepen het land verlieten.
Medio 1962 waren ook de Belgische mandaatgebieden Roeanda en Boeroendi onafhankelijk geworden.

> In datzelfde jaar, 1960, trad koning Boudewijn in het huwelijk met de Spaanse gravin Fabiola di Mora y Aragon. Het huwelijk bleef kinderloos, waardoor de kinderen van Boudewijns broer Albert voor de troonopvolging in aanmerking komen.

1963 In 1963 werd ook de situatie rond Brussel duidelijk. Het taalregime van Groot-Brussel, zo heette de kwestie, werd geregeld in een wet. Brussel werd niet Vlaams, Brussel werd niet Waals. Brussel zelf werd tweetalig en de randgemeenten werden Vlaams. Een bijzonder ingewikkelde constructie, ook door het feit dat de taalgrens een flink eind bezuiden Brussel liep. Een aantal van de randgemeenten, waar veel Franstaligen woonden, kreeg wel

enkele eigen faciliteiten. Het taalregime was geregeld, maar uiteraard was lang niet iedereen het ermee eens. Anderen keken hoofdschuddend toe, zich afvragend hoe het mogelijk was dat in een beschaafd land mensen elkaar zo konden haten, alleen maar omdat ze van hun ouders toevallig een verschillende taal hadden geleerd.
Op 26 juni 1963 deed zich in West-Duitsland een Belgische ramp voor. Een Belgisch troepentransportvliegtuig stortte brandend neer bij de legerplaats Sennelager. Negen van de inzittenden wisten zich per parachute in veiligheid te brengen, achtendertig anderen kwamen om het leven.

1964 In april 1964 gingen de Belgische artsen in staking, omdat er een nieuwe wet was gekomen waarin sociale verzekeringen tegen ziekte en invaliditeit werden geregeld. De wet was bedoeld om iedereen een gelijk recht op gezondheidszorg te geven, maar de artsen waren bang dat de kwaliteit van de behandeling zou verminderen, terwijl het publiek zich op zijn beurt afvroeg of het wel ethisch verantwoord was dat artsen in staking gingen.
Een paar kleinere taalkwesties in 1964. Herrie op de universiteit van Leuven, waar het tussen de Waalse en Vlaamse afdelingen niet boterde, vooral niet na de onthulling van een regeringsplan voor universitaire uitbreidingen. De universiteiten van Leuven en Brussel mochten elders filialen stichten en zo kwamen er ook afdelingen in Bergen en Antwerpen.
De Nederlander Paardekooper, leraar Nederlands, werd zonder pardon België uitgezet, omdat hij zich met de taalkwestie had bemoeid. Paardekooper vond dat België niet bestond en dat het land maar beter kon worden opgedeeld tussen Frankrijk en Nederland,

> *Om de blanken uit het door burgeroorlog geteisterde Kongo te evacueren bezetten Belgen op 13 juli 1960 het vliegveld van Leopoldstad. Tijdens regelmatig voorkomende schietpartijen moesten de aanwezigen in allerijl dekking zoeken.*

V *De zakenman Moïse Tsjombe riep op 11 juni 1960 de mijnprovincie Katanga uit tot een zelfstandige staat. Anderhalf jaar later werd de afscheiding weer ongedaan gemaakt.*

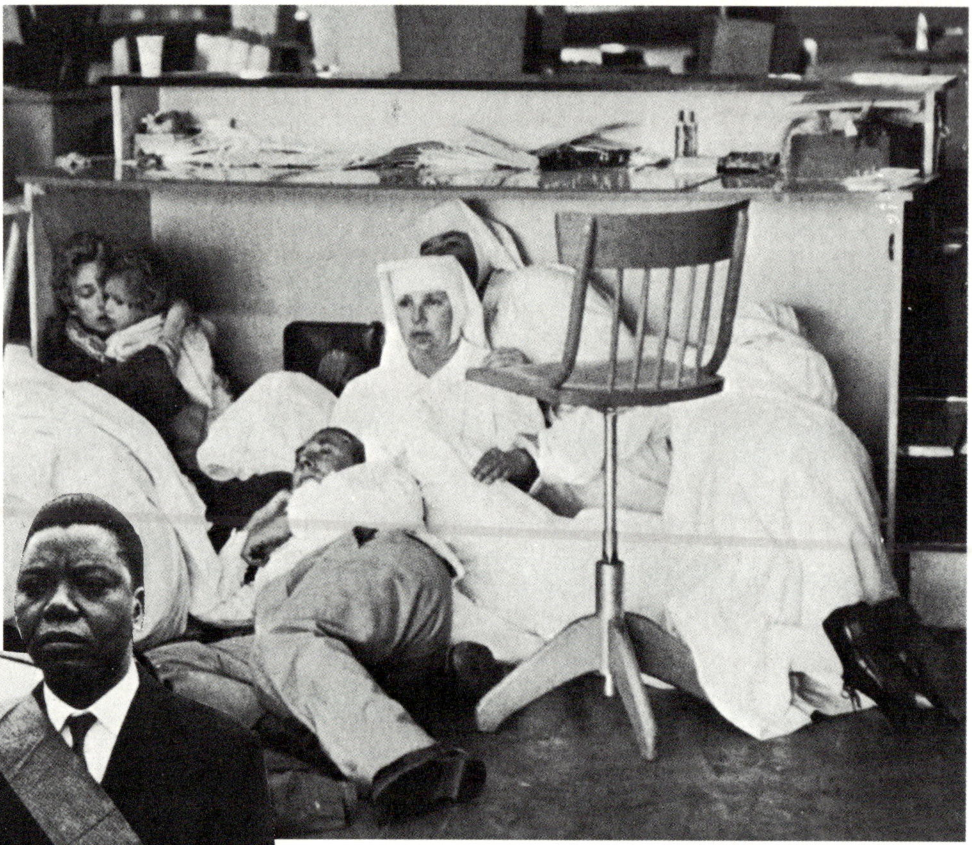

wat wellicht aannemelijk klonk voor niet-Belgen, maar door de Belgische regering als een schandalige inmenging werd gezien.
Nieuwe narigheid in Kongo, met weer eens gevolgen voor België. Het VN-leger had het land inmiddels verlaten en Tsjombe was er terug. Hij werd leider van een regering van nationale verzoening. Maar in het noordoosten van Kongo kwamen vroegere aanhangers van de vermoorde Loemoemba tegen hem in opstand. Onmiddellijk trok Tsjombe met blanke huurlingen ten strijde tegen de opstandelingen in Stanleystad. Weer stonden de loemoembisten dus tegenover blanken. En als wraak gijzelden zij vele blanke burgers van Belgische afkomst. Wat kon de Belgische regering doen? Opnieuw ingrijpen, met alle mogelijke gevolgen van dien? Het moest maar. Met hulp van de Amerikaanse luchtmacht bevrijdden Belgische parachutisten veel gijzelaars, maar er vielen ook doden.

1965 Er braken weer stakingen uit in de kolenmijnen die met sluiting werden bedreigd. Ook in de petroleumindustrie werd gestaakt.
Op 23 mei waren er verkiezingen. Twee maanden later was er een nieuw kabinet gevormd, opnieuw door CVP en socialisten, met als eerste minister Pierre Harmel. Dit kabinet kreeg, zoals zoveel voorgaande, volop te maken met de taalstrijd. Steeds luider werd de roep om een federatieve staat; geen enkele grote partij was daarvóór, maar de regering voelde zich toch gedwongen iets toe te geven en kwam met een voorstel tot grondwetsherziening, dat de vereiste twee derde meerderheid in het parlement echter niet haalde.
In augustus ging het weer eens mis. Vlamingen vreesden dat de kustplaatsen langzaam zouden verfransen. Ze hadden alle reden dat te denken, want opschriften op winkels en andere gelegenheden waren meer en meer in het Frans

gesteld, de obers leken opeens geen Nederlands meer te verstaan en zelfs in de kerken werd Frans de voertaal. De Vlaamse Volksbeweging trok ten strijde. Betogers vermomden zich als badgasten en lieten zich met bussenvol naar de kustplaatsen rijden om te demonstreren. De politie verscheen ten tonele en al snel werd er hevig gevochten. Iets later, op 18 augustus, werd tijdens de IJzerbedevaart opnieuw voor een federatieve staat gepleit.
Op 23 november 1965 overleed koningin Elisabeth, 89 jaar oud. Zij was de weduwe van de in 1934 verongelukte koning Albert en grootmoeder van koning Boudewijn.
Brussel was langzamerhand een internationaal belangrijke stad en het centrum van Europa geworden. Steeds meer afdelingen van de EEG en Euratom werden er gevestigd, en al gauw zou er ook het hoofdkwartier van de NAVO komen.
De rust in de wereldstad in wording raakte echter danig verstoord toen in november 1965 het befaamde en reeds vijfhonderd jaar oude Manneke Pis werd ontvreemd. Slechts zijn beentjes bleven achter. Gelukkig kwam er al gauw een nieuw Manneke Pis.

1966 Op 19 januari 1966 vond er in Luik een grote betoging plaats. Opnieuw waren de artsen in opstand gekomen. Niet tegen het sluiten van mijnen, wat in die tijd ook voor de nodige beroering zorgde, maar tegen bezuinigingen en andere financiële maatregelen inzake ziekteverzekeringen. Net als eerder was er ook nu een staking, die deze keer maar vijf uur duurde.
In Limburg vond eind januari een mijnoproer plaats. De mijn van Zwartberg moest dicht en dat namen de mijnwerkers niet. Ze gingen in staking en trokken langs de andere mijnen om de mijnwerkers daar tot solidariteit te bewegen. Het gevolg was een grote onrust in de mijnstreek. Er waren gevechten met de politie en er vielen twee doden. Toen later zelfs het leger werd ingezet, viel er nog een dode. De regering had de situatie niet meer in de hand. Er was dan ook maar één mogelijkheid: ingaan op de eisen van de mijnwerkers. Er werd besloten dat de mijn pas dicht zou gaan als iedereen ander werk had gevonden.
Het mijnoproer was bezworen, maar de artsen bleven dwarsliggen. Nu wist de regering geen compromis te verzinnen; het kwam zelfs zover dat het kabinet-Harmel erover viel. De socialisten in het kabinet waren het helemaal niet met de artsen eens. Minister van Buitenlandse Zaken Spaak was kwaad op zijn eigen partij omdat die een samenwerking met de CVP onmogelijk had gemaakt. Dat bleek: het

∨ *Jonge Belgische militairen werden in januari 1961 door opstandelingen in Kongo gevangen genomen. Voordat ze gemarteld zouden worden moesten ze eerst op de foto waarvan afdrukken overal te koop waren.*

V Direct na de onafhankelijkheid bleek dat de bevolking van Kongo hopeloos verdeeld was. Een burgeroorlog brak uit en VN-troepen werden naar Kongo gestuurd om een einde te maken aan de gevechten. Maar ook de plaatselijke bevolking had het niet altijd begrepen op de acties van het Kongolese leger. Zo gaat links een vrouw fel tekeer tegen soldaten van de 'Force Publique', waarbij de jongen in het midden verbaasd zijn overste aanstaart.

nieuwe kabinet was een coalitie van CVP en PVV. Paul Vanden Boeynants werd premier en Spaak werd op Buitenlandse Zaken opgevolgd door ex-premier Harmel.
Het nieuwe kabinet-Vanden Boeynants besloot dat er twee jaar lang niet over de taalkwestie gepraat zou worden. De communautaire problemen zouden voor die tijd de koelkast ingaan.
Dat lukte echter niet. In Leuven laaide de taalstrijd opnieuw op. Vlaamse studenten wilden dat de Waalse afdelingen van de universiteit naar Wallonië zouden worden verplaatst. Maar de bisschoppen wilden dat nu juist niet. In maart barstte de bom. Studenten van Waalse en Vlaamse afdelingen vochten met elkaar en met de politie. Het hele voorjaar bleef het onrustig in Leuven. In mei riepen de Vlaamse studentenleiders op tot een collegestaking en daar gaf bijna iedereen gehoor aan. Om nog meer ellende te voorkomen werd eind mei besloten de universiteit voorlopig te sluiten.
Op 27 juli trad Paul-Henri Spaak, wellicht de grootste staatsman die België ooit had gehad, uit het parlement. Vierendertig jaar had hij daarin gezeteld. Hij was minister en eerste minister geweest en bovendien secretaris-generaal van de NAVO. Spaak had de NAVO altijd verdedigd, maar in het parlement had hij het daar nogal eens moeilijk mee. Daar kwam bij dat hij overhoop lag met zijn eigen socialistische

partij sinds de val van het vorige kabinet. Spaak vatte zijn praktijk als advocaat weer op. Op 10 oktober 1966 begon het nieuwe academische jaar.
In Leuven werden de bijbehorende plechtigheden geboycot door de Vlaamse studenten. Toen de professoren van de kerk naar de universiteit liepen, keerden de Vlaamse studenten hun de rug toe, onder het uitroepen van leuzen als 'Leuven Vlaams'.
De relatie tussen België en Kongo bleef gespannen. In 1966 legde de Kongolese regering beslag op alle Belgische bedrijven die daar nog gevestigd waren. Een Belgische huurling, kolonel Jean Schramme, verzamelde een legertje contra premier Moboetoe, in de hoop daarmee Tsjombe, die de blanken vriendelijker zou bejegenen, terug te krijgen. Alles wat Schramme veroverde, verbrandde hij.

1967 Er kwam een eind aan zijn oorlog van de verschroeide aarde, onder druk van de VN. Hij trok zich terug naar het buurland Roeanda. Einde van de laatste Belgische eruptie in Kongo, waar alle plaatsnamen in het Kongolees werden vertaald; de naam van het land zelf veranderde in Zaïre.
Een sociale wantoestand bleek toen bij een brand in een bejaardentehuis in Itterbeek op 13 februari 1967 vijfentwintig mensen omkwamen. De minister van Volksgezondheid moest toegeven dat er in België een enorm tekort bestond aan bejaardentehuizen, zodat de meeste tehuizen overvol waren. Was er een beter beleid gevoerd op dat gebied, dan zouden er bij de brand niet zoveel slachtoffers zijn gevallen.
Een nog veel ergere brand woedde op 22 mei in het centrum van Brussel. Niet minder dan 252 mensen vonden de dood toen het warenhuis A l'Innovation afbrandde. De oorzaak van de brand werd niet gevonden, al werd hier en daar gefluisterd dat het een anti-Vietnam-demonstratie moest zijn: het warenhuis hield juist een Amerikaanse week en er waren al bommeldingen geweest. Maar erg aannemelijk klonk die beschuldiging niet. Tegenstanders van de oorlog in Vietnam gebruikten liever vreedzame middelen.
De Vlamingen vonden dat het Frans in België belangrijker werd gevonden dan het Nederlands. Daartegen demonstreerden tienduizenden Vlamingen op 5 november in Antwerpen. Ook werd er geprotesteerd tegen de situatie in Leuven, waar de universiteit volgens de betogers geheel Vlaams moest worden. In de demonstratie, die rustig verliep, liepen tientallen parlementsleden en burgemeesters mee.
Het NAVO-hoofdkwartier werd in 1967 in België gevestigd. Brussel werd nu meer en meer de hoofdstad van Europa.
Al stond er op spandoeken tijdens de Vlaamse betoging van 5 november: 'Brussel... nu is 't gedaan, Uilenspiegel is opgestaan'.

1968 Rond Leuven bleef het onrustig. De kwestie verdeelde nu ook het kabinet: de Vlaamse ministers waren voor een afsplitsing en overplaatsing van de Franstalige afdelingen; de rest van het kabinet was het daar niet mee eens. Het was onvermijdelijk: het kabinet-Vanden Boeynants struikelde over de zaak. Het lukte niet een nieuw kabinet te formeren, dus werden vervroegde verkiezingen uitgeschreven. Zo was de taalstrijd opgelopen tot een

> De socialistische vakbond riep in 1961 in heel België een algemene staking uit tegen de 'eenheidswet'. Stakingsleider was André Renard. De staking mislukte.

nationaal conflict waarin de Vlamingen in een emotionale strijd tegenover de Walen kwamen te staan.
Op 31 maart 1968 waren de verkiezingen. Maar de zaak werd er daarna niet duidelijker op. Alle grote partijen verloren. Winnaars waren de kleine Waalse en Vlaamse partijen die voor een federatieve staat waren. Pas in juni kon een kabinet worden gevormd. Daarin hadden zitting de CVP en de BSP. Dus geen liberalen meer, maar wel weer socialisten. Eyskens werd weer eens premier.
Een wat merkwaardige demonstratie was er op 27 oktober in Antwerpen. Het waren voor een deel leden van de Vlaamse Militanten Orde (in uniform) die eisten dat Belgen die in de Tweede Wereldoorlog met de Duitsers hadden gecollaboreerd, niet langer vervolgd zouden worden.
De Vlaamse Militanten Orde (VMO) was extreem-rechts. Er waren allerlei contacten met fascistische bewegingen in en buiten België. De VMO stelde zich graag op als een belangenbehartiger van Vlaamse zaken, maar als het er op aan kwam werd er met plezier samengewerkt met Waalse neonazi's. Tot 1971 waren er contacten met de Volksunie, die ook niet vrij was van nationalistische smetten. Het nationalisme was een van de gevaarlijkste kanten van de taalstrijd en in elk geval spraken Volksunie en ook VMO veel Vlamingen aan.

> Om de Vlaamse taaleisen kracht bij te zetten werden twee marsen op Brussel georganiseerd.

< In Marcinelle werd in 1961 een felle betoging tegen de 'eenheidswet' gehouden. Deze Waalse betoger is het er niet mee eens, getuige zijn 'non'.

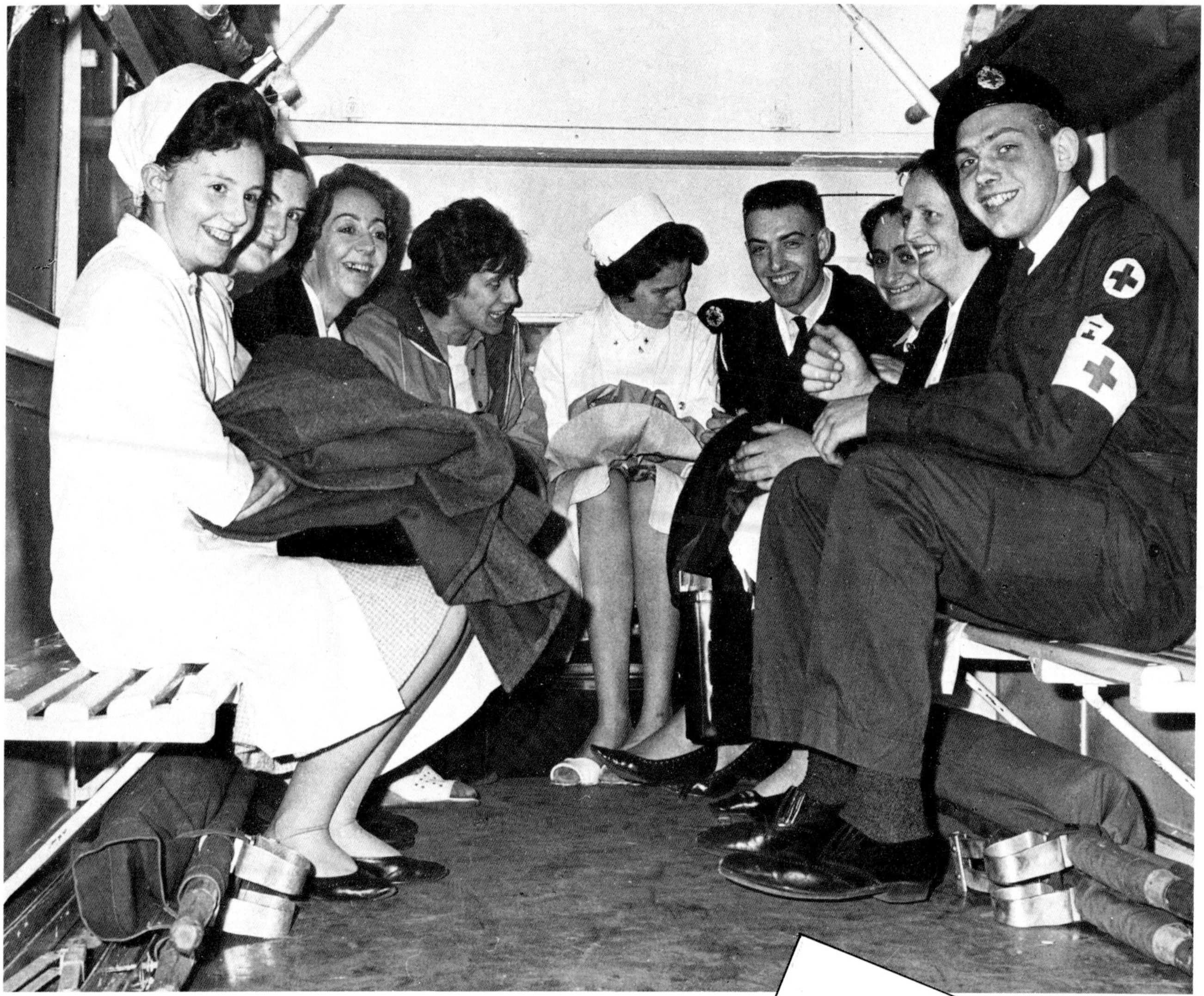

1969 Op 30 januari 1969 overleed pater Georges Pire, de man die zoveel voor vluchtelingen had gedaan. In 1958 had pater Pire de Nobelprijs voor de Vrede gekregen.
Op 30 maart werd in Stekene bij het oorlogsmonument betoogd tegen het neonazisme in België. Aanleiding: leden van de VMO wilden in Stekene een erepark aanleggen voor Belgen die in de oorlog aan het Oostfront waren gesneuveld. In Stekene waren samenscholingen van meer dan vijf mensen verboden. De betogers trokken daarom in kleine groepjes naar het monument. Daar ontstonden gevechten met leden van de VMO. Met groot machtsvertoon van pantserwagens en

∧ In april 1964 gingen de artsen in staking tegen de plannen van sociale verzekeringen tegen ziekte en invaliditeit. Zij zagen dat als het begin van een nationale gezondheidszorg en staakten tien dagen.

> In 1964 was ook de anti-atoombeweging actief en organiseerde op 15 maart een demonstratie in Brussel.

waterkanonnen greep de rijkswacht in.
België maakte in 1969 kennis met het opkomende internationale terrorisme. Op 8 september werden handgranaten gegooid naar de Brusselse vestiging van de Israëlische luchtvaartmaatschappij El Al. Ook in andere Europese steden vonden die dag dergelijke aanslagen plaats. Het Volksfront voor de Bevrijding van Palestina eiste de verantwoordelijkheid op en kondigde aan dat dit het begin was van een groot offensief tegen alles wat Joods was. Overal ter wereld werd geschokt gereageerd op de aanslagen en de nieuwe bedreiging voor de Joden.

1970 1970 begon met uitgebreide mijnstakingen. De mijnwerkers eisten 15% loonsverhoging. De regering ging daar niet op in en ook de vakbonden steunden de zes weken durende staking niet. De hier en daar nogal gewelddadig verlopende staking hield vanzelf op toen de stakers de bodem van hun portemonnee begonnen te zien.
Vervolgens staakten de postsorteerders. Zij vonden de premie voor het nachtwerk te laag. Nadat was beloofd dat daarover zou worden gepraat, hervatten ze het werk.
Het kabinet-Eyskens had niet stil gezeten. Rond de taalstrijd en de grondwet was er heel wat bereikt. In 1970 werd besloten dat de Waalse afdelingen van de Leuvense universiteit naar Wallonië zouden gaan. En de nieuwe Grondwet kwam tot stand. Volgens de nieuwe Grondwet was België niet langer een nationale eenheidsstaat. Maar een federatieve staat werd het ook niet echt. België werd verdeeld in drie gewesten: Vlaanderen, Wallonië en Brussel. In de Grondwet werden vier taalgebieden vastgesteld: Nederlands, Frans, Duits en tweetalig Brussel. Verder werden er twee cultuurraden opgericht die ervoor moesten zorgen dat de eigen culturele identiteit van de Vlamingen en de Walen werden gewaarborgd.
De nieuwe Grondwet was er nu eindelijk. Het had grote moeite gekost. Uitvoering ervan zou al evenveel moeite kosten, zoals later zou blijken.
Protesten in het dorpje Kallo tegen de vestiging van de chemische fabriek Progil op de linkeroever van de Schelde. Progil had het eerder geprobeerd in Amsterdam, maar daar vond men het bedrijf te slecht voor het milieu. In Vlaanderen mocht wel worden gebouwd, vandaar dat inwoners van Kallo naar Antwerpen trokken met de leus 'Liever koeiestront dan zwavelgrond'.

^ Een demonstratie in Waterschei van mijnwerkers leidde in januari 1966 tot botsingen met de rijkswacht waarbij twee mijnwerkers werden doodgeschoten. Hun begrafenis werd een grote manifestatie van verontwaardiging.

∧ *Paul Vanden Boeynants was van 1966 tot 1968 premier. Hij kwam onder meer met enkele decentralisatievoorstellen.*

< *In Leuven werd evenals elders in Vlaanderen krachtig geprotesteerd tegen de voorgenomen verplaatsing van de Franse afdeling van de Universiteit van Leuven naar Wallonië. Bij de opening van het academisch jaar keerden Leuvense studenten de professoren daarom de rug toe en riepen 'Leuven Vlaams', 10 oktober 1966.*

1971 In februari en maart merkten de Brusselaars dat het ook nadelen had om in de 'hoofdstad van Europa' te wonen. Boze boeren trokken naar de stad om er te protesteren tegen het landbouwbeleid van de EEG. Op 15 februari wisten een paar boeren een stel koeien de conferentiezaal – waar het nieuwe landbouwplan van Mansholt werd besproken – binnen te voeren. Op 19 maart werd door boeren de grens tussen België en Nederland bij Wuustwezel geblokkeerd. En op 23 maart braken er in Brussel hevige straatgevechten uit. Daarbij viel één dode en er waren heel wat gewonden.
Mansholt was vice-voorzitter van de Europese Commissie en voor een groot deel de architect van een Europees landbouwplan. Veel boeren waren daartegen; zij verkozen nationale landbouwplannen. Op 18 februari staakten de

< *Op 23 april 1967 vond in Brussel een grote demonstratie tegen de atoombewapening plaats. De route voerde onder meer langs de Beurs.*

Belgische middenstanders tegen het feit dat zij een voorschot zouden moeten betalen op hun BTW. Hoewel dat plan inmiddels al van de baan was, wilden winkeliers, banken en dergelijke toch even een vuist maken.
Op 2 oktober vond bij het Westvlaamse Aarsele het ergste vliegtuigongeluk plaats dat België ooit had getroffen. Van een Brits vliegtuig brak tijdens de vlucht de staart af. Het vliegtuig stortte brandend neer en er waren 63 doden. De oorzaak werd nooit achterhaald, maar er werd sabotage vermoed.
In september werd het parlement ontbonden en werden er vervroegde verkiezingen uitgeschreven. Het was weer eens de taalkwestie die voor problemen zorgde. Men werd het niet eens over wat er met de Voerstreek moest gebeuren. Die was bij de provincie Limburg gevoegd en daarmee Nederlandstalig geworden, maar er woonden veel Franstaligen, die zich verraden voelden.
De verkiezingen vonden plaats op 7 november. CVP en BSP behielden hun posities; de Waalse nationalistische partijen wonnen flink, zodat die nu sterker waren vertegenwoordigd dan de Vlaamse Volksunie. Een echt duidelijk antwoord op de vraag wat er met de Voerstreek moest gebeuren was dit niet en het was niet eenvoudig om een nieuwe regering te vormen.

< *De opening van het nieuwe NAVO-hoofdkwartier in Brussel, dat vanwege zijn centrale ligging grote populariteit geniet als zetel voor diverse internationale organisaties.*

1972 In januari lukte dat toch, maar er was nauwelijks iets veranderd. Premier was opnieuw Gaston Eyskens en het kabinet was weer samengesteld uit CVP en BSP.
Vijf jaar nadat hij de politiek had verlaten, overleed op 31 juli 1972 op 73-jarige leeftijd Paul-Henri Spaak.
In 1972 bleek in Stekene tóch een erepark voor omgekomen Oostfrontstrijders te zijn aangelegd. Dat was in het geheim gebeurd. Het gemeentebestuur van Stekene probeerde het erepark te laten verwijderen, maar dat lukte niet omdat het op privé-grond was aangelegd. Later werd een plaquette op het erepark in stukken geslagen door tegenstanders. Huizen van tegenstanders werden vervolgens beklad met teer en een van hen kwam in het ziekenhuis terecht na het drinken van vermoedelijk door neonazi's vergiftigd bier.
De middenstand staakte weer eens, op 2 en 3 oktober, o.a. tegen de BTW.
Ook de studenten kwamen weer in opstand, ditmaal tegen een verhoging van het collegegeld. Bovendien was vastgesteld dat hooguit 5% van de studenten uit het buitenland afkomstig mocht zijn. Op 14 november werd in Brussel door de studenten een demonstratieve tocht gehouden.
Het kabinet-Eyskens viel in het zelfde jaar als het was aangetreden. Opnieuw was de ruzie rond de Voerstreek de aanleiding. Ook de vraag wat precies de grenzen waren van het Brusselse gewest was moeilijk te beantwoorden. De leider van de Waalse socialisten, Edmond Leburton, kreeg opdracht een nieuwe regering samen te stellen, liefst een die de taalproblemen aankon.

V Onlusten tijdens de studentendemonstraties in Leuven, waarbij de betogers slaags raakten met de rijkswacht.

1973 Het zou tobben blijven met de Belgische kabinetten. Maar Leburton slaagde, tegen alle verwachtingen in. Op 26 januari 1973 presenteerde hij het nieuwe kabinet, waarvan hij premier was. Het bleek een kabinet op brede basis te zijn van CVP, BSP en PVV.
Drie weken lang waren de waterwegen in België onbevaarbaar door blokkades van binnenschippers. Die waren boos omdat de regering het concurrerende spoorvervoer subsidies gaf en omdat ze geen inspraak hadden in de vrachtcomités. De regering beloofde beterschap en de vaarwegen gingen weer open.
Acht weken lang werd er gestaakt door Gentse dokwerkers, die hoger loon eisten.

Later deden Antwerpse collega's mee uit solidariteit. De mannen uit Gent kregen wat zij wensten, maar in Antwerpen bleef men staken omdat men ook daar wel meer wilde verdienen. Gent verklaarde zich toen solidair met Antwerpen en het staken begon opnieuw. Maar het waren wilde stakingen, die niets opleverden. Uiteindelijk moesten de dokwerkers het opgeven.
België had nu twee cultuurraden. De Nederlandse cultuurraad dreef een en ander op de spits. Men besloot dat Vlaanderen een eigen vlag moest krijgen, bovendien een eigen volkslied, en als klap op de vuurpijl een eigen feestdag. Sommigen vonden deze wensen al te nationalistisch.
Het ging niet goed met de oliebevoorrading. De Arabische landen hadden de oliekraan naar het Westen dichtgedraaid, omdat ze van oordeel waren dat daar te veel pro-Israël werd gedacht. Er moest dus op brandstof worden bezuinigd. In Nederland was daar iets op gevonden: de autoloze zondag. Die was daar op 4 november ingevoerd. Op 18 november volgde België. Lang werd de maatregel niet volgehouden, omdat de horeca stevig protesteerde. Maar één ding was duidelijk: de welvaart had een deuk opgelopen die zich niet gemakkelijk liet herstellen.

1974 Olie was het ook die het kabinet-Leburton op 19 januari deed vallen. Het kabinet had het net een jaar uitgehouden. Wat was er gebeurd? De National Iranian Oil Company wilde graag een raffinaderij oprichten bij Ternaaien. Daar was niet iedereen even gelukkig mee. Er werd zolang over de zaak gepraat, dat de oliemaat-

< Op 22 mei 1967 brak brand uit in het warenhuis 'A l'Innovation' in het centrum van Brussel. Meer dan 200 mensen, personeelsleden zowel als klanten, kwamen daarbij om het leven. Geruchten gingen dat de brand was aangestoken.

schappij afhaakte; de socialistische ministers waren zo boos over de gang van zaken, dat zij hun ontslag aanboden. Vice-premier Tindemans mocht proberen een minderheidskabinet te vormen met de overgebleven twee regeringspartijen, CVP en PVV. Dat lukte niet en opnieuw moesten vervroegde verkiezingen worden gehouden.
En wel op 10 maart. De verschuivingen waren niet spectaculair. Winst voor de CVP, verlies voor de BSP en de Waalse en Vlaamse nationalistische partijen. Tindemans probeerde het opnieuw. Een kabinet met de drie grote partijen lukte niet. Samenwerking tussen CVP en BSP, wat een meerderheidskabinet had kunnen opleveren, ook niet. Uiteindelijk werd Tindemans premier van een kabinet van christen-democraten en liberalen. Een minderheidskabinet dat wel erg zwak stond, maar in juni iets werd versterkt doordat het Rassemblement Wallon, een van de Waalse nationalistische partijen, tot de regering toetrad. Hoewel de regering nu op een meerderheid in de Kamer kon steunen, was het nog geen twee derde meerderheid, en die was nodig bij het doorvoeren van belangrijke nationale hervormingen. Daar zou het onder Tindemans dus niet van kunnen komen.
Op 22 mei 1974 ontplofte in Brussel een bom in een geparkeerde auto. Die stond pal voor het kantoor van de Spaanse luchtvaartmaatschappij Iberia. Er viel één zwaargewonde. Spaanse anarchisten die de vrijlating van politieke gevangenen eisten, waren waarschijnlijk verantwoordelijk. In Luik en Antwerpen werden voor Iberia-kantoren net zulke bomauto's ontdekt, maar op tijd onschadelijk gemaakt.
Op 5 augustus was het opnieuw raak: toen ontploften er drie bommen voor Spaanse

> In Stekene demonstreerden enkele jongeren op 30 maart 1969 tegen de opkomst van het neonazisme. Zij zouden even later door de rijkswacht weggevoerd worden.

∧ Ook tegen de oorlog in Vietnam werd geprotesteerd. Op 27 april 1970 vond in Brussel een manifestatie plaats met onder meer deze groep met Uncle Sam die een Vietnamese omarmt en bommendragers.

instellingen in Brussel. Nu waren er vijf gewonden. Boeren gingen over tot het blokkeren van de wegen, omdat zij vonden dat de prijzen voor hun produkten veel te laag waren. Op 3 september omsingelden zij in Brussel het gebouw waar de EEG-ministers van Landbouw zaten te praten. Uiteindelijk kwam er een akkoord uit de bus: de boeren mochten rekenen op een verhoging van de garantieprijzen met 5%.

1975 De taalstrijd bleef strubbelingen veroorzaken. Zo was er de Schaarbeekse lokettenkwestie, die eigenlijk al jaren duurde. Burgemeester Nols van Schaarbeek trok zich niets aan van het feit dat Groot-Brussel tweetalig was. Hij liet de tweetalige opschriften boven de loketten op het gemeentehuis verwijderen. Van de negen loketten was er vervolgens nog maar één toegankelijk voor Nederlandstaligen. Zolang zulke incidenten zich nog konden voordoen, zou de taalstrijd voorlopig nog niet zijn beslecht. Er werd natuurlijk op gereageerd door Vlamingen. Zij richtten het Taal Aktie Komité (TAK) op en demonstreerden op 16 maart 1975. Alles goed en wel, maar verontrustend was de aanwezigheid van spandoeken met runentekens.
Op 27 mei kreeg de munitiefabriek in Balen-Wezel een koekje van eigen deeg. De fabriek ontplofte, overigens al voor de vierde keer sinds 1953. In het verleden waren er al zes doden gevallen, nu waren er enkele gewonden.
Het gevechtsvliegtuig de Starfighter had een opvolger nodig. Het kabinet-Tindemans kon het slechts met de grootste moeite eens worden over de keuze van een nieuw toestel. De Waalse minsters waren voor de Franse Mirage, omdat dat een Europees toestel was. Terwijl er in Nederland werd gedemonstreerd tegen de komst van welke straaljager dan ook, werd in België besloten dat het de Amerikaanse F-16 zou worden. Ook Nederland, Denemarken en Noorwegen namen uiteindelijk dezelfde beslissing.
Op 10 juli 1975 overleed expremier Achilles Van Acker, die de 'vader van de sociale wetgeving' werd genoemd. Hij werd 77 jaar.
Met de economie ging het niet best. In november lanceerde de regering een programma van economisch herstel. Arbeidsintensieve bedrijven moesten worden gesteund en er kwam ook hulp voor bedrijven in financiële moeilijkheden.

1976 Het Algemeen Belgisch Vakverbond organiseerde op 13 maart een demonstratieve optocht door Brussel. De demonstratie was een protest tegen Tindemans' herstelplan. Men was bang dat de sociale zekerheid achteruit zou gaan en dat de lonen zouden worden bevroren. Op 30 maart kwam het kabinet echter met de Harde Herstelwet, een soort uitbreiding van het herstelplan. Daaruit bleek dat de lonen inderdaad werden geblokkeerd, maar de sociale verworvenheden bleven onaangetast.
Toen België had besloten dat de F-16 opvolger van de Starfighter zou worden, was meteen bedongen dat er wel voldoende tegenorders vanuit Amerika moesten komen. Deze lieten wat op zich wachten en men begon al ongerust te worden. Maar in 1976 kwam er dan toch een forse order. De wapenfabriek in Herstal mocht voor de Amerikanen 14 000 mitrailleurs maken. Goed voor de wapenfabriek, goed voor de Belgische economie, dus geen gewetensbezwaren.
Op 31 maart begon de viering van het zilveren regeringsjubileum van koning Boudewijn.
Burgemeester Nols van Schaarbeek bleef volharden in zijn lokettenbeleid. Zeer tot ongenoegen van het Taal Aktie Komité, dat bleef protesteren. De rel kreeg nationale proporties. Het kabinet bemoeide zich ermee. Tindemans vond dat de bordjes boven de loketten tweetalig moesten worden. Dat mocht van de kabinetsleden van het Rassemblement Wallon alleen als bij de Algemene Spaar- en Lijfrentekas in Schaarbeek meer Franstaligen konden komen werken. Anders zou het Rassemblement Wallon uit de regering stappen. Tindemans hield zijn kabinet liever overeind en gaf toe. Een regeringscommissaris trok naar Schaarbeek. Kwaad sloot burgemeester Nols het gemeentehuis, maar hij opende het weer, toen hem werd verteld dat er meer Franstaligen bij het Algemene Spaar- en Lijfrentekas

3F VOOR TE PISS
4F VOOR 1LITER ME
EENHEID IN E.E.G.
OF WEG ER MEE
OF WEG ER MEE

mochten komen werken. Met die toezegging waren weliswaar de Vlamingen het niet eens, maar de kwestie was toch min of meer tot ieders tevredenheid opgelost.
En de rust keerde terug.
In juni 1976 ging de krantengroep De Standaard failliet. De redacties van vijf dagbladen deden hun uiterste best om te redden wat ze konden. Het lukte. De Vlaamse Uitgeversmaatschappij (VUM) werd opgericht en daar werden de kranten ondergebracht. De weekbladen van De Standaard gingen naar andere uitgevers over.
De zomer van 1976 was warm en droog. In de gevangenissen van Brussel en Leuven klaagden de gevangenen over slechte hygiënische toestanden, die voor een deel te wijten waren aan het weer. Ook vond men het eten zeer slecht. In beide gevangenissen kwamen de gevangenen net niet in opstand, maar er was wel een duidelijk protest. Hun klachten zouden worden bekeken, werd beloofd.

1977 Het jaar begon met stakingen. De regering kwam met verdere bezuinigingsplannen en de werkloosheid naderde snel de 300 000. In de periode van 25 februari tot 9 maart organiseerden de vakbonden vrijdagstakingen. Elke week werd in een andere provincie op vrijdag het werk neergelegd.
Binnen het kabinet-Tindemans rommelde het hevig. Tindemans had destijds twee ministers van het Rassemblement Wallon in zijn regering opgenomen, maar had daar spijt van gekregen. De twee ministers lagen voortdurend dwars en het kwam zover dat Tindemans hen uit zijn kabinet zette. Maar nu was hij zijn meerderheid kwijt. Tindemans ontbond vervolgens de kamer, maar liet zijn kabinet gewoon verder regeren, tot woede van de oppositie, die met de grondwet zwaaiend zei dat dit zo niet kon. Maar het gebeurde toch en er kwamen vervroegde verkiezingen. Tindemans hoopte dat de uitslag daarvan zodanig zou zijn dat hij een nieuw meerderheidskabinet kon vormen. Na de op 17 april gehouden verkiezingen bleek dat de CVP en de Waalse PSC (Parti Social Chrétien) winst hadden geboekt, net als de BSP. De PVV was gelijk gebleven. Het Rassemblement Wallon verloor fors. Met veel moeite slaagde Tindemans erin zijn nieuwe kabinet samen te stellen. De PSC lag even dwars, maar draaide bij toen Tindemans van de koning opdracht kreeg toch door te gaan met de formatie. Uiteindelijk bestond het kabinet uit leden van CVP, PSC, BSP, Vlaamse Volksunie en Front Démocratique des Bruxellois Francophones (FDF). Dus confessionelen, socialisten en nationalisten. Deze regering was gevormd op basis van het Egmont-pact dat

V In 1968 werd Gaston Eyskens premier van een coalitiekabinet van christen-democraten en socialisten. Eyskens, hier in gesprek met koning Boudewijn en koningin Fabiola, bleef tot 1972 premier.

< Tegen de plannen van de EEG werd door de Belgische boeren fel geprotesteerd. Vooral de dreigende afschaffing van beschermende maatregelen viel niet in goede aarde en leidde tot betogingen in 1971 (boven) en 1974 (onder), waarbij het soms tot botsingen met de rijkswacht kwam.

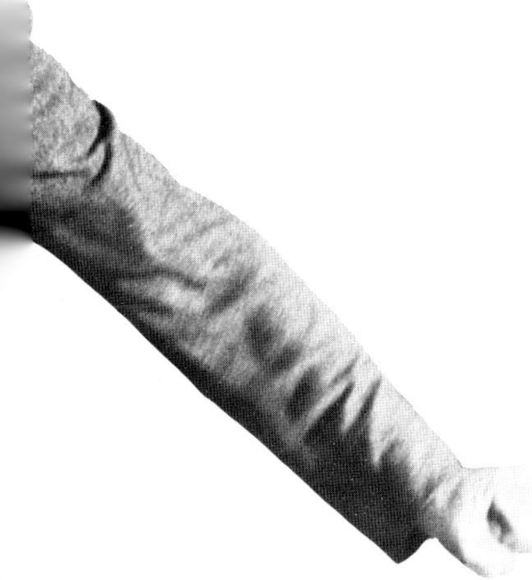

voorzag in de oprichting van twee gemeenschapsraden naast drie gewestraden. Deze zouden resp. de persoons- en grondgebonden materies onder hun bevoegdheid krijgen.
Tien jaar na de grote brand in A l'Innovation kwamen 17 mensen om bij een brand in een Brussels hotel. Opnieuw rees de vraag of het wel overal deugde met de brandbeveiliging.
Op 28 november 1977 begon het proces tegen onderzoeksrechter Jespers. Hij zou samen met zekere Luc De Cramer een bejaard echtpaar hebben beroofd, een bankkluis hebben geleegd en zijn eigen vrouw hebben vermoord. Jespers en De Cramer beschuldigden elkaar tijdens het proces.

1978 Op 28 januari deed de rechter uitspraak. Van de moord op zijn vrouw werd Jespers vrijgesproken, maar er bleven voldoende strafbare feiten over en die waren goed voor twintig jaar dwangarbeid. De Cramer kreeg vijf jaar minder. Het hoger beroep dat ze aantekenden werd verworpen.
Op 7 maart 1978 werd in Antwerpen de zakenman baron Bracht ontvoerd. Er werd een losgeld geëist, maar de familie van de baron wilde pas betalen als eerst een bewijs werd geleverd dat de baron nog in leven was. De ontvoerders stuurden het horloge en de autosleutels naar de familie. Er gebeurde drie weken lang niets. Toen werd men naar een vuilnisbelt gedirigeerd, waar het lijk van de baron werd ontdekt. Hij bleek al meteen na de ontvoering te zijn gedood. In juli werd de dader opgepakt.
In de petroleumindustrie werd gestaakt. Reden was de dreigende sluiting van een Antwerpse raffinaderij. Tankauto's vol benzine die uit Nederland kwamen werden door de stakers bij de grens tegengehouden. De staking werd beëindigd toen de regering beloofde een en ander nog eens te bekijken.
De regering kreeg het moeilijk. In juni bood Tindemans zijn ontslag aan, omdat er niet te werken viel met een kabinet dat het oneens was over zaken als de crisiswet en de wet op de staatshervorming. Vooral het verzet van de Vlamingen tegen het Egmont-pact was hevig geweest. Maar koning Boudewijn aanvaardde het ontslag niet en Tindemans moest naar een compromis zoeken. Er werd afgesproken dat de opdeling van België in drie autonome gewesten in fasen zou worden uitgevoerd; de crisiswet werd door de kamer aanvaard en Leo Tindemans bleef regeren met zijn kabinet. Maar niet voor lang. Al op 11 oktober bood Tindemans opnieuw zijn ontslag aan; nu aanvaardde de koning dat wel. Tindemans had meer last gehad van de oppositie binnen zijn regering dan van die daarbuiten. Met name de in het kabinet opgenomen nationalistische partijen maakten verder regeren voor Tindemans onmogelijk.
Paul Vanden Boeynants trad

< De olieboycot van 1973 zorgde ook in België voor volledig lege benzinepompen en rustige, kindvriendelijke autowegen.

weer op de voorgrond. Hij werd premier van een overgangskabinet dat vervroegde verkiezingen uitschreef. Zijn kabinet was overigens precies hetzelfde als het laatste van Tindemans. Alleen de premier was vervangen.
Op 17 december 1978 werden de verkiezingen gehouden, slechts ruim anderhalf jaar na de vorige. Bijzonderheid bij deze verkiezingen was, dat nu geen enkele partij meer op nationale basis opereerde. De Waalse PCS was al eerder van de nu geheel Vlaamse CVP afgesplitst. De PVV was geheel Vlaams. En de BSP werd geheel Vlaams toen de Walen zich afsplitsten in de PS.
De uitslag: fors verlies voor de Vlaamse Volksunie, flinke winst voor PVV en een beetje winst voor CVP/PCS.

1979 Het was lastig om een nieuw kabinet samen te stellen. Het duurde bijna vier maanden, en toen zat er bijna dezelfde ministersploeg die er voorheen ook al zat. De nieuwe premier was Wilfried Martens, lid van de CVP. Zijn kabinet was samengesteld uit dezelfde partijen als het vorige, met uitzondering van de Vlaamse Volksunie. Vanden Boeynants werd minister van Landsverdediging. Er waren nu ook Waalse en Vlaamse deelregeringen.

In de Voerstreek werd het weer bijzonder onrustig in 1979. De Walen wilden weer bij Luik worden aangesloten, hoewel zij in de minderheid waren. Er waren tal van protestmarsen, zowel van Vlamingen als van

V Tijdens een havenstaking in Antwerpen koelen demonstranten hun woede op een auto, die volledig in elkaar geslagen wordt. Het incident vond plaats op 14 mei 1973

Walen. Toen José Happart van de Action Fouronaisse een grote betoging op touw zette, kwam het bijna tot een veldslag tussen Walen en Vlamingen, maar de rijkswacht greep in. Zelfs koning Boudewijn raakte bij de zaak betrokken, toen hij een petitie van Happart in ontvangst nam. Toen dat openbaar werd gemaakt, werd de koning er door Vlamingen van beschuldigd dat hij partij koos voor de Walen.
Op 16 april 1979 pleegden twee Palestijnse terroristen een aanslag op de luchthaven in Zaventem. Ze hadden de passagiers van een El-Al-vliegtuig willen treffen. Toen dat niet lukte, gooiden ze hun explosieven naar wachtenden in de hal. Twaalf mensen raakten gewond; de terroristen konden worden overmeesterd.
Op 25 juni werd een aanslag gepleegd op generaal Haig, opperbevelhebber van de NAVO in Europa. Een paar dagen vóór zijn afscheid ontplofte een mijn die was ver stopt in het wegdek in de buurt van Bergen. Even te voren was de auto waarin Haig zat daaroverheen gereden; blijkbaar was de mijn iets te laat ontploft. Hij was vanaf een afstand tot ontploffing gebracht. Er werd gedacht dat mogelijk de Ierse IRA de aanslag had gepleegd.
Zo waren er nog een paar aanslagen, waarvan die op een feesttent in duizendjarig Brussel de opvallendste was. Op 28 augustus raakten daarbij vijftien mensen gewond.
Op 7 september werd de verjaardag van koning Boudewijn gevierd. Duizenden beroepsmilitairen hadden gedacht die dag een speciaal tintje te geven. Er was aangekondigd dat hun lastentoelage zou worden gehalveerd en daartegen demonstreerden zij op die zevende september in Brussel. Enkele honderden rijkswachters deden mee. Na een protestmars trokken ze naar de Wetstraat, waar ze op vijftienhonderd wel werkende rijkswachters stuitten. Het werd een hevig gevecht, want in de Wetstraat mag niet worden samengeschoold.

Premier Martens kwam snel met de belofte dat de halvering van de lastentoelage niet door zou gaan.
Op 21 oktober 1979 leek het of in de Voerstreek een regelrechte burgeroorlog was uitgebroken. De staat van beleg was al afgekondigd en de avondklok was ingesteld. Samenscholen mocht ook niet, maar toch hielden de Vlaamse Militanten Orde en het Taal Aktie Komité op 21 oktober een mars en bezetten zij het gemeentehuis van Voeren. Met geweld sloeg de rijkswacht de Vlamingen uiteen, waarbij de demonstranten zelfs tot op Nederlands grondgebied achterna werden gezeten. Pas eind oktober keerde de rust in de Voerstreek weer.
Begin november staakte de BRT. Het personeel eiste loonsverhoging, maar kreeg die niet. Op 7 december werd er vooral in Wallonië gestaakt tegen nieuwe bezuinigingsmaatregelen van de regering. Op 12 december ging de regering akkoord met de plaatsing van nieuwe kruisraketten. Wel moest het programma van de plaatsing iets worden gewijzigd. En voorwaarde was verder dat er wel meteen onderhandeld moest worden over wederzijdse wapenvermindering.

V In oktober 1975 kwam het tijdens een betoging van het rechts-extremistische VMO in Leuven tot botsingen met linkse jongeren die een tegendemonstratie hielden. De VMO'ers waren goed voorbereid met schilden en helmen.

1980 Op 26 februari werd de doodstraf uitgesproken tegen Marcel van Tongeren, ontvoerder en moordenaar van baron Bracht. Zoals gewoonlijk werd die straf niet werkelijk uitgevoerd.
Opnieuw rellen in de Voerstreek, op 9 maart. Er vielen 25 gewonden. Premier Martens gaf niet toe aan de Waalse eis dat de Voerstreek weer bij Luik zou worden gevoegd, maar beloofde wel dat hij alles zou doen om de Vlaamse Militanten Orde en de Action Fouronaisse te beperken in hun handelen.
Premier Martens had het overigens moeilijk met zijn kabinet. In januari 1980 had hij het FDF uit zijn kabinet gezet, maar dat was niet voldoende. De situatie van de Vlaamse minderheid in Brussel kon

∧ Op 8 juni betoogde het Taal-Aktie-Komité in Schaarbeek, waar burgemeester Nols geen Vlaamstalige loketten in zijn gemeentehuis wil openstellen. Om in Schaarbeek te komen moesten de demonstranten het politiecordon doorbreken.

< In andere gemeentehuizen was het instellen van tweetalige loketten met heel wat minder moeite gepaard gegaan.

< *In 1977/78 werd de onderzoeks-rechter Jespers beschuldigd van poging tot moord op zijn vrouw. Hij werd tot 20 jaar dwangarbeid veroordeeld.*

maar niet worden geregeld en uiteindelijk viel het kabinet erover. Dat was op 3 april. Het kabinet zónder FDF werd Martens-II genoemd, op 18 mei trad Martens-III aan. Iets meer dan een jaar na de beëdiging van Martens-I. Het nieuwe kabinet had een brede basis: christen-democraten (CVP en PSC), socialisten (BSP en PS) en liberalen (PVV en PRL). Het kabinet had het grootste deel van het parlement achter zich, zodat er alle hoop was dat er nu eindelijk schot zou komen in de autonomisering van Vlaanderen en Wallonië. Maar dat viel tegen: de samenwerking met de socialisten lukte niet en in oktober kwam het vierde kabinet-Martens tot stand, nu alleen met christen-democraten en liberalen. Vier kabinetten in anderhalf jaar tijd! Uit die snelle opeenvolgingen van kabinetten bleek weer hoe moeilijk België te besturen was.
België, dat in 1980 150 jaar bestond. Toen op 21 juni koning Boudewijn en koningin Fabiola Antwerpen bezochten in het kader van de feestelijkheden, moesten ze onverhoeds weer vertrekken omdat Vlaamse demonstranten het programma verstoorden.
Een afschuwelijke aanslag vond plaats op 27 juli. Toen gooide een Palestijn handgranaten in een groepje Joodse kinderen die een busreisje zouden gaan maken. Eén jongen werd gedood, acht andere kinderen en twee moeders raakten gewond.
Op 1 september begon het nieuwe schooljaar. Komen was sinds kort officieel Franstalig geworden. Maar er was nog wel een Vlaamse school. Zeven kinderen gingen daar naartoe – om te worden uitgescholden door volwassen Walen. Slechts na lange en moeizame onderhandelingen kon het Vlaamse schooltje gered worden.
Kinderen waren ook al de dupe toen op 14 november een schoolbus werd gekaapt door drie jongeren. In Vielsalm werd een aantal passagiers vrijgelaten, waarna de bus koers zette naar de BRT in Brussel. Daar eisten de gijzelaars zendtijd, om te vertellen over de honger in de wereld. Dat werd toegezegd, maar op weg naar de studio werden ze door de rijkswacht overmeesterd.

Λ *De splitsing van België werd op bijna alle gebieden doorgevoerd. Zo werden de meeste politieke partijen opgesplitst in een Vlaamse en een Waalse, zoals boven blijkt.*

V *Bij de vorming van het eerste kabinet Martens waren vier informateurs nodig, onder wie Claes (tweede van rechts) en Martens (tweede van links) zelf.*

1981 Op 24 januari werd in Brussel door een grote menigte betoogd tegen de bezuinigingen van de regering. De betoging werd georganiseerd door het socialistische Algemene Belgische Vakverbond. Later braken er stakingen uit in het Cockerill-concern en op de scheepswerf Boel Temse.
En op 2 april 1981 viel ook het vierde kabinet-Martens. Om de positie van de frank te stabiliseren had Martens een noodplan opgesteld, maar dat deugde niet in de ogen van de socialisten. Aanvankelijk weigerde koning Boudewijn het ontslag van de regering; hij was het beu dat er gemiddeld elk half jaar een nieuw kabinet moest komen en er nooit echt iets tot stand kwam. Met een iets gematigder noodplan trad daarop een volgend kabinet aan. Marc Eyskens werd premier van deze opnieuw op basis van christen-democraten en socialisten opererende regering.
Maar ook dat kabinet hield het nog geen zes maanden uit. Oorzaak: Eyskens weigerde immers steun te verlenen aan het slecht draaiende Cockerill-concern en de socialisten waren daar kwaad over. De socialist Willy Claes, die al eerder informateur was geweest, probeerde het weer

< *De Voerstreek was jarenlang een strijdpunt in de communautaire discussie: hoorde het gebied bij Wallonië (Luik) of moest het Vlaams blijven. In de streek zelf kwam het regelmatig tot botsingen tussen voor- en tegenstanders, zoals hier in 1979.*

eens. Het lukte hem niet en op 8 november waren er vervroegde verkiezingen.
In de Antwerpse Joodse wijk vond op 20 oktober een aanslag plaats. Voor de diamantbeurs ontplofte een bom. De schade was groot, er waren twee doden en bijna honderd gewonden. Daders waren leden van de Action Directe, section Belge. Duizenden mensen deden twee dagen later mee aan een betoging tegen antisemitische terreur.
Eind november werd in Brussel, net als in tal van andere Europese steden, een massale betoging tegen kernwapens gehouden.
Maar toen had België zijn verkiezingen al achter de rug. De christen-democraten verloren fors, liberalen en Vlaamse Volkspartij wonnen en ook de nieuwe milieupartijen deden het aardig. Na een paar mislukte pogingen was het opnieuw Wilfried Martens die erin slaagde een nieuw kabinet samen te stellen. Dit vijfde kabinet-Martens bestond uit bewindslieden van christendemocratische en liberale herkomst.

1982 Op 2 februari wist dit kabinet zgn. bijzondere volmachten los te krijgen van het parlement. Die hielden in dat de regering haar gang kon gaan zonder het parlement te moeten raadplegen. Er kon nu ongeremd worden bezuinigd. En in feite was de democratie aan de kant geschoven, vonden velen. Felle gevechten in Brussel op 11 februari, toen 7000 arbeiders van het Cockerill-concern kwamen demonstreren bij het hoofdkwartier van de EEG, omdat de Belgische regering maar niet met steun voor de staalindustrie over de brug

wilde komen. De rijkswacht kwam wel over de brug, met traangas en wapenstok.
Op 21 februari werd de frank met maar liefst 8,5% gedevalueerd. Meteen werden de salarissen bevroren en werd er een prijzenstop aangekondigd.
Alweer een veldslag in Brussel: op 16 maart trokken opnieuw vele duizenden staalarbeiders naar de stad.
Het werd nog erger dan op 11 februari. Er werd veel schade aangericht, er vielen ruim tweehonderd gewonden.

< Eind juni 1979 ontsnapte NAVO-opperbevelhebber Haig een paar dagen voor zijn aftreden in het Belgische Bergen aan een bomaanslag. Zijn auto werd wel zwaar beschadigd.

Een brand in een oud pand in Brussel kostte op 24 april het leven aan 14 Turken. Weer werd duidelijk hoe slecht buitenlandse werknemers over het algemeen waren gehuisvest. De brand was waarschijnlijk door de Turken zelf veroorzaakt, maar het pand stortte in en dat was te wijten aan een zeer slecht uitgevoerde verbouwing, het werk van een op geld beluste projectontwikkelaar.
Op 12 juni devalueerde de frank nogmaals.

∨ *Twee doden en 96 gewonden waren er te betreuren na een bomaanslag op een joodse synagoge in Antwerpen. Deze uiting van antisemitisme vond plaats op 20 oktober 1981.*

1983 Het ging slecht met België. De werkloosheid bleef ook in 1983 stijgen. Gemeenten stonden aan de rand van het faillissement. De staalindustrie was op sterven na dood. De nog steeds op basis van volmachten opererende regering van Wilfried Martens werd er niet populairder op. In Luik en Charleroi werd gestaakt. Binnen het kabinet was men het niet eens over wat er met het staalconcern Cockerill-Sambre moest gebeuren. Het concern was met steun van de overheid misschien te redden, maar de Vlaamse ministers vonden dat de Walen dat maar moesten opbrengen. De Waalse ministers daarentegen vonden dat Cockerill voor heel België van belang was en dat dus ook Vlaanderen moest meebetalen. Uiteindelijk kwam er een overeenkomst uit de bus. De Belgische staat stond garant voor de schulden van Cockerill, maar Wallonië moest zorgen voor een lening waarmee nieuwe investeringen konden worden betaald. Het was 26 juli toen dat compromis tot stand kwam. Inmiddels was in Luik de situatie kritiek geworden. De regering bezuinigde wel op de eigen uitgaven, maar deed dat

∧ *In januari 1983 werd José Happart benoemd tot burgemeester van het Vlaamse Voeren. Het feit dat hij de Nederlandse taal niet machtig was en dat ook niet wilde zijn, leidde tot felle discussies.*

WALCZY
WALCZY
P

< Naar aanleiding van de afkondiging van de staat van beleg in Polen, eind 1981, vond in Brussel een manifestatie plaats voor solidariteit en vrijheid in Polen.

∧ In Brussel werd op 25 oktober 1981 een massale demonstratie tegen kernenergie en kernbewapening gehouden, waaraan ruim 200 000 mensen deelnamen.

< Het Waalse staalconcern Cockerill-Sambre raakte in ernstige moeilijkheden en moest zwaar gesubsidieerd worden om de werkgelegenheid van duizenden Waalse staalarbeiders te garanderen. Diverse saneringsplannen konden echter niet voorkomen dat er ook mensen ontslagen moesten worden. Daartegen werd vaak gedemonstreerd, onder meer in Seraing, maart 1982 (links) en in Brussel, in dezelfde maand (boven).

> Op 7 september 1979 gingen militairen in Brussel de straat op om te protesteren tegen verlagingen van hun salaris.

gedeeltelijk door ze af te schuiven naar de gemeenten. Met name Luik was daardoor zo in moeilijkheden geraakt, dat het personeel van de gemeente niet meer kon worden uitbetaald. Een deel van het personeel moest worden ontslagen en toen kwamen er stakingen. De hopen huisvuil vormden al gauw een bedreiging voor de volksgezondheid, zodat het leger en de burgerbescherming moesten ingrijpen.
In de hele Westerse wereld sloeg de crisis toe. Regeringen probeerden er met zware bezuinigingen iets tegen te doen. Hevige protesten waren het gevolg. Ook in België. In de zomer van 1983 kondigde het kabinet aan dat de ambtenaren minder gingen verdienen. Zomaar, zonder de vakbonden of het parlement erin te kennen. Dit werd opnieuw als een zware inbreuk op de democratie beschouwd. Op 12 september gingen de spoorwegen in staking. Daarna volgden post en telefoon, radio en televisie, gemeentebedrijven en scholen. Het openbare leven in België kwam geheel stil te liggen. Toen de chaos compleet was, verzachtte het kabinet de maatregelen. Maar nog onvoldoende en de stakingen gingen door. Toen kwam het kabinet met nog iets verdergaande voorstellen – en daarmee konden de meeste bonden instemmen. Na twee weken kwam er een einde aan de staking, net op tijd, want ze dreigde over te slaan op de privé-sector.

< Op 13 mei 1984 demonstreerden jongeren in Brussel. Zij eisten werk en betere voorzieningen. Na de demonstratie kwam het echter tot botsingen met de politie.

In de herfst van 1983 hing er een sfeer van angst, vooral in Wallonië. Plotseling werden overal gewapende aanslagen gepleegd. Vooral supermarkten, warenhuizen en pompstations werden overvallen. Als reactie schaften vele Belgen zich een vuurwapen aan en ook de politie kreeg meer wapens. Dat moest wel tot ongelukken leiden – en dat gebeurde ook, toen een rijkswachter al te snel zijn wapen trok en de duopassagier van een dronken motorrijder doodschoot. De rijkswacht demonstreerde daarna tegen het particuliere wapenbezit en burgers protesteerden tegen het schieten door de rijkswacht.

1984 Net als in de andere NAVO-landen speelde het al of niet plaatsen van kruisraketten ook in België een rol in 1984. De Belgische regering besloot in eerste instantie tot plaatsing. Maar in de loop van het jaar waren er toch weer aarzelingen te bespeuren. Vooral toen tegen het eind van het jaar bleek dat er misschien toch weer gepraat zou worden tussen Oost en West, werd een eventuele vertraging of zelfs afstel overwogen.
In 1984 kende België een aantal zaken van bedenkelijk niveau. Zo was er het fameuze voetbalschandaal rond Standard Luik. Omkoping, corruptie, bestraffing.
Plus de zaak rond de verkoop van de uitgeverij van o.a. het blad Humo. De redactie voelde

< Naar schatting 300 000 mensen namen op 23 oktober 1983 deel in Brussel aan een protestdemonstratie tegen de plaatsing van kruisraketten en SS-20-raketten.

zich op een dubieuze manier verhandeld en kwam daar zeer openlijk voor uit.
In de mijngebieden kwam het weer eens tot stakingen.
En uiteraard deed meneer Happart ook weer van zich spreken.
In augustus vond een aanvaring plaats tussen een Engelse veerboot en het Franse vrachtschip Mont Louis. Het laatste schip bleek vaten met giftig materiaal aan boord te hebben, bestemd voor de Sovjet-Unie. De speurtocht naar de levensgevaarlijke vaten werd bemoeilijkt toen het schip doormidden brak. Na zes weken waren uiteindelijk alle vaten geborgen. Inmiddels hadden de badplaatsen door de zaak een lelijke strop.
Een van de laatste gebeurtenissen van belang in 1984: er werden aanslagen gepleegd op oliepijpleidingen van de NAVO, die door België lopen. Zogenaamde 'communistische cellen' stelden zich verantwoordelijk.

V Op 25 augustus 1984 kwam de Franse tanker Mont Louis voor de Belgische kust in aanvaring met een Britse ferryboot en zonk. Na een paar dagen werd bekend dat de Mont Louis een uiterst giftige lading vervoerde: 450 ton hexafluoride in 15 vaten die niet geheel waterbestendig bleken te zijn zodat het giftige goedje in zee terecht dreigde te komen. Door het slechte weer werd de berging ernstig belemmerd en nam zes weken in beslag.

Register

ALGEMEEN

BELGIË

Literatuur

Alle Nobelprijswinnaars 1901-heden, Utrecht 1983
American Heritage Magazine & UPI (samenst.), *Churchill man van de eeuw,* Haarlem 1965
Baron, Salo W., *The Russian Jew under Tsars and Soviets,* New York 1964
Barraclough, Geoffrey (red.), *The Times Atlas of World History,* London 1978
Blok, prof. dr. D. P. (red.), *Algemene Geschiedenis der Nederlanden,* Bussum 1982
Bouman, dr. P. J., *Revolutie der eenzamen,* Assen 1976
Brandsma, Gijs, *Ssst... vertel het de Russen,* Bussum z.j.
Brandt-rapport, Het; een overlevingsprogramma, Den Haag 1980
Butterworth, Robert Lyle, *Managing Interstate Conflict 1945-1974,* Pittsburgh 1976
Defense Monitor, The, Washington 1983
Dragt, H., *Algemene problematiek van de ontwikkelingslanden,* Amsterdam 1975
Fraser, T. G., *The Middle-East 1914-1979,* London 1980
Groot, Paul de, *Kolonialisme, neokolonialisme en het marxisme-leninisme,* Amsterdam 1966
Held, Ronald en Joke Schretlen, *De bazen van Europa,* Utrecht 1979
Hinchley, Colonel Vernon, *De overlopers,* Den Haag z.j.
Jansen, dr. H. P. H., *Lexicon geschiedenis der lage landen,* Utrecht 1971/1983
Johnston, William, *King,* London 1978
Kaaskoppen tegen kernkoppen, 21 november 1981, Amsterdam 1981
Kahn, Leo, *Proces van Neurenberg,* Antwerpen 1977
Kidron, Michael, en Dan Smith, *The War Atlas,* New York 1983
Kunéry, István A. I. de, *Broedermoord in Tsjecho-Slowakije,* Den Haag z.j.
Kuijk, Otto, en Bart van Veen, *Martin Luther King; moord in Memphis,* Bussum 1968
Manning, prof. dr. A. F. (red.), *Onze jaren,* Amsterdam z.j.
Manning, prof. dr. A. F., *Op zoek naar het alledaagse vaderland,* Amsterdam 1975
Manning, prof. dr. A. F., en prof. dr. M. de Vroede, (red.), *58 miljoen Nederlanders,* Amsterdam 1977
Mason, David, *Churchill,* Antwerpen 1976
McWhirter, Norris (red.), *The Guinness Book of Answers,* Enfield 1980
Mierlo, Harry van, *Het Midden-Oosten,* Bussum 1974
Niemeijer, drs. A. C., en drs. F. J. Schmit, *Onze eeuw,* Zutphen 1968
Nuis, A., *Apartheid, feiten en commentaren,* Amsterdam 1966
Onze wereld in cijfers, Bussum 1979
Peace Research, Oakville 1978
Plano, Jack C., en Robert E. Riggs, *Forging World Order; The Politics of International Organization,* New York 1967
Ploetz, Karl, *Aula wereldgeschiedenis in jaartallen,* Utrecht 1980
Plurale samenleving, De; begrip zonder toekomst?, Meppel 1966
Reckman, Piet, *Het blauwe boekje, vredesdienstregeling,* Utrecht z.j.
Röling, B. V. A., *Vredeswetenschap, inleiding tot de polemologie,* Utrecht 1981
Roskam, dr. Karel, *Zwart Afrika,* Bussum 1975
Ross, Robert (red.), *Racism and Colonialism; Essays on Ideology and Social Structure,* Den Haag 1982
Sampiemon, J., *De affaire Vietnam toegelicht met de Pentagon Papers,* Utrecht 1971
Sesam Atlas bij de wereldgeschiedenis, Baarn 1967
SIPRI, *World Armaments and Disarmaments,* London 1974/1984
Snyder, Louis L., *The Idea of Racialism; Its Meaning and History,* Princeton 1962
Sulzberger, *Geïllustreerde geschiedenis van de Tweede Wereldoorlog,* Utrecht 1980
Syme, Anthony, *The Astronauts,* London 1965
Taylor, A. J. P., *Hoe oorlogen beginnen,* Utrecht 1983
Tremain, Rose, *Stalin,* Antwerpen 1978
United Nations Textbook, Leiden 1950
Vercauteren, dr. F. E. M., en A. Adang, *Mensen en machten,* Amsterdam 1971
Vermaseren, dr. B. A., *Beknopte atlas der algemene en vaderlandse geschiedenis,* Groningen 1968
Ziemke, Earl F., *De laatste dagen van Berlijn,* Antwerpen 1973

Verantwoording foto's

ABC Press (Camera Press/Magnum/Sygma), Amsterdam:
Blz. 13 boven rechts, midden, 26 boven rechts, 28, 29, 31 onder, 42 rechts, 48 onder, 58 boven rechts, 62, 65, 70, 72, 80, 81 rechts, 88 rechts, 91 links, 98, 100, 103 boven, 104, 106 onder links, rechts, 107, 108 onder, 109 rechts, 114, 122 midden, 123 onder, 125, 126, 127, 130 onder rechts, 132 boven, 133, 146, 147, 150 boven, 151, 154 boven, 156-157, 160, 161, 162, 165, 166, 166-167, 168, 169 onder, 170 midden, 171 onder, 172, 174, 176, 177, 178, 180 onder, 181 boven, 183 links, 184 onder, 188 onder, 192, 194, 197 boven, 198, 218, 222, 223, 229 onder, 230, 234, 235, 236, 240, 241, 242, 244, 245, 246, 247, 248, 249, 250, 251.
Anefo, Amsterdam:
Blz. 110-111, 189, 193, 217 onder.
ANP (UPI), Amsterdam:
Blz. 26 onder, 30, 31 boven, 58 boven links, 61 onder, 69 boven, 91 rechts, 106 boven, 112, 113, 121 boven rechts, 140, 141 boven links, rechts, 142 boven, 143 boven links, rechts, 144-145 boven, onder, 148 boven, 152, 153, 154 onder, 155, 163, 169 boven, 170 boven links, rechts, 180 boven, 190, 197 onder rechts, 232 onder, 237, 238 boven.
Associated Press, Amsterdam:
Blz. 26 boven links, 67 onder rechts, 82 boven rechts, 83 boven, 120.
BELGA, Brussel:
Blz. 207 boven, 209 boven, 210 links, 212 links, 214, 215 onder, 226 boven, 229 boven, 231, 232 boven, 238 onder, 239.
W. Hofland, Hazerswoude:
Blz. 245 onder.
IISG, Amsterdam:
Blz. 243.
Guus de Jong, Amsterdam:
Blz. 239.
Werkgroep KAIROS, Utrecht:
Blz. 171 boven links.
Keesings Historisch Archief, Amsterdam:
Blz. 68.
KIPPA, Amsterdam:
Blz. 224-225 onder.
Dolf Krüger, Ostmark:
Blz. 217.
NASA, Houston:
Blz. 94-95, 137 onder.
Nationaal Fotopersbureau, Amsterdam:
Blz. 51, 183, onder rechts, 210.
Novostipress/Vereniging Nederland-USSR, Amsterdam:
Blz. 61 boven.
Oost-Europa Instituut, Amsterdam:
Blz. 56.
RBP Press (Gamma/Photo News/Popper-Hunter/SIPA) Amsterdam:
Blz. 48 boven, 49, 50, 71, 73, 85 onder, 89 onder, 92, 93 onder, 102 boven rechts, 132 onder, 136, 138, 139, 141 onder, 142 midden, onder, 144 links, 145 onder, 148 onder, 149, 159, 184 boven, 185, 199, 218 rechts, 225 onder.
RIOD, Amsterdam:
Blz. 209 boven.
RVD, 's-Gravenhage:
Blz. 202 boven.
Sven Simon, Essen:
Blz. 124.
Fotoarchief Spaarnestad, Haarlem:
Blz. 11, 12, 13 boven links, onder, 14, 15, onder, 16, 17, 18, 19, 20 boven, 21, 22, 23, 24, 25 onder, 32, 33, 34, 35, 36, 37, 38, 39, 40, 41, 42 links, 43, 44, 45, 46, 47, 54, 55, 57, 58 onder links, rechts, 59, 60, 63, 64, 66, 67 boven, 69 onder, 75, 76, 77 boven rechts, 78, 79, 81 links, 82 links, 83 onder, 84, 85 boven, 86, 87, 88 links, 89 boven rechts, 90, 94 boven, 95, 96, 99, 105, 108 boven links, rechts, 115, 116-117, 121 boven links, 122 boven links, rechts, 123 boven links, 130 boven, onder links, 135-136, 137 boven, 143 onder, 157 boven, 158-159, 164, 183 boven, 186, 187, 188 boven, 191, 195, 197 onder links, 202, 203, 204, 205, 206, 207 onder, 208, 209 onder, 210-211, 212 rechts, onder, 215 boven, 216, 220, 221, 224, 225 boven, 227 boven, 228.
Fotobureau 't Sticht, Utrecht:
Blz. 234.
Chriet Titulaer, Houten:
Blz. 27.
UNO Press, Amsterdam:
Blz. 93 boven, 128-129.